평범한 엄마,
두 아이
영재원 보내다

평범한 엄마, 두 아이 영재원 보내다
0세부터 초등 6학년까지, 영재원 합격하는 3! 4!의 비법

초 판 1쇄 2024년 12월 19일

지은이 정보경
펴낸이 류종렬

펴낸곳 미다스북스
본부장 임종익
편집장 이다경, 김가영
디자인 윤가희, 임인영
책임진행 이예나, 김요섭, 안채원, 김은진, 장민주

등록 2001년 3월 21일 제2001-000040호
주소 서울시 마포구 양화로 133 서교타워 711호
전화 02) 322-7802~3
팩스 02) 6007-1845
블로그 http://blog.naver.com/midasbooks
전자주소 midasbooks@hanmail.net
페이스북 https://www.facebook.com/midasbooks425
인스타그램 https://www.instagram.com/midasbooks

ⓒ 정보경, 미다스북스 2024, Printed in Korea.

ISBN 979-11-6910-991-8 03370

값 20,000원

※ 파본은 본사나 구입하신 서점에서 교환해드립니다.
※ 이 책에 실린 모든 콘텐츠는 미다스북스가 저작권자와의 계약에 따라 발행한 것이므로 인용하시거나 참고하실 경우 반드시 본사의 허락을 받으셔야 합니다.

미다스북스는 다음세대에게 필요한 지혜와 교양을 생각합니다.

The secret of mom's education

평범한 엄마, 두 아이 영재원 보내다

0세부터 초등 6학년까지,
영재원 합격하는 3! 4!의 비법

정보경

미다스북스

들어가는 글

경력 단절, 평범한 엄마가 교육 특구로 이사하며 엄마표로 웩슬러 지능 0%, KAGE 학술원, 영유, 소프, 필즈, 황소, CMS 탑반, 와이즈만 탑반 등 다양한 사교육을 경험했어요. 그 과정에서 반장 선출, 과학 창의력 축제에서의 금상과 은상 수상, 발명대회 4번 최우수와 우수 수상, 전국 수학 학력경시대회(구 성대경시)에서 5번의 장려상 수상, 그리고 대학 부설 영재원 4곳에 합격하는 등 아이의 성장 과정에서 많은 눈물겨운 순간들을 겪었어요. 물론, 더 훌륭하게 아이를 키우고 계신 선배 부모님들도 많이 계십니다. 그런데도, 아이의 인생에서 아주 짧은 시기에 해당하는 유아 및 초등 시절에 저의 도전과 좌충우돌 많은 경험이 비슷한 상황에 부닥친 육아 맘들의 시행착오를 줄여드리고 싶어서 이 책을 쓰게 되었어요.

이 책에서는 경력단절, 주말 부부 생활, 그리고 지방에서 서울 교육 특구로 이사하며 겪었던 갈등과 교육 특구에서 만난 엄마들의 공통점들을 솔직하게 전달하고자 해요. 이를 통해 독자 여러분께서 어떤 지역에 계시든, 어떤 환경에 처해 있든 저의 경험이 아이 양육에 도움이 되기를 바랍니다. 또한, 계획 중인 다음 책은 실전편으로, 영재원, 학원의 탑반, 경시대회 등 보다 전략적인 측면에서 아이의 학습에 실질적인 성공을 도울 수 있는 내용을 담고자 합니다.

아이를 키우면서 크게 두 가지를 배우고 깨달았어요. 첫 번째는 제가 생각했던 '엄마표 교육'의 정의가 완전히 달라졌어요. 연령과 상황에 따라 엄마표의 의미가 달라져야 엄마와 아이 모두 성장할 수 있다는 점을 알게 되었죠. 교육은 단순히 엄마표와 사교육으로 나누는 것이 아니라, 사교육을 잘 이끌기 위해서도 엄마표가 기본이 되어야 하지요. 교육 특구에 살면서 만난 엄마들을 보면서 더 깊이 느꼈습니다.

두 번째는 두뇌 지능이 뛰어나면 앞으로의 공부가 저절로 잘될 것으로 생각했던 제 안일함이었습니다. 하지만 현실은 그렇지 않았습니다. 두뇌 지능에 만족하고 두뇌 발달과 관련된 교육에만 집중하다 보니, 원하는 학원 입학 테스트나 영어, 수학, 영재원 등에서 성과를 내기는 절대 쉽지 않았어요. 실력을 쌓는 과정 없이 공짜로 얻어진 좋은 결과는 없지요.

그런데 버릴 경험은 하나 없다고 하잖아요. 아이와 함께하는 시간 동안의 많은 도전과 실패한 경험과 준비하면서 쌓아진 실력과 성취감이 초석이 돼서 좋은 기회가 생기더라고요.

"많이 실패해 본 사람이 많이 성공한다."라는 말이 실감이 났어요.

학부모 강의를 할 때, 제가 드리고 싶은 말과 학부모님들이 듣고 싶어 하는 말이 종종 다를 때가 있어요. 많은 학부모님은 즉각적인 학습 로드맵, 영재원 입시, 학원 탑반 비법, 학원과 교재 선택 등 전략적인 방법에 큰 관심을 두고 계시지요. 그러나 제가 또한 강조하고 싶은 것은 아이의 마음과 성향, 감정 조절, 그리고 습관 형성 같은 부분도 있어요. 아이의 성향을 이해하면 적합한 공부 방법을 선택하기가 쉬워지고, 감정 조절이 가능해야 자기 일에 집중할 수 있지요. 또한, 좋은 습관이 형성되면 큰 의지와 열정 없이도 자연스럽게 학습이 이루어지는 시스템을 만들 수 있어요. 성과로 연결되는 실질적인 로드맵도 중요하지만, 아이와 함께하는 과정에서 아이를 관찰하고 발생하는 문제의 해결 방법을 찾는 과정에서 아이를 더 잘 이해하게 되고 아이의 성향에 맞는 공부법을 함께 찾아 나갈 수 있지요.

결국, 잘되고 잘할 거라는 믿음이 아이를 성장하게 하더라고요.

그런데 그 믿음이 생기기가 어렵지요. 나의 교육 방법이 맞는지 수없이 의심하고, 아이가 감당할 수 있는 깜냥인지 의구심도 들고요. 함께 일해 봐야지 동료 직원의 역량을 알 수 있고 강점도 보이지요. 엄마표의 시작으로 아이와 함께 발맞춰 나가 보면, 아이가 무엇을 좋아하는지, 어떻게 할 때 좀 더 집중 시간이 긴지 등을 알아갈 수 있지요.

아이 한 명을 키워 내기 위해 한 마을이 필요하다고 하지요. 객관적인 데이터와 주변 분들의 도움으로 아이를 이해하는 데 도움을 받아요. 시기별 건강검진을 받듯이 연령별로 확인할 수 있는 웩슬러 검사, 학교 수행평가, 학교 학부모 상담, 학원 단원평가, 진로 적성검사, 선생님들의 피드백 등으로 우리 강점은 강하게 키워 주시고 약점은 보완하면서요.

'나무에 앉은 새는 나뭇가지가 부러질까 하는 걱정 따위는 하지 않는다. 새가 믿는 것은 나뭇가지가 아니라 자신의 날개이기 때문이다.' 류시화 작가의 시에 나오는 말처럼 자신을 믿을 수 있게 경험으로 다져진 쫀쫀한 실력이 되는 역량을 만드는 것이 중요하지요.

결국, 우리 학부모님의 최종 목표는 아이가 어느 곳에서도 당당히 살아가는 아이, 삶을 주체적으로 살아가는 완전한 독립이지요. 완전한 독립을 위해서는 스스로 할 수 있는 것이 많아야 불편함이 없고, 자신에 대해 잘 알고 있어야 역량을 잘 발휘할 수 있을 거로 생각해요. 앞으로 사춘기와 중학교 생활, 고등학교 많은 변수가 있겠지요. 혹여나 힘든 변수가 생겨도 아이가 지금까지의 실패와 성취감을 떠올려서 또 한 번의 배움을 찾고, 다시 일어설 수 있는 회복 탄력성이 좋은 아들로 성장하기를 바라는 마음이에요.

내가 만나는 오늘은 지금까지 내가 수많은 고민과 선택의 결과로 만들어진 날이지요. 지금까지 선택한 것 중에 정말 내 삶이 바뀔 정도의 큰 선택도 있었고 편의점에서 어떤 커피를 마실까 같은 결정에 큰 영향이 없는 것도 있었어요. 삶이 바뀔 정도의 큰 선택들이 사람마다 다를 수도 있겠지만 그중에서도 후회스러운 선택들도 있지요.

'선택은 내가 했는데 억울하거나 후회스러운 이유는 무엇일까?' 생각이 들더라고요. 가만히 들여다보니 결정적인 순간에 온전하게 나의 신념대로가 아닌 타인의 말을 더 신뢰하고 따라서 결정했던 경우, 어른들의 말이라고 전적으로 수용하거나, 너무 슬프거나 깊이 생각할 감정 상태가 아닌 상황에서 분별이 어려웠을 때 했던 결정에 후회가 남았어요.

온전히 내가 스스로 결정한 선택은 힘들어도 버틸 힘이 있어요. 결정하기 위해 충분히 고민하고 찾아보고 비교해 보며 적극적으로 정성을 쏟기 때문에 결과도 좋을 확률이 높지요. 설령 좋지 않더라도 결과의 책임도 겸허히 받아들이죠. 그런데 남에 의견을 따라 의심 없이 순종을 선택한 것에 대해서 결과가 좋으면 다행이지만, 예상보다 결과가 좋지 않고 힘들어지면 내 탓을 하기보다 남 탓을 하게 될 때가 있지요. 억울한 마음이 없기 위해서는 남이 조언을 해 줬더라도 내가 한 번 더 알아보고 결정하는 것이 중요하지요.

아이를 키우면서 많이 고민하지요. 학원 선택, 교재 선택, 예체능, 건강, 친구, 경제적인 고민 등 특히 학원도 내가 충분히 알아보고 고민해도 1년 이상 또는 '목적하는 단계까지는 끝내야지' 판단이 설 때 옮기지요. 그런데 예상했던 상황이 아닐 때가 있어요. 넣었다가 아니면 빼게 되기도 하지요. 시간과 돈을 버렸다고 생각할 수도 있는데 저는 기회비용이라고 생각해요. 그런 과정에서 아이의 성향과 나의 교육 신념이 점점 단단해질 수 있지요. 그런데 누군가의 이야기를 듣고 무작정 아이를 맡기고 숙성하듯 믿고 내버려두면 일이 생겨요. '그 엄마가 추천한 이유가 있겠지' 하면서 기대치는 높지요. 우리 아이와 잘 맞으면 다행이고 감사해요. 그런데 그렇지 않을 경우가 더 많을 수 있어요. 100% 다 마음에 드는 사교육은 없지요. 학원에 보내는 거라면 아이를 보내는 목적이 분명해야 흔들리지 않아요. 시간이 지나서 원하는 결과가 보이지 않을 때 누구의 탓도 할 수 없지요. 우리 아이의 시간을 보상해 줄 수 없으니깐요.

아이 교육을 위해 수많은 선택을 하지요. 좋은 선택을 하는 데 있어서 필요한 조건이 있지요.

1. 엄마가 아이를 잘 관찰해야 큰 로드맵을 세울 수 있어요.
우리 아이가 어떤 아이인지 관찰하고 최대한 많이 알고 있어야 하지요. 아이가 완벽주의 성향인지, 선생님께 인정받는 것을 원하는 아이인지, 친구들과 함께 공부하는 것을 좋아하는지, 꼼꼼히 봐주시고 점검해 주시는 1:1을 좋아하는지요.

  1) 유아라면 웩슬러 검사를 권하고 싶어요.

  2) 초등 중학년 이상에게는 웩슬러를 하는 목적이 다르지요. 강점과 약점, 성향을 파악하고 진로와 연결해서 생각해 볼 수 있지요. 학교에서 하는 진로적성검사, MBTI 등 여러 검사를 통해 아이를 객관적으로 볼 수 있는 도구를 사용해요.

  2. 엄마+아이+학원 한 팀이 되어야 성공해요.

사교육을 선택할 때는 목적이 있어야 해요. 예를 들어 수학의 경우 사고력 수학을 초3까지 초등 과정이 끝나는 과정인지요. 왜 이곳을 보내는지 뚜렷한 이유를 알아야 보내는 동안 이런저런 말에도 흔들리지 않지요. 학부모는 선생님을 신뢰하고 아이가 부족해 보이는 부분이나 신경 써야 하는 부분이 있다면 가정에서도 학원 담당 선생님과 같은 방향을 보며 호흡이 맞게 움직여야 우리 아이의 맞춤 교육을 할 수 있어요.

  3. 엄마 공부를 하면 판단의 중심이 생겨요.

교육 관련 정보는 매우 다양하지요. 특히 설명회는 봄과 가을에 많이 열리죠. 아이의 나이에 맞는 정보를 찾는 것도 중요하지만, 2~3년 앞선 교육 방향에 대한 정보를 미리 파악하는 것도 큰 도움이 됩니다. 처음 접하는 교육 및 입시 용어에 익숙해지는 시간도 필요하지요. 익숙한 단어가 생기면 내용을 더 편안하게 이해할 수 있기 때문입니다. 학원 설명회에서는 홍보 요소가 포함되어 있어, 어떤 점을 강조하는지를 살펴보면 중요한 부분에 대한 인사이트를 얻을 수 있어요. 처음에는 여러 곳의 설명회를 들어 보며 비교할 점을 찾아야 정보 속에서 나만의 교육 기준과 신념이 생기게 되지요.

사교육은 우리 아이에게 필요한 부분을 개발하기 위한 선택이지요. 각자의 목적에 따라 정보를 얻거나 실력을 쌓기 위해 사교육을 이용하게 되죠. 맞춤형 컨설팅을 받을 때에도 부모의 신념과 아이의 특성이 잘 반영되었을 때, 보다 실질적인 도움이 되는 정보를 얻을 수 있어요.

가을이 되면 가지각색의 색으로 물든 단풍을 보며 아름다움을 느끼게 되지요. 봄과 여름에는 초록색 잎으로 가득했던 나무들이, 기온이 갑자기 떨어지는 순간에 약속이라도 한 듯 노랑, 빨강, 황갈색으로 각기 다른 매력을 뽐내죠.

사실 엽록체에는 원래부터 녹색 색소인 엽록소만 있었던 것은 아니에요. 카로티노이드(노랑)와 안토시아닌(빨강) 같은 보조 색소도 존재하죠. 나무가 왕성하게 자랄 때는 녹색을 띠는 엽록소가 이들 색소를 가려 눈에 잘 띄지 않지만, 기온이 낮아지고 월동 준비에 들어가면 엽록소의 양이 줄어들어 녹색이 서서히 사라져요. 그 과정에서 엽록소보다 분해 속도가 느린 카로티노이드와 안토시아닌이 드러나면서, 다양한 색깔의 단풍이 우리 눈에 비치게 되지요.

아이를 키우면서 우리 아이들의 강점, 잠재력이 잘 보이지 않지요. 그런데 없는 게 아니지요. 우리 아이들이 가장 아름답게 뽐내기에 가장 좋을 때, 자기만의 색으로 세상에 보이는 날을 있을 거라 믿어요. 아이마다 형형색색의 색으로요.

아이다움으로 클 수 있게 아이를 더 이해하고 자신만의 특별함으로 사회의 일원이 될 수 있게 지지하고 응원하려고요. 쉽지 않아요. 아이가 크는 과정마다 눈물과 마음이 녹아내리는 순간이 있지요. 그래도 지나고 보면 모든 순간이 귀한 추억이 되지요. 다시 돌아갈 수 없는 하루하루, 매일매일을 이별하며 어제를 살고, 기억에 남을 소중한 하루를 만들어 가기 위해 오늘을 살아갑니다.

'성공적인 인생을 살고 싶다면, 앞으로 8년을 계획하는 것보다 눈앞의 8분을 어떻게 살지를 고민해라.'라는 팀 펠리스 작가님의 말씀이 생각나요.

좋은 선생님이란 단순히 지식이 많은 선생님이 아니라. 부모가 원하는 학원이나 방향이 생겼을 때 좋은 결과로 돕는 선생님이 좋은 선생님이라고 생각해요. 알면서 안 보내는 것은 선택이지만 몰라서 못 보내는 일은 없으셨으면 좋겠어요. 가장 답답할 때가 우리 아이를 영재원이나 탑반에 보내고 싶고, 아이가 가고 싶은 곳의 합격선이 어디인지 감이 오지 않을 때지요. 저 또한, 많은 실패와 도전하는 인내와 갈등의 힘겨운 시간도 많이 있었어요. 그러면서 문턱의 높이를 느끼게 되었고 시험의 기준도 보이더라고요. 앞으로 계획하고 있는 다음 책에서는 이번 책에 나오는 웩슬러 지능 높이는 계획표, 보상, 사교육 교재와 방법, 학교 대회와 영재원까지 바로 적용할 수 있는 전략책으로 준비해 볼게요. 많은 기대와 관심 부탁드려요.

오늘 하루도 성장 속에 편안한 하루 되세요. 감사합니다.

목차

<들어가는 글>   004

<제1장>
0% 두뇌 지능 발달을 돕는 엄마표 lab
-엄마표 성공을 위한 핵심 활동

1. 두뇌 지능은 엄마의 믿음에서 시작   019
2. 보통 지능을 상위 0%로 끌어올려   024
3. 5세(만 3세)부터 웩슬러 검사   030
4. 유아 과학실험은 두뇌발달 촉진제   036
5. 엄마표와 두뇌 지능만 믿었다가 마른하늘에 날벼락   042

<제2장>
화려한 사교육에는 엄마표가 기본값
-엄마표 + 사교육 = 우리 아이 맞춤 교육

1. 우리 집 500만 원짜리 과외 선생님   049
2. 우리 아이 탑반 합격 시기는 남과 다르다   055
3. 해 보지 뭐! 소마 프리미어, 필즈, 황소 백 점 프로젝트   061
4. 황소 수학학원 초등, 중등 나왔다가 또다시 들어간 이유   067
5. 공부하기 좋은 날은 없다   074
6. 고수 엄마는 플랜 B를 가지고 있다   080

<제3장>
아이의 학교생활은 사교육보다 중요하다
-엄마는 학교봉사, 아이는 임원봉사

1. 엄마 말을 잘 듣는 아이가 선생님 말씀에 경청한다   089
2. 뉘 집 아들인고? 잘 키웠다   095
3. 엄마와 아이의 마음 근육 맷집 키우기   102
4. 아들의 자존감이 높아지다니! 용기 내길 잘했다   109

5. 반장 아이를 돕는 반장 엄마의 사생활 **116**

<제4장>
대학 부설 영재원 4곳의 합격 lab
-영재원은 평범한 아이도 갈 수 있는 곳

1. 2학년은 대학 부설 영재원 도전의 출발점 **125**
2. 1차 지필, 2차 면접 - 합격으로 끌어올리는 방법 **130**
3. 영재원을 매년 지원하는 이유가 따로 있다 **137**
4. 미술영재원 합격은 미술학원 선택의 중요성 **143**
5. 대학 부설 영재원 4곳의 합격률을 높인 BEST 4 경험 **149**

<제5장>
엄마의 멘탈관리 lab
-흔들리는 잔에는 물을 채울 수 없다, 흔들림 없는 육아 신념 만들기

1. 100만 원짜리 강의를 단돈 2만 원에 해결하는 방법 **157**
2. 엄마의 기분으로 아이의 '장단점' 판정금지 **164**
3. 내일이 없다는 걸 아는 사람은 오늘을 다르게 산다 **170**
4. 멀어지는 인연 잡지 말고, 다가오는 인연 밀어내지 말자 **176**
5. 다시 너의 자신감을 되돌려 놓겠어 **181**
6. 나에게 보내는 3년 편지 **187**
7. 아이와 함께 뛰는 인생 이인삼각 **193**
8. 그래도 내가 버틸 수 있는 이유 **198**

<제6장>
성과의 속도를 높이는 장비 lab
-도구의 활용과 넛지 교육은 변화의 속도를 높인다

1. 나만의 '넛지 교육'을 찾다 **205**
2. 중요한 것을 먼저 하지 않으면 곧 급한 일밖에 남지 않는다 **212**
3. 결정권을 아이가 쥐어야 허들이 낮아진다 **218**

4. 꿈을 벽에 붙이면 기적이 일어난다 223

5. 자기효능감을 높여주면 도전을 멈추지 않는다 228

6. 해외에서 한 달 살기 프로젝트 235

<제7장>
엄마 인생의 눈물 버튼
-네버엔딩 주말부부: 경력단절, 독박육아, 부산-서울로 이사

1. 네버엔딩 주말부부 243

2. 결혼 자격증 249

3. 엄마 자격증 254

4. 내리사랑보다 더 값진 치사랑 259

5. 교육 특구에서의 첫발 264

<제8장>
결국 자기 주도 독립하는 아이 키우기 lab
-어떠한 아이도 처음부터 잘하는 아이는 없다

1. 상황대처 능력 키우기 273

2. 초등 2학년 사춘기가 왔어요 279

3. 원하는 것을 얻기 위해서는 일단, 시작해야 한다 284

4. 미래 인재는 표현을 잘하는 아이다 290

5. 귀한 대접 받는 아이로 키우기 295

6. 탑반 엄마들의 공통점 301

<마치는글> 308

<부록>

1. 초등 엄마가 알고 있으면 유리한 각종 대회 및 자격증 시험 314

2. 시기별 학교 행사, 영재원 선발 및 대표적인 대회 318

3. 영재원에 도움 되는 실험 교구와 교재 319

4. 유아, 초등생 학부모님이 알고 있으면 도움 되는 사이트 및 앱 320

<제1장>

0% 두뇌 지능 발달을 돕는 엄마표 lab

-엄마표 성공을 위한 핵심 활동

1.

두뇌 지능은 엄마의 믿음에서 시작

 "우리 아이의 뇌 지능을 선택할 수 있다면, 지능이 낮은 쪽과 높은 쪽 중 무엇을 선택하실 건가요?", "말해 뭐해요. 입만 아프지."

 맞다. 아이의 지능을 선택할 수 있다면, 나라도 당연히 높을 쪽을 선택할 것이다. 유아 초등 엄마들 대상으로 하는 강의에선 '코이 물고기' 이야기를 꼭 한다. '코이 물고기'는 금붕어와 같은 물고기 이름이다. 코이 물고기를 어항에 두고 키우면 5~8cm밖에 자라지 못한다. 그런데 강에 넣고 키우면 100cm 넘게도 자란다고 한다. 같은 물고기라도 환경에 따라 성장 속도가 다르고 몸의 길이가 몇십 배가 차이 난다.

 0~7세 유아 엄마들에게 "높은 지능은 유전적 요인과 환경적인 요인 둘 중 어떤 것이 결정할까요?"하는 질문에 '유전적'이라고 대답하는 분들이 많다. 정답은 두 가시 다 관련이 있다. 지능이 높다는 것은 뇌의 회로가 다양하고 복잡하게 뻗어져 있다는 것을 의미한다. 뇌는 자극이 있어야 발

달한다. 과학 수업을 할 때, 주제에 관련하여 아이들에게 질문한다.

"사과 하면 무엇이 생각나?"라는 질문에 "맛있어요." 이렇게 대답하는 아이가 있고, "사과는 신맛이 나요. 코끼리나 원숭이가 좋아해요. 사과가 떨어지는 것을 보고 중력이라는 것을 알아냈어요." 하며 다양하고 깊게 말하는 아이들도 있다. 우리 아이에게 질문이나 과제가 던져졌을 때 아이 뇌 속에서는 자극받은 시냅스 끝부분에서 아세틸콜린이라는 화학물질이 분비되어 신경 회로가 서로 연결되고 발달한다. 더 많이 쓰는 부분은 더 굵고 튼튼한 신경망이 형성될 것이고, 점점 쓰지 않는 부분은 성장하면서 가지치기가 된다. 지능이 유전적이냐 환경적이냐는 이제 중요하지 않다. 지능을 결정하는 요소는 환경적인 요인이 크다는 연구 결과가 나에겐 희망적이고 좋은 기회이다.

결국은 아무리 좋은 유전자를 타고났다고 해도 후천적으로 환경이 뒷받침해 주어야 빛을 발할 수 있다. 환경에 의해서 아이들의 지능이 변할 수 있다는 것은 태어났을 때부터 만나게 되는 환경, 특히 엄마의 교육이 아이의 뇌 발달을 어느 정도는 좌지우지할 수 있다는 말이다. 사실 나도 처음부터 믿었던 건 아니다. 이론으로 배운 것을 현실에 적용하는 부분에서 어려움이 있었고 아이의 성장이 바로바로 눈으로 확인을 할 수 없기 때문이다. 그러나 믿어서 손해 볼 건 없다. **지금보다 더 좋아질 수 있다면 해**

보자고 가볍게 생각했다. 아이와 함께하는 하루는 '어제보다 성장하는 하루가 된다.'라고 생각했다. 내가 가볍게 시작할 수 있는 만만한 교재와 교구로 했다. 쉽고 간단하게 시작하니 오래 할 수 있었다. 아이의 두뇌 지능 결과가 달라지고 나서야 후천적인 요인이 중요하다는 말을 믿을 수 있었다. 혹여나 나에게만 적용될까에 대해 의심하며 다른 아이들에게 적용해 보았는데도 역시 성과가 좋았다.

교구나 책과 같은 준비물 없이 아이와 함께하는 하루를 보내는 것이 자신이 없었다. **아이와 시간을 보내면 서먹한 엄마의 모습에서 벗어나기 어려웠는데, 2년 동안 사용한 교구, 활동지, 그리고 하루 계획표가 나의 든든한 육아 동반자가 되어 주었다.** 벽에는 가드너 다중지능이론(Gardner's Theory of Multiple Intelligences), 웩슬러 지능검사(Weschler) 항목, 카우프만 지능검사(Kaufman Intelligence Test) 항목, 영유아 발달에 있는 항목을 검색한 후 많은 준비 없어도 만만하게 할 수 있겠다고 생각한 것들을 선택하여 하루 계획표를 만들었다. 덕분에 여러 영역을 골고루 선택해서 활동할 수 있었다. 나중에 알고 보니 두뇌발달에 의미 없는 활동은 없다는 것을 깨달았다. 그 활동들이 가치가 있었기에 힘든 순간에도 견딜 수 있었고, 즐겁게 계속할 수 있었다. 그 결과 7세(만 5세), 5세(만 3세) 아이는 상위 0.2%, 0.3%의 웩슬러 결과가 나왔다. 첫째 초등 5학년 때, 둘째 초등 4학년 때 검사를 했는데 상위 0.2%~2%로 범위가 나왔다.

누워 있던 아이가 생후 12개월 만에 걷기 시작한다. 엄마를 알아보고, 낯가림도 한다. 베이비 사인이 늘어나면서 한두 마디 말도 하게 된다. 대소변도 가리게 된다. 엄마와의 상호작용, 물건에 대한 탐색, 직접 만지고 먹어 보는 모든 경험이 학습의 기초가 된다. 아이의 성장은 뇌 발달이 급속도로 이루어지고 있다는 증거이다. 학부모 개인 상담을 하기 전에 아이가 받았던 검사가 있다면 결과지를 보내 달라고 한다. 웩슬러 검사지, 카우프만 검사지 등을 챙겨서 보내 주신다. 결과 그래프만 보아도 엄마의 정성이 보인다. 특히 언어 부분은 엄마의 노력이 많이 요구된다. 엄마가 매일 책을 읽어 주는 것도 만만하지 않은 에너지가 쓰인다. **책을 읽어 주면서 단어의 쓰임을 알려 주고, 사물에 대한 정확한 용어를 사용하려고 애쓰는 엄마들도 많다. 물론 더 많이 욕심내어 독후 활동을 하기도 하지만 또 그렇게까지 하지 않아도 아이의 말에 경청하고 호응해 주는 것으로 아이의 언어 역량을 높일 수 있다.** 여기서 중요한 건 엄마의 정성이 아이의 언어력에 영향을 미친다.

책을 좋아하게 된 아이들을 키우는 엄마들의 비법은 다양하겠지만, 내가 만났던 엄마들의 두드러진 공통점이 있었다. 특히 초등 입학 전에 환경이 중요했다. 엄마들은 아이가 미디어, 게임에 노출되기 전에 책으로부터 재미를 느끼게 해 주는 것을 최우선으로 생각한다. 미디어(TV, 유튜브 등)는 복잡한 사고 체계가 필요 없는 것이 대부분이다. 책을 읽고 이해하는 것이 상대적으로 힘드니 흥미가 생기는 것도 다소 어려울 수 있다.

워킹맘이라 책을 읽어 주는 시간이 다소 적어서 아이가 책에 빠져서 읽는 것은 불가능하다고 생각할 수 있는데 특별한 방법을 쓰는 워킹맘을 만났다. 7세에 KAGE 학술원에서 만난 워킹맘의 아이 두 명은 10분의 쉬는 시간에도 책을 읽었다. 그중 한 아이는 나의 과학 수업을 들었는데, 잠시 쉬는 시간에 무엇을 읽을지 미리 수업을 시작하기 전에 책을 골라 두었다. 아이 엄마에게 책을 이토록 좋아하게 된 이유를 물어보았다. "우리 집에는 TV가 없었어요. 아이 돌보미를 구할 때는 집안일은 대충 해도 되니 책을 많이 읽어 달라고 했어요. 오늘 읽을 책을 일하러 가기 전에 뽑아 놓고 갔어요. 집안일은 아이 재우고 내가 해도 되지만 아이가 깨어 있는 시간 동안에는 최대한 아이만 봐줬으면 했거든요." 엄마가 없는 시간에도 언어 자극을 끊임없이 받게 한 것이다.

아이의 성장에 공짜는 없다. 그냥 잘되는 건 육아에도 없다. 아이와 함께하는 시간 동안 엄마의 자극이 아이의 성장에 도움 된다고 믿는 마음이 가장 중요하다. 엄마와 함께한 시간 동안 아이의 뇌 발달을 눈으로 확인하면, 앞으로 학습에 어려움이 생겨도 '머리가 나빠서 이해를 못 하는 걸까?'라는 걱정은 하지 않게 된다. 오히려 '방법을 바꿔 볼까?' 하며 해결책을 찾는 데 긍정적인 에너지를 쏟게 된다.

2.

보통 지능을 상위 0%로 끌어올려

"보경아! 태교는 어떻게 해야 하는데?" 고등학교 친구였던 진이가 임신했다.

"진아, '칼비테 교육', '몬테소리 교육' 관련 책을 미리 읽는 게 좋아. 아이 태어나면 정신없어서 어디에 집중해야 할지도 모르고 불안감이 들거든. 큰 흐름만 알아도 헤매지는 않을 거야. 지금은 네가 좋아하는 음악을 듣고, 행복했던 순간의 사진을 보면서 아기에게 말을 걸어 줘."

엄마표 교육은 태교 때부터 시작한다. 국악이 엄마의 심장 소리와 비슷하다고 선호하는 분이 계시고, 잔잔한 클래식이 아이를 편안하게 해 준다고 한다. 또 머리를 많이 써야 한다며, 태교로 대학원을 권유하기도 하는 선배들도 있었다. 여기서 중요한 건 아직 눈으로 보이지 않는 아이를 위해 태교도 신경을 쓴다는 것이다. 나 역시도 그랬다. 태동이 느껴지지 않는 시기라도 초음파로 아이의 심장 소리를 들으니 내 몸을 이전보다 소중하게 여겼다. 평소에 4잔씩 먹던 커피도 당장에 끊고, 오글거려서 해 보지 않았던 혼잣말을 사람들 없는 틈을 타서 아기에게 달콤한 말로 중얼거리기도 했다.

0~12개월 동안 누워 있는 아이가 직립보행을 한다. 아이가 본격적으로 움직이기 시작하면 엄마는 사 두었던 교구와 책에 관심이 커진다. 프뢰벨, 몬테소리 교육기관에 문의도 해 본다. 같은 시기 엄마들이 시키고 있다는 교육을 내가 하고 있지 않으면 불안하다. 돌잡이 수학, 몬테소리 교구, 오감과 관련한 놀이에 총력을 기울인다. 미역 촉감놀이, 이유식, 과일, 국수 놀이, 두부는 빠질 수 없는 오감 놀이다. 여러 가지 소리를 듣고, 냄새 맡고, 보여 주고, 많이 안아주고, 마사지 해 주기, 다양한 맛 등의 모든 자극이 뇌 발달에 큰 영향을 준다고 이론으로 배웠다. 몸은 힘든데 안 하면 불안하다. 아이가 24개월 정도 되니 몸도 나가떨어질 것 같은데 이제는 머리도 아프다. 엄마들 사이에서는 '고집이 세다'라고 표현한다. 아이들이 표정도 다양해지고 감정의 굴곡이 급격히 변한다. 가끔은 엄마를 간 보는 것처럼 밀당하는 것 같다. '더 심하게 울어?' 아님 '떼를 더 써?' 하는 것 같다. 엄마의 한계를 알아보는 것 같을 때가 있다. '나를 힘들게 하려고 태어났나?', '내가 전생에 죄를 많이 지었나?' 하는 별생각이 다 들 때가 있다.

아이 키우면서 일관성을 유지하는 것이 중요하다는 것은 알지만 흔들리는 순간이 많다. 학부모 중에서 중. 고등 자녀를 둔 분 중에 성적이 좋거나, 특목고, 자사고에 가서도 잘하는 아이의 엄마는 일관성을 유지하는 것을 중요하게 생각하는 공통점이 있었다. 일관성은 약속을 잘 지킨다는 것을 포함하는데 아이와 약속을 기억하고 지키려고 애쓰는 것을 한결같이 해 온 것이다. 매일 한 권 이상의 책을 읽어 주겠다고 했다면, 회식이 있는 날에도 한 권을 읽어 주는 것을 지킨다. 아이의 학습지를 엄마가 채점해 주기로 했다면 야근했어도 채점을 해 주었다. 훈육에서도 남달랐다. 해서는 안 되는 행동에 대해 정확히 정해 두었고, 아이도 숙지하고 있다.

아이가 마음대로 행동하지 못할 때 떼쓰고 드러누우면 엄마에게는 불편한 상황이다. 훈육에 대한 범위를 정해 놓으니 아이도 편안해졌다. 특히 안전과 관련된 훈육은 타협의 여지가 없다. "위험한 곳에 올라가면 안 돼요.", "물건은 던지는 게 아니야."라고 단호하게 말해야 한다. 아이는 허용된 범위 안에서 적절한 행동을 학습할 수 있다. '엄마에게 혼날 수 있겠다.' 등의 예측 가능한 결과가 있기 때문에 아이는 훈육 상황을 받아들이고 떼를 써도 소용이 없다는 것을 알게 된다. 엄마도 훈육이 필요한 범위를 정해 놓으니. 육아하면서 갑자기 욱하는 것이 줄어든다. 훈육해서 아이의 행동을 규제해야 할지, 배움이 필요한 부분이라서 알려 주어야 할지 기준이 잡히니 돌발상황에서도 멈춰 서서 생각하는 여유가 생겼다. 물을 쏟았을 때는 물을 잘 따르는 방법을 알려 주거나 물을 닦는 방법을 알려 주었다. 아이가 활동지나 문제집에서 틀리는 부분에 대해 '왜 이것도 틀려!', '왜 점수가 이 모양이야?' 하며 화를 내기보다 이건 훈육하는 것이 아니라 알려 주어야 하는 부분이니 화난 감정을 떨어뜨릴 수 있었다.

36개월 전후로 한글을 시작했다. **사물 이름은 많이 알수록 유리하다. 누구와도 소통이 잘되게 하는 재료를 모으는 작업이다. 정확한 언어를 사용하고 엄마와의 언어 상호작용이 좋으면, 웩슬러 지능검사 항목 중 언어 발달 지능을 높이는 방법이 된다.** 하지만 더 중요한 점은 아이가 표현할 수 있는 말이 많아지면 원하는 것을 분명하게 상대방에게 전달할 수 있다는 것이다. 엄마가 없는 곳에서도 아이는 편안하다. 도움을 청할 수 있다. '까까', '마', '붕붕' 등의 아이와 엄마만 서로 아는 용어보다는 '엄마', '아빠', '아이스크림', '청소기', '세탁기', '냉장고' 등 정확한 용어로 사물을 알게 하는 것은 중요하다. **아이가 집에서 생활하면서 가장 많이 접하는 사물에 이름표를 붙여 주었다.** 엄마들 중에는 "선생님, 우리 아이는 왜 한글이 늦나요? 책으로 한글 읽게 해 주고 싶은데 책만 펴면 도망가요." 하며 고민을 하시는 분이 종종 있다. 한글을 읽게 해 주고 싶은데 엄마 마음처럼 잘되지 않는 경우에는 아이가 관심 있는 것이 무엇인지 살펴보라고 한다. **아이가 좋아하는 것으로 한글을 시작하면 속도가 빨라진다.** 『한글이 야호』, '아이챌린지 호비'로 한글을 읽게 되는 아이도 있다. 공룡을 좋아하면 공룡 이름으로, <캐치! 티니핑>, <시크릿 쥬쥬>에 나오는 주인공 이름, 자동차 종류, 과자나 아이스크림을 오려서 벽에 붙여진 전지

에 모으며 한글을 떼기도 했다.

칼비테 교육이나 몬테소리 교육에 관한 책에 2가지 핵심 키워드가 눈에 들어왔다. 기회를 제공할 수 있는 환경과 기다림이다. 신발도 혼자 신는다고 하면 시간을 준다. 위험한 환경이 아니면 최대한 쏟아 보고 섞어 보고 만져 보게 해 주었다. 걷다가 다른 꽃이나 다른 식물이나 동물을 관찰하면 옆에서 아이의 시선을 따라 보고 있는 것을 말해 주었다. "개미 보고 있어?", "개미네.", "어디를 열심히 가고 있을까?", "장미꽃이 피었네.", "장미다.", "냄새가 좋다." 이렇게 말하는 것도 시간이 걸렸다. 이왕이면 수다쟁이 엄마면 아이에게 말을 거는 것이 좀 더 편했겠지만 내 성격은 그렇지 못했다. 아동발달센터 원장님, 육아 서적을 따라 할 수 있는 것부터 시도해 보았다. 아이의 피드백이 좋은 것은 계속하게 되고 점점 체득화되었다. 아이가 경험하는 무엇이든 두뇌 자극이 된다.

'가르친다.'라는 선생님의 역할보다 '알려 준다.'라는 인생 선배님으로 알게 된 삶을 인수인계한다는 생각으로 아이와 함께한다고 생각하니 부담이 적었다. 엄마의 마음이 여유로워야 학습이 잘되고 지속할 수 있다. 아이와 이동을 할 때는 시간을 좀 더 넉넉하게 잡았다. 마음이 불안하면 급해진다. 기다려 주기보다 재촉하게 된다. 가끔은 아이와 있을 때 '시간을 잘 쓰고 있기보다 때우고 있다.'라는 생각이 들 때가 있다. 몸은 아이 옆에 있지만, 마음은 다른 데 있다. 결과적으로 아이와 시간을 보냈는데 무엇을 했는지 모른다. 아이와 함께할 때 먼저 몸을 45도 앞으로 기울여 적극적으로 들여다보려는 자세를 취해 보니 함께 시간을 쓰는 느낌이 든다. 아이의 관심사가 무엇인지 모를 때는 아이가 무엇을 할 때 즐거워하는지 보일 때마다 기록을 해 보자고 했더니, 더 유심히 아이를 관찰하게 되었다. 이렇게 2년을 보내다 보니 보통 아이를 0.2% 내외로 끌어올려 줄 수 있었다.

3.

5세(만 3세)부터 웩슬러 검사

개인 상담 할 때 유아맘이 많이 하는 질문 중 하나는 "KAGE 학술원 꼭 가야 하나요? 언제까지 다녀야 하나요?", "웩슬러 검사를 하는 이유는 무엇인가요?"이다.

강의, 상담을 통해 아이가 5세(만 3세)가 되면 KAGE 학술원, 4세(만 2세)에 CBS 영재교육학술원 등 유아 영재원 교육을 함께 하는 곳에서 웩슬러 검사를 받아 보기를 권한다. 강남에 있는 GATE 영어유치원은 5세(만 3세) 입학을 하려면 4세(만 2세) 때 지능검사가 정해진 기준 이상이 되어야 영어 입학 테스트를 할 수 있다. 첫째 아이는 6세(만 4세) 때, 둘째 아이는 5세(만 3세)가 되기 직전에 KAGE 학술원에서 웩슬러 검사를 보았는데 시험 대기만 6개월을 기다렸다. 웩슬러 결과가 수업을 받을 수 있는 점수로 나와도 자리가 없어서 몇 개월 기다리기도 한다. KAGE 학술원의 경우 웩슬러 검사 상위 3% 미만인 아이들은 학술반 수업을 들을 수 있고, 상위 15% 미만이면 연구반에서 수업을 듣게 된다. 연구반에 들어가더라도 일정한 기간이 지난 후 다시 웩슬러를 보아서 상위 3%가 나오면 학술반으로 이동할 수 있다. 실제로 다시 검사해서 반을 이동한 엄마들이 꽤 있다.

영재교육학술원마다 특징들이 있다. 예를 들어 CBS 영재교육학술원의 경우는 과목을 선택해서 듣지 않고, 정해져 있는 커리큘럼을 따른다. 친구들과 상호작용하는 시간이 많고 KAGE보다 조금 자유롭다. KAGE는 5~6세(만 3~4세) 수업은 과목이 정해져 있지만, 7세(만 5세)부터는 다섯 가지 수업 중에 선택해서 들을 수 있다. 숭실대학교 세종영재연구원은 7세(만 5세)부터 들어갈 수 있는데 과목마다 전문으로 연구하신 분께 진로와 다양한 체험을 할 수 있는 장점이 있다. KAGE를 다니면서 CBS 학술원에 다니는 것처럼 두 개씩 다니는 아이들도 있다. "유아 때 영재교육학술원을 꼭 다녀야 하나요?"라고 물어보면 5세(만 3세), 6세(만 4세)까지는 꼭 다녔으면 한다고 말한다.

KAGE 학술원에 다닐 때, 아이의 수업이 끝날 때까지 대기실에서 기다리고 있으면 책을 보는 아이들이 눈에 참 많이 보인다. 수업은 4~6명 소그룹으로 진행한다. 언어가 많이 발달된 아이가 있고, 창의력이 뛰어난 아이도 있고, 퍼즐을 기가 막히게 잘하는 친구들이 있다. 옆에 있는 친구로 인해 관심 없었던 분야에도 호기심을 가질 때도 있고, 다양한 방법으로 친구들의 놀이를 습득하기도 했다. 아이의 피드백도 정성이었다. 선생님마다 다르겠지만 대체로 아이에 대한 빼곡한 기록을 통해 수업 시간에 관찰되는 성향과 특징을 세세하게 알려 주고 방향을 주신다. 한 반에 같이 듣는 아이들이 비슷한 수준이라 선생님도 아이들을 존중하며 역량을 인정해 주는 태도가 느껴진다. M3라는 수학 관련 수업에서는 "스도쿠를 정말 잘하네요. 수를 잘 쪼개고, 도형 감각이 좋아서 회전, 뒤집기가 빨라요." 다빈치라는 국어 관련 수업에서는 "책에 나오는 상황이나 문제는 잘 파악하는데요. 뒤에 어떻게 전개될지 상상하여 글쓰기를 어려워해요. 평소에도 생각을 물어보는 질문을 많이 해 주세요." 아이에 대해 객관적인 피드백을 들을 수 있어서 엄마가 놓치는 부분도 다시 한번 챙겨 봐 줄 수 있다.

웩슬러 검사를 통해서 수업에 참여할 수 있는 유아 영재교육원(KAGE, CBS 등)이 목표가 아니더라도 나는 엄마들에게 웩슬러 검사를 권하는 이유가 있다. 가장 큰 이유는 우리 아이를 이해할 수 있는 도구로 검사를 이용할 수 있다는 것이다. 학부모 강의를 할 때 "웩슬러 검사나 카우프만 검사를 받아 본 적이 있나요?"라는 질문에 반 정도의 엄마는 "내 아이는 영재로 키울 생각도 없고 영재도 아니에요."라고 대답한다. 나머지 엄마는 노력으로 가능하다면 영재로 키우고 싶다고 한다. 웩슬러 지능을 올릴 수 있다고 말하면 눈빛이 맑아지면서 방법을 궁금해한다. 강의가 끝날 때쯤 되면 시작할 때보다 더 많은 질문이 쏟아진다. 특히, 어디에서 웩슬러 검사를 받으면 좋겠냐는 질문을 많이 하신다. 검사를 어디에서 받는지보다 더 중요한 것이 있다. 우리 아이를 얼마나 알고 있을까? 두뇌는 우리 몸을 총괄하는 사령부이다. 마음이 가슴에 있다고 생각하는가? 마음이 아프고 설레는 것은 심장인가? 두뇌에 있다. 판단하고, 행동하라고 명령하는 모든 것이 뇌에서 이루어진다. 우리 아이는 어떤 생각을 하고 무엇을 수월하게 할 수 있는 아이일까?

우리는 건강검진을 왜 해야 하는지는 묻지 않는다. 당연하다고 생각한다. 종합건강검진센터에서 피검사, 초음파, 내시경 등을 한다. 수치를 통해 보이지 않는 우리 몸의 건강 상태를 알 수 있기 때문이다. 정상 수치가 아닌 항목에 대해서는 적절한 관리를 한다. 처방이 필요한 경우는 시술이나 약을 먹기도 한다. 증상이 없더라도 건강검진을 통해서 평소의 잘못된 식습관이나 생활습관을 돌아볼 수 있다. 수치가 한눈에 보이니 결심도 쉽다. '건강한 상태'라는 결과를 알게 되면 안심하고 하던 일에 집중할 수 있다. 습관성 두통이나 복통 등을 사소하게 넘길 수 있다. 마음의 안정을 찾을 수 있다는 뜻이다.

웩슬러도 마찬가지다. 완벽한 진단과 처방은 기대할 수 없다. 심지어 심리적인 부분도 영향을 준다. 낯선 환경에서 긴장도가 높은 아이나, 검사 당일 건강상태가 좋지 않아서 결과에 영향을 줄 수 있다. 전문 기관에서는 검사 결과 점수가 위아래 10까지도 차이가 날 수 있다고 말한다. 웩슬러 지능검사를 통해서 전반적으로 우리 아이가 어떤 쪽으로 강점인지 약점인지, 시공간 부분은 어떠한지, 유추하는 능력, 검사 항목 간의 연관성을 통해 아이의 성향을 파악할 수도 있다. 머릿속에 아는 것이 많은 것에 비해 글이나 말로 표현하는 속도가 상대적으로 잘되지 않는다면 시간이 오래 걸릴 수 있다. 완벽하고 신중한 아이일수록 더 그렇다. 검사를 통해 아이가 표현을 잘할 수 있게 도와주어야 한다. 훈련이 반복되면 속도를 낼 수 있다.

높은 점수를 받은 영역은, 아이가 강점으로 작용하여 앞으로 진로로 연결해 생각해 볼 수도 있다. 특히 유동추론과 시공간이 높은 아이들은 사고력 수학, 경시, KMO까지 멀리 보고 도전해 봐도 좋을 것 같다고 말한다. 점수가 낮게 나온 부분에 대해서 내가 보완하는 방법을 찾을 수 있다. 첫째 아이는 듣는 귀는 발달해 있고 이미지를 잘 떠올린다. 문자를 읽어서 이해하는 것보다 이미지를 보거나 상대방의 말을 들어야 이해가 더 잘되는 아이다. 새로운 도전에 진입 장벽이 높은 편이고, 완벽주의 성향이라 확실히 알았다고 생각할 때 자신감을 느낀다. 그래서 다지면서 하는 교육이 더 맞다. 신재생에너지나, 자기부상열차 원리를 조사할 때 먼저 유튜브에 나오는 원리를 보여 준다. 처음 접하는 것에 대한 긴장도가 높아서 짧은 영상을 먼저 보여 주거나 내가 알고 있는 것이면 아는 부분은 먼저 설명해 주기도 한다. 학습에서는 예습을 통해 진입 장벽을 낮추는 데 도움이 된다.

가끔 "우리 아이에게 아무것도 해 준 게 없는데, KAGE 학술원에 들어갔어요."라고 하는 엄마들도 있다. 유심히 엄마를 관찰하면 안 해준 게 아니다. 못 느꼈을 뿐이다. 엄마가 아이의 말에 경청하며 호응도 잘해 준다. 또는 다른 교구로 놀이는 안 해도 아이에게 꼭 책을 읽어 준다. 엄마 가방에 항상 몇 권에 책이 있다. 아이가 엄마에게 어떠한 질문을 하더라도 나름 정성스레 답을 해 주는 것을 볼 수 있다. 건강검진 하는 이유가 내 몸을 객관화시키는 과정이라고 볼 수 있다. 웩슬러, 카우프만 검사는 우리 아이를 객관화시키는 것을 돕는 검사이다. 영유아 검진을 하는 이유도 똑같다. 검사를 하고 나면 무엇을 해 주어야 할지, 내가 무엇을 놓치고 있었는지 알 수 있다. 아이를 객관화시키는 자료가 많아질수록 이해할 수 있는 폭이 넓어진다. 무엇을 도와야 하는지 보인다. 내가 신경을 써 정성을 다힐수록 아이의 결과도 조금씩 변화하는 깃이 눈으로 보인다. 아이도 나도 성공의 기쁨을 조금씩 느끼니 계속하게 된다. 아이와 보내는 시간이 의미가 있고 가치를 느끼니 반복할 힘이 생긴다.

4.
유아 과학실험은 두뇌발달 촉진제

두 아이 모두 유아~초등 저학년 때 웩슬러 지능검사를 했는데 0.3%, 0.2%가 나왔다. 우리 아이들은 영재원에 그냥 들어가겠다고 생각했다. 영재고, 과학고가 우리 아이들을 위한 곳이라고 생각했다. 초등학교 입학 전까지는 말이다. 나중에서야 큰 착각이라는 것을 깨달았다. 첫째 아이가 다섯 살 때 영등포 타임스퀘어 매장 안에 있는 교보문고를 둘러보다 영재원 대비서 코너가 눈에 띄었다. **가장 많은 칸을 차지하고 있는 책이 '안쌤영재교육연구소'에서 나온 책이다. 학년별로 분야별로 교재가 있는 것뿐만 아니라 동영상 강의도 있다. 이 교육은 단순한 과학 지식을 쌓는 데 그치지 않고, 다양한 방법으로 사고력을 기르는 창의 융합 교육으로 현실과 밀접하게 연결되어 있다.** 실험 교구와 교재 강의도 들을 수 있으니, 홈스쿨로는 최고의 구성이다. 이후 영재원을 준비하는 학원에서도 안쌤영재교육연구소 교재를 많이 사용하고 있는 것을 알게 되면서 관심과 성과로 이어졌다. 지금 안쌤영재교육연구소에서 과학을 가르치는 인연까지 닿았다.

중·고등학교 때 친구들이 나를 선생님 설명보다 더 쉽게 해 준다며 '과학 선생님'이라고 불렀다. 이후로 중등생물 교사자격증을 취득하고, 임상병리사 국가고시, 미국 임상병리사, 미국 분자유전학사 면허 취득에 이어 대학병원 진단검사의학과에 근무 기간까지 합치면 20년 넘게 과학과 가깝게 살아왔다. 처음은 5세, 3세 우리 아이와 KAGE 학술원에 다니는 친구들을 데리고 처음 과학 수업을 하게 되었다. 처음에는 내가 잘할 수 있는 것이 과학이고 아이들도 유아 영재원에서 과학 수업을 들으니 접근하기가 쉬웠다. 그런데 과학을 할수록 또 다른 관점에서 장점이 많이 보였다. 실제로 웩슬러 지능검사 항목에 언어 이해, 시공간, 유동 추론, 작업 기억, 처리 속도에 있어서 과학실험 하나로 동시다발적으로 발달할 수 있다.

과학 용어는 아이들에게 생소하다. 그래서 자극적인 말로 들릴 수 있다. 뇌는 편안하고 익숙한 것에 대한 반응보다 새로운 자극에 반응이 강하다. 엄마가 일반적으로 쓰는 생활 용어는 한정적이다. 길을 지나다닐 때 웅성웅성하는 소리 사이로 내가 관심이 있는 내용이나, 욕은 기가 막히게 잘 들린다. 특히 욕은 더 잘 들린다. 우리의 뇌는 자극이 있어야 활성화가 된다. 시냅스 끝부분에서 아세틸콜린이라는 신경전달 물질이 분비되면서 신호를 전달하고 활발해진다. 과학용어가 그렇다. 광합성, 생태피라미드, 헤르츠, 전기유도, 자기장, 용매 등 평소에 듣지 않는 생소한 언어이다. 아이의 뇌를 자극한다.

   수학이라는 것은 처음 시작할 때 교구로 접한다. 가베, 교구 수학은 유아교육의 교과서처럼 생각한다. 영유아 시기에 엄마가 교육에 조금만 관심이 있다면 몬테소리, 오르다, 프뢰벨, 탐큐, 소마, 슈필마테를 접한다. 그렇다면 과학의 교구는 무엇인가? 바로 과학실험이다. 수학도 교구를 통해서 양의 개념과 수의 개념을 일치시킨다. 1이라는 숫자와 한 개라는 양을 일치시키면서 똑같다고 가르친다. 과학도 마찬가지다. 표면장력이라고 하면 어른들도 설명하기에 어려울 수 있다. 그러나 실험으로 먼저 접한 아이들은 머그잔에 물이 넘칠 듯 말 듯 하는 현상만 보고도 표면장력임을 체득화하는 것이다. 연잎에 물방울이 도르륵 떨어지는 것을 보고도 "표면장력이야?"라고 질문하는 아이들이 있고, 컵 끝까지 따른 물이 넘칠까 봐 불안해하며 물을 옮기면서 "표면장력 도와줘."를 외치는 아이들을 볼 수 있다. 병원에서 근무할 때 인턴으로 있던 분들과 술자리가 있었다. 반대편에 앉아 있는 인턴 선생님이 소주잔에 술을 넘칠 듯 말 듯 따르고 있는 것을 보고 술에 취해 작은 목소리로 "표면장력."이라고 말하는 것이 신선했다. 지금도 표면장력을 가르칠 때면 인턴 선생님이 생각나서 씩 웃음이 난다. 어렸을 때 체득된 것은 어른이 되어 술에 취해도 말할 수 있다. 잠재의식의 힘.

과학은 우리 생활과 밀접하게 연결되어 있다. 과학은 초등 3학년 때부터 나오는 과목이다.

물론 초등 1~2에는 봄, 여름, 가을, 겨울이라는 제목에서부터 지구과학의 핵심인 지구의 공전에 의한 계절 변화를 보여준다. 내용을 들여다보면 바람은 왜 부는지, 나뭇잎은 초록색에서 가을이 되면 색을 바꾸는 이유, 동물과 식물의 공통점과 다른 점 등의 과학적인 내용이 많다. 과학은 우리가 사는 생활에 어우러져 있어서 유아일수록 느낄 수 있는 호기심을 자극해 줄 수 있고, 응용하고 적용하기에도 좋다. 공기는 눈에 보이지 않고 잡을 수도 없다. 하지만 바람개비를 돌리고, 헬륨 풍선을 들고 있다 놓아 보면 날아가고, 과자 봉지가 과자의 양보다 빵빵하게 차 있다. 아이들이 눈에 보이지 않는 공기가 있다는 것을 알게 되니 일상이 의미 있게 다가온다. "이건 왜 그래?", "이것도 공기야?"라고 아이가 물어볼 때, 갑작스러운 질문에 어떻게 설명해야 할지 당황할 때가 있다. 그럴 때는 "그러게, 왜 그럴까? 엄마도 궁금하다." 이렇게만 대화하더라도 아이는 '내가 하는 질문이 가치 있구나. 나에게 관심 가져 주는구나. 엄마도 궁금해하는구나.'라고 생각한다. 이후에 아이가 새로 알게 된 내용을 엄마와 공유하려고 한다. 그때는 호응만 잘해주어도 된다. "와, 진짜 신기하다. 엄마 몰랐네. 알려 줘서 고마워." 엄마의 긍정적인 태도가 아이에게 일상에서의 관찰력이 생기고 호기심을 지속시킬 수 있다.

유아에서 과학을 배우든 초등 때 배우든 과학의 용어나 원리는 변하지 않는 학문이다. 중심 뼈대에 살이 붙어져서 고등 때까지 쭉 이어진다. '수포자(수학 포기자)'가 있듯이 '과포자(과학 포기자)'도 있다. 과학 포기자의 가장 큰 원인으로 과학용어가 어렵다는 통계를 본 적이 있다. 아예 모르는 것보단 한 번쯤 들어 본 적이 있거나, 평소 관심이 있었던 부분을 선생님이 설명해 줄 때 관심이 더 생긴다. 이해가 잘 된다. **대부분 한자로 된 과학은 용어가 생소한 것이 많다. 유아나 초등 저학년까지는 실험과학을 하면서 용어에 익숙해지고, 용어에 대한 의미를 실험을 직접 해 보면서 오감으로 기억될 수 있다.**

과학은 우뇌와 좌뇌 교육이 동시에 가능하다. 오감을 이용한 실험을 하는 우뇌 교육, 용어와 원리를 정리하는 좌뇌 교육이 동시에 가능하다. 유아 때 과학을 교육하면 좋은 이유는 너무 많다. 어쩜 해야 할 이유보다 안 할 이유가 없으니, 무조건 과학실험을 권한다. 처음 시작은 우리 아이들을 위해 했다. 점점 한 명 두 명 다른 아이들도 함께하기 시작했다. 우리 아이들을 포함하여 함께한 아이들이 웩슬러 지능이 높아져서 KAGE 학술원에 모두 다니게 되었다.

유아는 특히 오감을 자극한 교육이 학습 효과가 높다. 즐거워야 하고 무조건 자기가 해 봐야 몰입하는 아이들이다. 새로운 용어나 주제와 관련되어 흥미를 주기 위해 유튜브에서 노래를 검색한다. 원하는 주제를 입력한 뒤에 '송'을 붙이면 된다.

예를 들어 '공기 송', '생태피라미드 송', '에너지 송' 웬만하면 다 있다. 학습 효과를 높이기 위해서 오늘 실험한 주제나 학교에서 배우는 단원과 관련해서 책을 챙겨 주면 확장할 수 있다. 이해도 잘되고 오래 기억할 수 있다.

　유아 때 과학을 하면 두뇌발달에 좋다는 것은 알겠는데 내가 못 하겠다면 지금 온라인시대 아닌가! 동영상 강의와 교구, 교재 홈스쿨을 할 수 있다.

5.

엄마표와 두뇌 지능만 믿었다가
마른하늘에 날벼락

웩슬러 지능검사에서 결과가 고른 분포로 나오는 것을 확인하니 잘하고 있다는 생각이 들었다. 다른 학원에 굳이 가지 않아도 이미 잘하고 있다고 믿었다. 계속 이렇게 엄마표를 진행해야겠다고 생각했다. 아이가 예비 초등이 되니 영어, 수학 입학 테스트를 치른 친구들이 생겼다. 우리 아이들의 결과를 궁금해했다. 당당하게 시험을 치러 갔는데, 수학도 영어도 내가 기대했던 기준보다 낮았다. '어머, 이건 무슨 일이지?' 멍해졌다.

어학원에 들어가기 위해서는 생활 영어도 중요하지만, 파닉스를 해야 했다. 사고력 수학 시험을 위해서는 수학의 언어를 이해하고 다양한 사고력 문제를 풀어 보아야 했다. 엄마와 시간을 보내면서 당장에 눈에 보이지는 않지만, 발달된 역량들이 분명 있을 것이다. 그렇지만 입학 테스트에 필요한 맞춤 실력도 필요하다는 것을 몰랐다. 언제까지 엄마표를 하고 언제부터는 전문 기관으로 보낼 것인지를 정하지 못했다면, 1년에 한 번은 앞으로 보낼 기관에 입학 테스트나 레벨 테스트를 보는 것이 필요하다. 어느 정도의 수준이 돼야 붙을 수 있는지도 미리 알고 있으면 계획 잡기에 좋다. 첫째의 시행착오로 둘째는 당황스러움 없이 준비할 수 있었고 엄마 전담에서 학원으로 옮길 때 첫째보다 어려움이 없었다.

엄마표의 의미를 엄마가 모든 것을 책임진다고 생각하는 분들이 있다. 초등 2학년까지 엄마표로 진행하다가 수학학원에 입학 테스트를 보고 당황한 엄마들을 상담할 때가 있다. 남 일 같지 않아 가슴 한구석이 저린다. 웩슬러 지능이 3% 미만인 한 아이는 연산 진도는 2년 정도 선행되어 있지만, 사고력 문제를 전혀 다뤄 본 적이 없어서, 수학학원 레벨 테스트 결과로 중간 반이 나왔다. 보란 듯이 '원하는 학원의 높은 반이 되겠지' 했는데 안 가는 게 아니라 못 가게 된 현실이 힘들다고 했다.

나도 엄마표라는 정의가 엄마가 모든 것을 다 해야 하는 줄 알았다. 엄마표를 진행하면서 내가 약한 과목에는 자신감이 현저히 떨어져 있다는 것을 느꼈다. 특히 영어에 자신이 없었다.

생활 영어는 책을 외우고 핑퐁으로 하고, 짧은 영상의 대사를 똑같이 따라 하며 연극을 하며 아이들과 놀았지만 큰 그림을 그릴 수가 없었다. 엄마가 영어를 쓰면 아이에게 도움이 되겠지 하며, 내일 아이와 써야 하는 생활 영어까지 외워야 한다는 점이 부담되었다. 반면에 과학은 특별한 준비 없어도 머릿속에 구상이 빨리 되었고, 공기실험을 하면서 비행기를 뜨게 하는 것까지 연결해서 말해 준다. 아이에게 해 주고 싶은 말이 넘쳐 났다. 무엇보다 내가 신났다. 자신감이 있다. 국어, 영어, 수학, 음악, 미술, 체육, 책 읽기 등 접근하기에 만만한 게 있기 마련이다. 꽂혀 있는 책만 보아도 마음을 무겁게 하는 과목이 있다면, 부담을 느끼며 엄마표로 진행하는 것보다 전문가에게 맡기는 것이 엄마와 아이를 위해 나은 방법일 수 있다. 학원이나 선생님의 큰 그림에 내가 보조 선생님으로서 챙기는 것도 우리 아이의 정해진 시간에 선택과 집중을 하는 방법일 수 있었다.

인생 전체로 보면 우리 아이들이 무엇이 늦었다고 말할 수 있겠는가. 하지만 아이를 키우는 엄마로서는 1년만 늦어져도 갈 수 있는 학원에 못 들어가는 시기도 있다. 특히 유아 시기에 보내고 싶은 곳이 있어도 어떤 준비를 해야 할지 모르거나 준비 시간이 짧은 탓에 완성도가 떨어져서 입학 테스트에 불합격할 때도 있다. 길에 다니는 노란 버스가 흔하고 많게 보이지만, 유독 우리 아이가 타지 못하는 버스를 보면 눈을 뗄 수가 없다. '우리 아이도 저 버스 타고 다녔으면 좋겠다.' 등원이나 하원 시간이 맞아서 타고 내리는 아이를 볼 때마다 기특해 보였다. 저 아이들을 키워 낸 엄마들의 정성과 적기에 쏟은 노고를 생각하니 존경심이 들었다. 첫째가 원하던 버스를 2학년이 되어서야 탈 수 있었다. 아이는 버스를 타고 내릴 때가 제일 행복해 보였다. 입학이 끝이 아니었다. 원했던 학원에 다니기만 했다. 숙제하지 않아도, 중간시험에서 성적이 좋지 않아도 학원에서는 연락 한 통이 없었다. 아이가 스스로 챙겨서 잘해 보려고 하는 열정도 없었고, 나 역시도 알아서 잘하겠지. 잘 따라가겠지, 하며 마음을 놓고 있었다. 후회했다. 숙제도 챙기며, 잘 이해하고 있는지 등을 챙겼어야 했다. 학원은 두 가지 큰 성향이 있다. 남겨서까지 꼼꼼하게 아이를 봐주는 빡빡한 학원과 들어오는 문은 좁아서 실력 있는 아이들로 가득 찼고 탄탄한 시스템만 제공되는 학원. 결국, 두 군데 다 아이와 엄마가 호흡을 맞춰서 잘 따라 가야 하는 곳이다.

지금 나는 안쌤영재과학연구소에서 유아 과학 강의를 담당하고 있다. 수업을 진행하면서 대단하다고 느낀 엄마들이 있다. 오늘 공기에 대해서 강의를 하면 수업이 끝나면 영어로 공기에 대한 유튜브 영상을 틀어 주고, 『과학 뒤집기』 시리즈를 골라서 연계 진행하는 엄마들이 있다. 옆에서 아이와 함께 나의 수업을 듣고 블로그에 일기처럼 아이의 활동을 기록하는 엄마들이 있다. 또 수업이나 교구를 무료로 받으면서 수업 후기를 작성하는 분들이 계시는데. 의무와 책임감이 더해지니 적극적이고 열심이다. 할 수밖에 없는 상황을 만드는 어머님들이다. 무료로 수업을 들으면서 수업 태도가 좋으니 실험 사진 올리기 이벤트에도 매번 당첨된다.

엄마표를 진행하면서 엄마와 아이가 함께 성장하는 것은 분명히 맞다. 아이의 성장하는 변화를 보면 즐겁다. 키워 내는 것에 보람을 느낀다. 함께 시간을 보낸 추억거리도 많다. 그러나 언젠가 학원으로 보내거나 기대하는 시험을 준비한다면, 중간 점검은 필요하다. 지금도 시기별로 입학 테스트나 레벨 테스트를 해야 한다. 어떤 시험이든 마음이 불편하다. 피하고 싶다. 아이의 실력을 마주하는 게 이상하게 긴장된다. 어떤 교육이든 아이의 지금 시점이 시작이다. 잘되어 있지 않으면 보완하면 되는 것이고, 잘되고 있으면 지금 하는 방식으로 해 나가면 되는 것이다. 우리는 과정 중에 있다. 방향이 정해지면 주어진 시간에 선택과 집중을 할 수 있다.

<제2장>

화려한 사교육에는 엄마표가 기본값

-엄마표 + 사교육 = 우리 아이 맞춤 교육

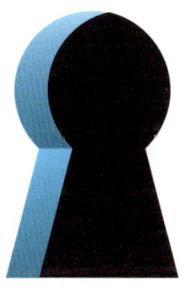

1.

우리 집 500만 원짜리 과외 선생님

엄마들을 만나면 청년 시절을 열정적으로 살아온 사람들이 많다. 당장 다시 일해도 전혀 손색없는 실력과 외모이다.

"발음도 정확하고 똑 부러지는 랑이 엄마는 도대체 어떤 사람일까?"

"랑이 엄마 아나운서였잖아."

큰아이 친구 엄마 중에 아나운서 했던 분이 계신다. 랑이 엄마는 지금도 아나운서 느낌이 물씬 난다. 엄마들 모임에 늘 정장 차림이다. 빛이 난다. 신발, 옷 색상, 악세서리, 헤어스타일까지 완벽 그 자체다. 모임의 격을 높이는 사람이다. 경청하는 자세와 호응과 공감 능력으로 말하는 사람에게 즐거움을 주어 더 말하고 싶게 만든다. 랑이는 늘 예쁜 옷을 입고, 똑 부러지는 말과 행동을 하는 아이이다. 랑이 말에서 나오는 야무짐이 랑이 엄마의 육아에 그대로 묻어난다. 1학년 때 만났던 랑이는 6학년 때 초등학교 방송부 아나운서 담당에 뽑혔고, 같은 해 2학기엔 전교 회장을 했다.

한국무용을 전공해서 유명한 무용단에 계셨던 희야 엄마는 초등 입학식 때도 미스코리아 포스였다. 아이 셋 엄마라고 믿어지지 않는 외모이다. 걸음걸이가 예사롭지 않다. 가족 단위로 여행을 함께 가면 체육부 코치님의 포스이다. 얼굴과 몸매는 미스코리아인데 학교 운동회 날에는 눈에 레이저를 쏘며 달리기를 하신다. 대부분의 남자아이는 못하는 운동이 없는 희야 엄마를 잘 따른다. 과학고를 나온 엄마, 한국외대 영어과를 나온 엄마, 명문대를 탑으로 졸업한 엄마, 엠베스트 국어 강사, 어린이집 선생님, 공무원 시험 대비를 위한 역사 강사 이외에도 사회적으로 화려한 경력을 가지고 있었던 과거를 잠시 접어 두고 아이만 키우는 엄마들도 많다. 엄마들 모임에서 '직업을 놓기 아깝다.', '부모님이 직장 그만둔 거 아쉽게 생각 안 해?' 하는 질문들이 서로 쇄도한다.

지금 현재 경력단절인 분들이 육아하는 것을 보면서 이런 생각이 든다. '아이들은 얼마나 좋을까? 국어, 영어, 수학, 예체능 등 엄마가 잘하는 분야에 대해서 아이들이 받는 혜택은 어마무시한데? 초등 저학년 경시 문제도 만만하지 않은데 엄마가 수학, 과학의 탑을 찍었으니 아이에게 고등 수학도 술술 풀어 줄 수 있을 텐데. 국어 강사를 하셨으면 다양한 어휘를 사용해서 아이의 언어력을 얼마나 높여줄 수 있을까?' 나는 과학을 좋아하고 관련 일을 오래 했다. 아이가 과학에 관해 질문하면 반갑다. 아이가 이해 안 된 것 같은 느낌이면 다른 식의 예시를 충분히 바꿔서 설명해 줄 수 있다. 내가 자신이 없는 수학 공통 수학1, 중등 기하의 입체도형 심화 부분 등은 아이가 몰라서 물어보는 질문에 '잠시만!' 하고는 답지를 봐 가며 설명해 줄 때가 더 많다. 답지가 없으면 불안하다. 그러나 아이의 눈빛은 해결되지 않은 부분이 있다. 어떻게 더 쉽게 본질을 알려 줄 수 있을지 아이디어가 떠오르질 않는다. 생각이 멈춰 있다는 느낌이 든 적이 한두 번이 아니다.

지금 계속 내가 직장을 다녔다면 지금쯤 얼마나 받고 일했을까? 500만 원의 월급을 받고 일한다고 생각해 보았다. 내가 일을 하고 있다면 내가 번 돈으로 능력이 뛰어난 비싼 선생님을 구해서 아이들을 맡겼다는 상상을 해 보았다. 한 달에 500만 원짜리 과외를 해 본 적이 있는가? 최우수 고객님의 자녀만 상대하는 고액 과외 선생님이라고 생각했다. 비싼 과외 선생님은 아이들을 소리 지르며 가르치지 않는다. 실력이 있으니, 여유가 있다. 어르고 달래고, 밀고 당기고 자유자재로 하면서 결국 오늘의 학습 목표를 이뤄 내고 만다. 교구를 이용하기도 하고 보상을 걸어서 즐겁게 이끌어 간다. 그리고 활동 시간이 주제가 있고, 시간이 정해져 있다. 아이가 더 하고 싶다고 강하게 원하면 최우수 고객님의 자녀라 한 번쯤은 한 번 더 해 주기는 하지만 질질 끌려가서 끝까지 해 주지는 않는다. 내일도 해야 하므로 아이의 욕구를 남겨 둔다. 매달 500만 원의 월급이 들어온다는 것은 그만큼 성과도 있어야 함을 의미한다. 아이에게 성과는 교육하기 전에는 하지 못했거나 인지하지 못했던 것을 일정한 교육이 진행한 후에 할 수 있게 되는 것을 말한다.

오늘 비싼 과외 선생님인 나는 아이들에게 무엇을 줄 수 있을까? 나의 최우수 고객님인 우리 아이의 성향을 먼저 파악하는 것이 중요하다. 이왕 내가 비싼 과외선생님이 되었다면 확실히 임무를 수행하는 방법을 찾아야 한다.

은하 선생님이 한 말이 생각이 났다. 매번 가는 곳에 골프를 치러 갔는데 캐디가 자기를 너무나 잘 기억하고 있었다고 한다. 오는 사람마다 그 캐디를 찾았다고 한다. 인기 많은 캐디다. 그녀의 비법은 오늘 만난 고객님이 어떤 스타일인지, 어떤 성격인지, 지난번에 왔을 때 어떤 상황이 있었는지 놀랄 정도로 줄줄 말했다고 한다. 은하 선생님을 특별하게 대해 주는 캐디에게 많은 팁을 줄 수밖에 없다고 했다. 그런데 자기뿐만 아니라 이 사람 저 사람에게 건네는 한마디 한마디가 남달랐다고 한다. 그래서 유심히 캐디를 관찰하게 되었는데 바로 비밀수첩이 답이었다고 했다. 필드에 나가 보니 중간중간 수첩을 꺼내며 끄적끄적하고 있던 것을 보게 된 것이었다. 살짝 곁눈질로 보니 그 사람이 입고 온 옷, 대화 내용의 요점 등이 적혀 있었다고 했다.

나는 500만 원짜리 과외 선생님. 고객은 나의 아이. 아이의 성향을 고려하는 것이 첫 번째다. 그래야 다음 달도 나에게 교육을 맡길 테니. 몸이 있는 곳에 마음을 둔다. 아이랑 활동하면서 관찰하고 기록했다. 첫째 아이와 사고력 문제집을 풀다가 막히면 무조건 교구를 사용해야 한다. 문제를 100번 보고 종이에 끄적거리며 설명하는 것보다 우뇌를 많이 사용하는 유아 아이들은 교구를 활용해서 직접 보고, 만져 가면서 이해하는 것이 훨씬 빠르다. 쌓기나무, 주사위, 양팔 저울, 시계 그 어떤 것도 말이다. 그리고 할 분량을 끝내고 도장을 찍을 때 자신의 이름으로 된 도장을 찍는 걸 훨씬 좋아한다. 학습하기 싫어할 때는 가끔은 "빨리해."라는 말보다 "너무 빨리하지 마. 엄마 설거지해야 하는데 네가 먼저 끝내면 안 된다."라며 승부욕을 자극할 때가 긍정적으로 상황이 흘러갔다. 이렇게도 해 보고 저렇게 해 보며 고객님이 언제 마음이 움직였는지 데이터를 조금씩 모아 두었다. 데이터의 효과는 간절히 바라던 시험에서 효과를 볼 수 있다. 또한, 데이터를 기록하거나 의도적으로 기억하다 보면 고객님의 사용설명서가 있으면 크게 빗나가지 않고 힘을 덜 들고 나의 목적을 달성할 수 있다.

우리 아이에게 맞춤형 과외선생님은 없다. 좋은 선생님은 아이와 잘 맞는 선생님보다 어떤 아이든 융통성 있게 맞춤으로 해 주는 선생님이다. 나는 우리 아이들에게만 맞춤형이면 된다. 잘 모르는 부분을 반복해서 알 때까지 말해 주고, 주어진 시간에 목표한 만큼 잘 안 되었으면 보강을 해 줄 수도 있다. 세상에 완벽한 엄마는 없다. 완벽한 학원도 선생님도 없다. 아이가 어릴수록 엄마는 우리 아이의 최고 선생님이다. 선생님이라고 생각하니 한 번에 잘 따라오지 않아도 화나지 않았다. 몇 번을 설명했는데 잘 못 알아듣는 순간도 참아졌다. 목표에 도달하기 위해 아이의 마음을 움직이는 방법을 궁리했다. '아이가 알아듣게 설명을 잘했나? 교구가 필요했나?' 과외선생님이라고 생각하니 아이와 나를 조금 분리해서 거리를 두며 활동할 수 있다. 우리 아이는 특별한 고객님. 나는 비싼 엄마 선생님이다.

2.
우리 아이 탑반 합격 시기는 남과 다르다

축하합니다. 소마****반에 합격하셨습니다.

축하합니다. P*** 어학원에 합격하셨습니다.

축하합니다. C** 탑반에 합격하였습니다.

축하합니다. 서울교대 미술영재원에 합격하셨습니다.

2학년 때 줄줄이 합격 소식이 전해졌다. 합격하기 전에는 씁쓸한 연락만 받고 있었다.

아이가 탑반 시험을 앞두면 엄마는 정신 무장을 먼저 해야 했다. 아이는 시험을 준비하면서 온갖 짜증을 부렸다. 아이가 시험 보기 싫다고 말하기 전에, 내가 먼저 때려치우라고 말하고 싶은 날도 많다. 울면서도 책을 펴고 문제를 풀고 있는 아이를 보면서 내 마음도 녹아내렸다. 그러나 아이가 원하는 어떤 시험에 통과하기를 원한다면 해 볼 만한 경기이다. 어떤 시험이든 엄마가 간절하면 아이가 하기 싫어지는 순간 진행이 어렵지만, 아이가 하고자 했을 때는 엄마는 '도와주는 사람'의 역할로 한 팀이 될 수 있다.

인기 많은 유아 초등 사고력 학원인 '소마' 원장님께서 간담회 때 이런 말씀을 하셨다. "소마 프리미어 시험장 안에서 분위기요. 아이들은 어머님들이 생각하는 간절한 만큼 열심히 치지 않아요. 엎드려 있는 아이들도 있고요. 검토는 무슨요. 대충 치고 다 했다는 애들도 많아요. 엄마들이야 밖에서 초조하시겠지만요." 충격 그 자체였다. 소마 챌린지반은 소마 프리미엄 시험을 위해 시중 사고력 문제와 선행을 하면서 소마 프리미어 시험 준비를 한다. 시험장에서 고군분투해도 합격할까 말까인데 말이다. 최선을 다해서 치는 아이들도 있겠지마는, 그렇지 않은 아이도 분명히 있을 것이다. 아이에게는 그 시험이 뭐가 그렇게 중요해서 영혼을 갈아 넣어서 시험을 칠까? '나중에 커서 도움이 된다.' 이런 식의 말은 아이에게 멀고도 먼 이야기다.

어른인 우리에게도 "다이어트하고 싶으면 5시 안에 저녁을 먹고 이후로는 아무것도 먹지 마. 3년 후에는 멋진 몸매를 얻을 수 있어." 3년 후를 바라보고 매일같이 지킬 수 있을까? 나에겐 너무 어렵다. 사실 일주일도 힘들다. 그런데 누군가가 나에게 "네가 당장에 오늘 저녁을 5시 안에 먹고,

그 이후로 아무것도 먹지 않는다면 계좌에 바로 5만 원을 입금할게."라고 제안한다면 나는 당장 할 수 있을 것 같다. 눈앞의 보상은 의지를 불태운다. 아이에게 '나중에'라는 단어는 언제 있을지 모르는 이야기이다. 전략은 아이가 평소에 아이가 좋아하는 것으로 잘 꾀었다.

"탑반에 들어가면 네가 학원에서 모으는 스티커 판에 도장을 두 배로 찍어 준대."

"진짜! 너무 좋다."

사실이다. 탑반에 가면 학원이 주 1회에서 주 2회로 바뀌기 때문이다.

"탑반 선생님이 네가 좋아하는 보경 선생님이래."

"네가 좋아하는 친구도 그 반에 시험을 친다는데 같이 다니면 좋겠다."

"선생님이 네가 탑반 칠 자격이 된다고 연락 오셨어. 너무 축하해. 그것도 너무 대단한 일이야. 도전해 볼래?"

아이의 심리를 자극하는 내용이 없을 때는 보상을 걸기도 했다. 아이가 넘어올 만한 미끼를 평소에 관찰을 통해 알아 두는 것이 중요한 순간에 써먹기가 좋았다.

아이의 마음이 편안하지 않은 시기는 공부도 안 된다. 특히 감정선이 예민한 친구일수록 마음이 먼저 해결되어야 한다. 효율도 없고 무기력하게 보일 때도 있다. 눈앞에서 **탑반** 시험에 도전하지 못했던 적도 있다. 모든 건 시기가 있어서 특정 시기에 들어가지 못하면 나중에는 더 들어가기 힘들고 경쟁은 치열해진다. 그래도 어쩔 수 없다. 엄마의 마음은 녹아내리지만, 아이의 마음이 우선이다.

1학년을 힘들어했던 첫째가 2학년이 되니 스스로 탑반에 가고 싶다고 했다. 아이가 목표를 향해 욕심을 낼 때는 절대 놓쳐서는 안 된다는 신호로 받아야 한다. 또 언제 이러한 기회가 올지 모른다. 그러나 아이가 하고 싶다고 마음을 먹는다고 해도 시험을 칠 때까지 해야 할 범위를 다 해내기도 쉽지 않다. 그래도 놓쳐서는 안 될 기회다. 탑반에 간다고 원하는 학원에 들어간다고 인생이 쫙쫙 펴지는 것도 아니고 좋은 대학에 갈 수 있는 티켓이 주어지는 것도 아니다. 아이 성향마다 다르겠지만 아이가 목표하는 학원, 원했던 반에 들어가 보는 성취감과 만족감이 때론 힘이 된다. 공부하는 과정이 힘들어도 해 보려고 하고 지켜 내고 싶은 게 있는 것도 즐거움이 될 수 있다. 아이가 에너지가 채워지면 수업 시간에도 태도가 달라진다. 첫째 아이가 다니는 수학 학원 원장님께 전화가 왔다. 5학년 과정에 나오는 각을 2학년이 너무 잘 맞추어서 '각신'이라는 멋진 별명을 붙여 주었다고 한다. 이상하게도 잘 풀어낸다며 극찬을 하신다. 시키는 대로 하지 않는데도 신기하게도 각을 풀어낸다며 원장님께서 "어려운 문제 3개 다 풀면 컵라면 먹고 가도 돼."라고 했다고 했다. 결국, 남의 도움 없이 끝까지 풀어서 끝내 컵라면을 한 그릇 뚝딱하고 귀가했다.

'뱀의 머리가 낫냐? 용의 꼬리가 낫냐?' 고민하는 순간들이 있다. 뱀의 머리로 있었던 반의 담당 선생님이 우리 아이를 잘 평가해 주셨다. 선생님이 잘하는 아이로 봐 주셔서 그런지 아이도 수업 시간이 즐겁다고 했다. "엄마 나 3시간 공부한 것 맞아? 난 10분 한 줄 알았어." 수업을 마치고 나와서 아이는 시간이 너무 빨리 가는 게 아쉽다고 했다. 선생님과 신뢰가 두터운 아이는 숙제 약속을 지키려 애썼다. 그러다가 단원평가 점수와 담당 선생님의 평가 결과로 우리 아이가 승급 대상에 지목되었다. 승급되면 원장 선생님 반이 된다. 누구나 가고 싶어 하는 반이다. 마냥 기쁘기만 할 줄 알았는데 마음이 무거워졌다. 원장님 반에서는 전국 수학학력평가(구 성대경시)에서 적어도 색깔 상을 받아야 할 것 같고, 진도를 빨리 빼고, 매번 치는 단원평가에서도 성적이 잘 나와야 할 것 같다. 부담스럽다. 나는 지금 반도 충분히 만족했다. 선택권을 아이에게 주었다. 앞으로 겪을 수도 있는 상황을 말해 주었다. 그런데도 아이는 승급을 원했다.

조금 늦다고 불안할 필요 없었다. 아이의 마음을 고려하지 않고 무작정 끌고 가면, 어느 순간 멈춰 서는 모습을 보게 된다. 어쩔 수 없이 멈춰 서게 되었을 때는 뒤처졌다고 생각하는 대신 속도를 줄였다고 생각하는 것이 좋다. 멈추지 않고 조금씩 나아가다 보면 어느새 속도를 낼 수 있는 구간도 있다는 것을 지나고 나서야 알았다. 덩징에는 불안하고 힘든 순간이었다. 포기하지 않고 꾸역꾸역 걸어가다 보니 기회를 만날 수 있었다. 아이를 키우면서 점점 내려놓는 것을 배운다. 내려놓는다는 것이 포기한다는 의미가 아니다. 나의 욕심으로 이끄는 것인지, 아이의 성장에 도움이 되는지를 고민하면서 아이의 속도에 맞추는 것이 중요하다. 아이가 진정 원하는 게 생기면, 힘들어도 해내려는 의지가 보인다. 소마 프리미어는 실패와 성공을 경험했지만, 황소 수학학원은 준비 없이도 들어갔다. 아이들이 언제 자신의 역량을 펼칠지는 아무도 모른다.

꽃은 피는 시기가 다 다르다. 철쭉은 3월에 피고, 장미는 6월에 피고 동백은 12월에 핀다. 결국, 모든 꽃은 핀다. 지금 당장 다른 꽃들이 피었다고 해서, 불안할 필요가 없다. 분명히 우리 아이의 꽃도 곧 필 거라는 것을 믿었다면 우리 아이의 꽃이 피는 시기에 활짝 필 수 있게 끊임없이 햇빛을 주고 물을 주었을 것이다. 얼마큼 화려하게 피어날지 기대하면서 말이다.

3.

**해 보지 뭐! 소마 프리미어, 필즈,
황소 백 점 프로젝트**

　전화가 제일 무섭다. 특히 내 일로 바쁘다고 아이의 학습을 소홀한 시기가 길어졌다면, 더더욱 그렇다. 하원 후 학원 전화번호가 휴대폰에 뜨면 긴장이 된다. 엄마의 빈틈을 매섭게 눈치를 채고, 전화가 온다. 대부분 첫마디는 "어머니, 아주 바쁘세요?" 안부 인사가 아니다. 선생님의 한마디에는 여러 의미가 내포하고 있다. '어머니, 다른 일로 바빠서 아이를 못 챙기나요? 시험 준비를 하기는 하나요? 우리 반에 들어왔으면 열심히 해야죠. 각오는 하셨어야죠. 이런 일로 앞으로 전화할 일이 없었으면 좋겠네요.' 오만가지 생각이 머릿속에서 스친다.
　담당 선생님은 차분히 나지막한 목소리로 말씀하셨다.
　"지속해서 숙제가 안 되어 있거나 단원평가에서 성적이 저조하면 곤란해요. 어머님 잘 아시죠?"
　"선생님, 제가 신경을 못 썼어요. 죄송해요. 다음 번에는 신경 써서 시험 보도록 하겠습니다."

아이마다 다르겠지만 우리 집 아이들은 원하는 반에 들어가기도 어렵고 들어가서 유지하기도 쉽지 않다. 관리형 학원을 선호하는 이유이기도 하지만 때론 아이를 맡겨 두고 마음 편안한 날이 없다. 그래도 내가 마음을 다잡고 할 수밖에 없는 이유는 아이들은 자신이 다니는 학원과 반을 좋아하기 때문이다.

첫째가 2학년 때 아이가 원하는 반 테스트에 합격해서 수업을 들을 수 있었다. 시험에 통과되어서 기쁜 마음이 커서 그런지 학원 도로변에 차를 주차하면 서둘러 학원으로 뛰어 들어가는 뒷모습이 즐거워 보였다. 한두 달을 즐겁게만 다녔다. 교재 한 권을 끝내고 치는 단원평가 시험에서 성적이 좋지 않았다. 당연한 결과다. 아이의 감정이 즐거움으로 들떠 있었다. 시험을 쳐서 들어갈 수 있는 반에 들어가면 다시 원점에서 시작해야 하는데, 목표지향적인 아이는 이미 합격한 것으로 에너지를 다한 것이었다. 어떤 학원도 우리 아이만을 위한 교육은 없다. 아이가 잘 알아듣지 못한다고 따로 불러 주는 선생님은 천운을 만난 것이고 대부분은 구멍이 있는 채로 시간이 흐른다. 수학은 나선형이라 다음번에 채울 수도 있지만 해결되지 않은 구멍은 더 많이 더 크게 생길 수 있다. 시기별로 구멍을 파악할 수 있는 게 단원평가이다. 물론 주간 테스트가 있는 곳도 있고, 수업 갈 때마다 전 시간 복습으로 쪽지 시험을 치는 학원도 있다. 안전장치가 있는 곳은 시험 준비를 시키면서 아이의 구멍을 빨리 확인할 수 있다. 상담 때 개인지도를 하는 어머님께서 중간중간 확인할 수 있는 시험에 대해 강조하는 이유다. 관리가 되는 학원이나 특정 반에 들어가서 진도에 맞춰서 잘해 나가면 좋은 점도 많다. 함께하는 친구들도 숙제와 시험에 대한 태도가 진지하다. 서로가 좋은 시너지를 줄 수 있는 부분이 크니 엄마들은 좋은 반, 좋은 학원에 더 관심이 많다.

코로나 팬데믹으로 나의 일에 변화가 생겼다. 소규모로 진행했던 과학수업, 롯데마트 강의도 학부모 강의 등 오프라인 일정이 모두 취소되었다. 과학실험, 학부모 온라인 강의만 유지하니 시간을 유동적으로 조절할 수 있었다. 덕분에 아이에게 집중할 수밖에 없는 물리적 환경이 되었다.

두 번 정도의 단원평가에서 아이의 성적이 저조했다. 절이 싫으면 중이 떠나야 하는데 아들은 계속 그 반에 있고 싶어 했다. 엄마에게 이상적인 아이의 모습은 단연코 아이가 스스로 하는 모습이다. 모르는 게 있으면 선생님께 질문하고, 개념이 이해가 안 되면 다시 앞으로 돌아가 찬찬히 읽어 보고 틀린 문제는 한 번 더 풀고, 다음 날도 한 번 더 푸는 손이 안 가는 아이가 있다. 그런데 우리 아이는 아니다. 한 문제 푸는 데 얼마나 걸리는지 알려 줘야 하고, 아이가 모르는 문제가 나왔을 때 어떻게 해야 하는지도 하나하나 알려 주어야 한다.

"우리 백 점 프로젝트 해 보자." 나의 말에 아이가 끄덕인다. 학원에서 '가우스 연속수'를 배우고 오면 집에서는 『1031』이나 『필즈』 등의 시중 문제집을 뒤져서 같은 내용이 있는지 보고 좀 더 풀렸다. 그리고 유튜브 관련 영상이 있으면 같이 보여 주었다. 가우스 연속수의 역사적 배경이나 생활 속에서 어떻게 쓰이고 있는지도 알려 주니 더 관심을 가졌다. **틀린 문제는 쌍둥이 책 한 권을 더 사서 체크를 해 두고 풀기도 하고, 핸드폰으로 사진 찍어 파워포인트로 작업하기도 했다. 한 장에 2~4문제로 오답 시험지를 만들어 출력해서 풀었다. 틀린 문제를 다시 풀게 하고 또 틀리는 문제를 추려서 다시 풀게 하는 과정을 통해 오답을 줄여 나갔다.** 몇 번 풀어 보고는 바로 감을 잡는 날도 있었지만, 그렇지 않은 날이 더 많았다. 6시간 정도를 4문제로 끙끙거리다가 어느 순간 아이가 "쉽네."라고 말했다. 깊은 곳에서의 숨이 길게 뿜어져 나왔다.

백 점 프로젝트를 하기로 마음먹었으면 밀어붙여야 했다. 아이가 원해서 함께했다면 만족스러운 성취도를 내고 싶었다. 결국, 단원평가에서 1등을 했다. 하나 틀렸다. 백 점 프로젝트는 실패였다고 말할 수 있었지만 아이는 다시 일어나는 경험을 했다. 이후로 아이가 단원평가 날이 다가오면 미리 준비하려는 태도를 보였다. 어설픈 날도 있지만 준비해야 원하는 점수를 얻을 수 있다는 것을 인지하고 있다. **준비가 덜 되었다고 생각한 시험에 대해 만족스럽지 않은 결과를 인정하는 태도와 다시 잘 챙겨서**

해 보자는 회복 탄력성도 점점 성숙해졌다. 고통 없이 쉽게 얻는 건 하나도 없다. 세상에 공짜란 없다. 그러나 간절하게 마음을 먹고, 고통을 감내하려는 마음가짐으로 노력하면 얻을 수 있다. 노력해서 얻은 성취감은 또 다른 도전을 할 때 힘이 되는 재료가 된다.

물은 100℃에서 끓는다. 얼음은 0℃에서 언다. 시간이 지날수록 아이들의 학습이나 태도에 있어서 넘어서야 하는 임계점이 있다. 물에서 바로 단단한 얼음이 되지 않는다. 얼음이 되려면, 얼음과 물의 어중간한 단계가 필요하다. 겉으로는 변화가 없어 보이지만 과정을 거쳐야 얼음이 된다. 아이가 영어 원서를 읽을 때 레벨이 생각보다 잘 오르지 않을 때도 있고, 수학 학습에서도 지난밤에 했던 내용인데 새까맣게 잊어버릴 때도 있다. 아이의 성장이 기대보다 멈춰 있는 것을 느낄 때 엄마는 답답하고 힘들다. 이 시간을 버텨 내야 얼음이 된다. 전과는 전혀 다른 물질이 되는 것이다. 그런데 엄마의 마음이 흔들리니 확인받고 싶어진다. 주변 지인에게 속마음을 털어놓게 될 때가 있다. 그런데 이때 조언해 주는 상대를 잘 만나야 한다. 버티기가 더 힘들어질 수도 있어서 조심해야 한다. "지금 달리면 나중에 걸어야 해.", "이러다가 번아웃 된다.", "너의 목표야? 애 목표야? 때가 되면 다 알아서 해."라는 소리가 들릴 때마다 마음이 약해진다. 흔들린다. 힘든 시기일수록 편해지는 말 쪽으로 마음이 기운다. 이때 멈추면 얼음이 될 수 없다.

나의 처지를 이해해 주려고 애써 주는 사람은 있지만, 완전히 나의 상황을 알기는 어렵다. 다니는 학원을 그만두거나 시험 준비를 그만할 때의 주체는 아이이다. 아이가 너무 힘들고 유지가 어렵다고 하면 조절이 필요하다. 하지만 어떻게든 하려고 아이는 애쓰는데, 지켜보는 엄마가 짠한 마음에 또는 별 성과가 없어 보여서 진행을 강제로 멈추면, 아이는 최선을 다해 보지도 못하고 길을 잃게 될 수가 있다.

목표를 향한 간절한 마음을 지키는 것이 포기하는 것보다 더 많은 에너지가 들어간다. 지금도 백 점 프로젝트를 하고 있다. 아이도 이제 몇 번을 해 봐서 시험 계획을 함께 짜고 스스로 오답만 돌리는 시기를 정한다. 마음처럼 결과가 좋게 나오지 않을 때도 있지만 대부분은 예상에서 많이 벗어나지 않는다. 오답 노트에 대해 강조할 필요가 없게 되었다. 아이도 모르는 것을 해결할 때 실력이 쌓인다는 것을 시험을 치는 과정을 통해 알게 되었다. 지금 치는 시험이 아이 진학에 있어서 실질적으로 도움 되는 점수는 하나도 없다. 그러나 준비해서 시험을 쳐 보고, 얼마나 해야 내가 실력이 되는지 객관화해 보는 시도를 계속한다. 연습이 반복되면 실력이 되겠지. No pain, No gain.

4.

황소 수학학원 초등, 중등 나왔다가 또다시 들어간 이유

초등 2학년 말에 처음으로 생각하는 황소 수학학원 시험을 본다. 정기 입학시험 시기는 매년 11월 초, 2월 초에 있다. 응시 대상은 초2, 초3이다. 시험 문제는 총 40문제가 출제되고, 1시간 20분 동안 시험을 친다. 문제당 배점이 다르다. 시험 접수에 관련해서는 지점마다 다를 수 있어서 우리 아이를 보내고자 하는 가까운 곳에 전화로 먼저 알아보는 것이 제일 정확하다. 합격하게 되면 초등 4학년 과정부터 시작한다. 정기 입학시험은 사고력 문제를 많이 접한 아이들이나 성대경시를 매년 접해 본 아이들의 합격률이 높았다. 중간 과정으로 편입할 수도 있는데 이때는 교과 중심으로 진행해 온 아이와 교과 심화로 준비하는 아이가 합격이 잘 되는 편이다.

전국적으로 같은 문제로 시험을 보고 합격 커트라인은 4단계로 나누어

반이 정해진다. 밑에서부터 일품, 실력, 심화, 경시반으로 나뉜다. 전국적으로 같은 시험을 동시에 진행하기 때문에 제일 윗반(경시반)이 없는 지역도 있다. 입학시험 난이도는 생각보다 어렵다. 문제가 어렵다는 것은 두세 개의 조건을 잘 해결해야 하거나, 정확히 문제의 본질을 이해하지 않으면 문제에서 주는 함정에 빠지기 쉽고, 놓치기 쉽다. 또 규칙이나 수열의 경우 공통점을 찾아내기가 어렵다는 뜻이다. 황소 설명회를 들어 보면, 초등 3학년까지 배운 수학 개념만을 이용해서 풀 수 있는 문제만 낸다고 하지만 과연 그러겠냐는 의문이 든다.

　황소 수학학원이 어떤 점이 좋은지 물어보는 분들이 있다. 내가 이 학원에 아이를 보내는 이유는 두 가지다. 만약 이 조건을 충족하는 곳이 있다면 어디든 상관없다고 말한다. 먼저, 매번 학원에 갈 때마다 시험을 본다. 매번 시험을 보는 곳은 많다. 그런데 다른 하나가 있다. '퀵 테스트'라고 말하는 쪽지 시험이다. 4문제가 주어진다. 문제당 1점이다. 초등 과정은 한 달에 한 번 정도 단원평가를 치르는데, 해당 범위에 퀵 테스트 점수가 평균 2.5점 이하는 다음 과정 진행에서 한 단계 아래로 내려가는 강급 대상이 된다. 퀵 테스트는 지난 시간에 배운 내용의 응용 문제로 나오기 때문에 제대로 개념을 알고 있어야 풀 수 있다. 매번 복습하도록 만드는 시스템이 "복습해라."라는 엄마의 잔소리를 대신해서 마음에 든다.

두 번째는 단원평가이다. 다녔던 몇몇 대형학원에서는 단원평가를 칠 때 프린트를 나눠 준다. 분량은 단원평가로 나올 문제 개수의 3~4배 양이다. 프린트 안에서도 어느 정도의 문제가 출제된다고 하니 아이들은 프린트만 풀기 바빴다. 물론 실력에 도움이 안 되는 건 아니다. 우리 아이들은 프린트에서 모두 나오는 것도 아닌데 프린트만 풀고 간신히 합격선을 넘겨서 진행해 왔다. 그러니 다른 곳에 입학 테스트를 보면 부족한 부분이 보였다. 황소 수학의 경우에는 배운 것을 토대로 어디에서 낼지 모른다. 교재도 보고 부교재도 다시 풀어 본다. 물론 준비 시간이 촉박할 때는 교재만 다시 풀어 볼 때도 있지만 부교재인『에이급』외에도『블랙라벨』등의 교재를 챙겨서 보는 아이들도 있다. 그 이유는 단원평가를 잘 치면 승급도 할 수 있다. 승급 조건은 까다롭다. 한 학기 단원평가 평균 83점, 퀵테스트 평균 3.4점을 모두 충족시켜야 한다. 강급의 기준은 단계마다 조금씩 다르지만, 복습을 제대로 하지 않으면 강급 대상이 되기 쉽다. 그래서 다른 곳에 다녔을 때보다 집에서 시험을 준비하는 시간이 길고, 정성을 다른 곳보다 더 쏟아서 좋다.

물론 이 학원과 맞지 않은 아이도 있다. 생각하는 황소 수학이라는 이름처럼 학생들이 스스로 깨치도록 지도하는 것이 학원의 모토이다. 그래서 학원 분위기가 쉽게 편안하게 물어보기가 어렵다. 쿠폰이 있어서 질문도 하고 도움을 청하기도 하지만, 아이마다 남아 있는 쿠폰이 수두룩하다. 남아서 아이를 따로 봐주시거나 쪽지 시험의 점수가 떨어진다고 '클리닉' 같은 보완 시스템이 없다. 황소 학원에 들어갈 때 부모가 도와주지 않겠다고 서약서를 쓰지만 지키기가 상당히 힘들다. 엄마들이 옆에 끼고 알려 주지 못하거나 식을 잘 쓰게 잡아 주는 부분을 힘들어하는 학부모님들이 있다. 아이 맞춤으로 꼼꼼한 곳이나 시스템이 다른 학원을 선택하기도 한다. 황소를 다니면서 서브학원을 하나 다니기도 한다. 숙제 부분의 문제는 해답이 없다. 답은 알 수 있는데 풀이 과정이 없다. 풀이 과정이 없으면 엄마도 힘들다. 그래서 '콴다'라는 앱을 통해 도움을 받는다.

황소 입학을 위한 정기평가시험이 끝나고 결과가 발표되면 또 한 번 시끌시끌하다. 중등 과정을 선행하는 아이가 시험에서 떨어지기도 하고 초등 3학년 교과까지 한 아이가 붙기도 한다. 황소 수학시험을 준비시킨다는 이유로 따로 과외나 학원에서 공부한 아이도 있고, 준비 없이 쳤는데 실력 반 이상의 점수가 나오는 아이도 있다. 황소에 합격한 학생이 다닌 보습소나 과외로 수업받은 곳이 어디인지 수소문하기 바쁘다. **아이들의 과거력을 보면, 「필즈」, 「1031」 등의 사고력 문제집으로 공부했거나 성대 수학 경시대회나 KMC 수학대회를 준비하고 접한 아이가 비교적 합격 비율이 높았다.** 황소 수학 입학 테스트를 볼 때 당황해서 '헉' 하는 친구도 있다. 심화 사고력을 접해 보지 않은 아이는 문제 해결에 필요한 기본 도구를 잘 가지고 있다고 해도 어떻게 활용하는지 해 본 경험이 적으면 짧은 시험 시간 동안 자신의 역량을 최대한 끌어 쓰기가 힘들 수 있다. 그래서 황소 수학학원을 목표로 하는 분들께는 미리 사고력이나 경시 문제를 접해 보도록 권한다.

황소 수학학원에 들어가고 싶을 때는 간절하지만 막상 붙고 나면 또 고민에 빠진다. '우리 아이는 지금 초등 6학년 과정을 하고 있는데 다시 진도를 돌아와서 초등 4학년부터 다시 해야 하나?' 손해 보는 것 같이 느껴진다. 결국, 황소 수학학원을 그만두고 선행 진도를 빼는 아이들이 있다. 황소는 초등 과정이 1년~1년 6개월이 걸린다. 일품은 1년 6개월 과정이고 나머지 반은 1년 과정이다. 황소 수학학원에 1년 동안 아이를 보내고 나면 또 고민이 든다. 선행 진도를 놓치고 싶지 않아서 황소 수학을 선택하지 않았던 친구는 고등 과정을 하고 있고 우리 아이는 이제 중등을 들어가야 하는 경우가 생긴다. 물론 황소를 심화 복습으로 생각하고 선행을 따로 빼는 친구들도 있다. 선행이 빠르다고 구멍이 많은 것도 아니고 천천히 간다고 잘 채워지는 것도 아니다. 오늘 해야 할 분량, 주어진 진도를 익히고 다지고 수행하는 것이 중요하다.

황소 수학학원에 잘 다니고 있던 둘째 아이가 중등 성취도 평가를 앞두고는 이렇게 말했다.

"엄마, 내가 초등 6학년까지 하고 황소 수학에서 초등 4학년 과정부터 했잖아. 중등은 중1만 선행이 되어 있으니깐 중3까지 하고 다시 황소 수학에서 중1부터 하면 안 될까? 선행 없이 들어가려고 하니 불안해서." 들어보니 틀린 말은 아니다. 이렇든 저렇든 조금 늦어져도 손해 볼 건 없었다.

그렇게 황소 수학 초등 6-2 과정 중에 그만두고 나왔다. 초4 아이가 중등 2학년 과정을 하는 곳을 찾아야 했다. 황소 수학을 다니지 않았더라면 보내고 싶던 곳이 있었는데, 단체로 하는 수업반은 진도가 아이보다 빠르고 아이와 맞는 반은 개설이 안 되어서 결국 1:5로 개별 진도 과정을 선택할 수밖에 없었다. 한 달 두 달이 지나갈수록 아이가 우울해 보였다. 동료 친구들과 함께해야 신이 나고 기분이 좋아야 공부가 잘되는 아이다. 아이가 삶의 즐거움을 잃었다. 아이가 다시 황소 수학을 다니고 싶다고 말했다. 학원에 전화했더니 학원을 그만둔 날짜로부터 6개월 후에 입학시험이 가능하다고 했다. 결국, 중등 성취도 평가를 보기 위해 선행을 중단하고 한 달을 준비해서 들어갔다.

중등 성취도 평가는 4학년~6학년 2학기 2단원까지가 시험 범위였다. 지난 몇 달을 긴장감 없이 보내서 그런지 공부모드로 돌리는 데 시간이 오래 걸렸다. 하루에 10장을 해야 한다면 첫날은 2장, 다음 날도 2장 그러면서 점점 양이 늘어났다. **성취도 평가 시험을 완벽하게 준비할 수는 없다. 모든 걸 다 보고 간다고 생각하면 오산이다. 시험 날까지 최대한 하는 것으로 생각해야 스트레스를 덜 받는다.** 특히 전략이라고 하면 5, 6학년 과정을 먼저 보는 것이 도움이 되었다. 대부분 황소 교재로 시험을 준비하기도 하고, 최상위 왕수학

교재로 준비하기도 한다. 또 하나는 시험 당일, 자신 있는 문제부터 풀도록 한다. 100점을 받을 수 없는 시험이다. 내가 아는 것을 정확히 풀어내는 것이 합격률을 높이는 것이다. 학교도 다니면서 국어, 영어도 하면서 중등 성취도 평가를 위해 3년 치를 완벽하게 한다는 것은 정말 쉽지 않다. 오늘도 목표에 가깝게. 황소 수학학원에 꼭 들어가겠다는 마음보다 황소 수학학원을 잘 이용하겠다고 마음먹어야 오래 다닐 수 있고 목표를 얻을 수 있다.

아이가 오늘 영어 단어 시험을 잘 보고, 황소 퀵 테스트를 소중하게 생각하며 하루 주어진 분량을 준비하는 것이 최고이다. 옆 사람이 어디까지 하고, 얼마만큼 한 것은 우리 아이의 한걸음 성장에 크게 도움이 안 된다. 알면서도 마음이 조급해지기도 한다. 그럼 또 마음 고쳐먹고 오늘에 집중한다. 어떤 아이는 빨리 진도를 빼서 반복하는 시간을 벌기도 하고, 어떤 아이는 꼼꼼히 익히며 시간은 걸려도 심화까지 풀고 넘어가기도 한다. 특목고 입시를 생각하고 있는 엄마면 조급함이 더 생긴다. 어떤 선택이 맞고 틀리고는 없다. "나무에 앉은 새는 나뭇가지가 부러질까 하는 걱정 따위는 하지 않는다. 새가 믿는 것은 나뭇가지가 아니라 자신의 날개이기 때문이다." 류시화 시인이 시에서 언급한 것처럼. 자신의 실력을 믿을 수 있어야 한다. 진도만 늦지 않다면 고등입시든 대학입시든 먼저 도착한 아이가 승자가 되는 것이 아니라 실력이 잘 채워진 아이가 승자이다.

5.
공부하기 좋은 날은 없다

놀러 가기 좋은 날은 공부하기도 좋은 날이고, 놀러 가기 불편한 날은 공부하기도 싫은 날이다. 어디든 나가고 싶은 봄, 청명한 하늘과 선선한 바람이 부는 가을날. 평일 이중주차까지 빽빽한 주차장이 날 좋은 주말이면 텅텅 빈다. 우리 아이들은 집에 있다. 주말은 아이들의 서로 다른 시험 스케줄이 있다. 주말부부인 내가 온전히 내 일을 해야 하기도 하고 남편의 자격증 시험 준비 등으로 일정이 뒤죽박죽 겹칠 때도 많다. 평일은 숙제도 하기 버거워서 주말에 시간을 내서 시험 준비를 한다. 아이들과 편의점이라도 다녀오려고 밖을 나왔다. 주차장에 차가 듬성듬성 있는 것을 보고 둘째가 말했다. "다 놀러 갔나 보다. 부럽다. 우리는 언제 갈 수 있어?"

6년 전 남편이 노무사 시험을 보겠다고 선언했다. 첫째 아홉 살, 둘째 일곱 살. 노무사 시험은 1년에 한 번, 5월에 있다. '5개월은 아무것도 신경

안 쓰고 회사 일과 공부만 하게 해 줘야겠다.' 가족이니 이 정도는 할 수 있다고 생각했다. 남편이 거실에서 책을 펼치고 공부한다. 같은 해 일곱 살 둘째 아이도 시험이 있다. 2월 초등 영어 입시를 치러야 한다. 무시무시하다는 7세 입시이다.

시험 준비하는 사람이 집에서 해야 한다고 하니 집을 비워 줄 수밖에 없었다. 그때부터 나는 주말마다 아이를 데리고 나왔다. 아이들이 공부해야 할 책을 잔뜩 싸서 나왔다. 이리저리 돌아다니며 공부하다가 예상보다 일찍 집에 도착하는 날에는 바로 집에 들어갈 수가 없었다. 남편에게 방해될까 봐. 동네를 몇 바퀴를 더 돌기도 했다. 날씨도 추워져서 몸이 오들오들 떨린다.

"엄마, 우리 언제 집에 들어가?"

"한 바퀴만 더 돌고 가자. 아빠 공부하니깐 저녁 시간 맞춰서 들어가자."

1년 만에 끝날 줄 알았던 남편의 시험은 4년간 지속되었다. 합격의 기다림도 오래되니 지쳤다. 둘째 아이는 7세 고시에서 합격 점수가 나오지 않았다. 아이가 슬퍼하니 안정된 환경에서 공부를 못 해서 그런지 죄책감도 느껴졌다. 둘째 아이는 남겨지고 친한 친구들은 상위 반으로 진급하니 헤어져야 했다. 6개월 후 다시 친구들이 있는 반으로 도전하기보다는 다른 영어 학원으로 가고 싶다고 말했다. 그동안 참았던 울분이 남편에게 한꺼번에 쏟아졌다.

"4년을 공부했는데, 왜 합격이 어려운 것 같아?"

"나 사실은 2년까지는 열심히 하지 않고 그냥 시험 봤거든. 3년째부터는 해 보려고 하는데 회사가 갑자기 바빠지니 정신이 없더라. 오히려 4년 전에 덜 바빴던 것 같아."

공부하기 좋은 날을 기다리면 오지 않는다. 오늘이 시작하기 가장 좋은 날이다.

육아하면서 동시에 챙길 것들이 많다. 아이의 공부와 습관도 잡아 줘야 하고 집안일도 해야 하고, 남편의 상황도 살펴야 하고, 시댁이나 친정 명절과 기념일을 챙기고, 가족의 건강도 챙겨야 한다. 아이들이 저학년일 때는 친구 관계도 신경을 써주어야 한다. 친구들과 놀이터에서 노는 시간 약속도 주선하고 잡아야 하고, 생일파티도 계획해야 한다. 함께 하자는 친구들이 있다면 매번 거절하기도 어렵다. 학교 엄마들의 모임도 자주 빠질 수도 없다. 멀어지면 고립될 것 같고 가까워지면 불편해지는 인간관계를 적절히 신경 써야 한다. 일까지 하는 엄마라면 변수가 더 많을 것이다. 단계 테스트, 승급 테스트, 입학 테스트, 경시대회, 단원평가 등 평범한 일상 사이사이에 특별한 시험 이벤트가 끼어 있다. 아이가 어릴수록 엄마가 온전히 시간을 내야 하는 부분이 많다.

목표를 세워 준비하고 관리해야 원하는 결과를 얻을 수 있는 확률이 높아진다.
마음을 다부지게 먹고 시험을 준비하더라도 언제나 시작은 미약하다. 앞아서 집중하기까지 시동이 늦게 걸리는 날도 있고, 하루 목표량의 반도 안 되는 날도 있고, 과연 우리 아이가 시험을 준비하는 수준이 되는지 의심이 가득한 날도 많다. 그래도 이미 시작했다. 아이가 함께하고 있으니, 내가 먼저 멈출 수는 없다. 감정의 롤러코스터가 수없이 왔다 갔다 하는 것을 버틴다. 반 이상 틀렸던 아이가 조금씩 달라진다는 생각이 들 때쯤 아이가 하루 한 권 문제집을 끝내는 날도 있다. 아이 자신도 지금 놓기는 아깝다고 생각하는 순간이 왔다. 어려워했던 문제에 속도가 붙고 문제 풀이에도 자신감이 생겼다고 생각이 들 정도가 되면 원하는 시험결과는 합격의 소식을 들을 수 있다.

대학교 4년 차에 국가고시를 준비했다. '공부한다고 연락을 끊고 동굴 속으로 들어가 내가 할 일에 집중하면 내 옆에 누가 남아 있을까?' 걱정도 되었던 적이 있었다. 결론은 아무 일도 일어나지 않았다. 오히려 국가고시에 합격하고 대학병원에 들어가니 잊혔던 사람들이 다시 나를 찾고, 병원에 진료 보러 와서는 꼭 나를 찾아서 얼굴을 보고 가기도 했다. 지인 할인도 해 줄 수 있어서 도와줄 수 있는 부분들이 더 많이 생겼다. 관계가 끊어질까 두려운 마음이 있었는데. 상대방은 나에게 크게 관심이 없다는 것을 깨달았다. 나에게 중요한 우선순위의 일을 내가 먼저 시간을 쓰지 않게 되면, 남의 중요한 일을 처리하는 데 쓰느라 나의 일을 할 시간은 없어졌다. 더 멋지게 지인을 돕고 싶으면 나의 능력을 키우는 것이 오히려 나을 때가 있었다. 병원을 그만둘 때도 나의 빈자리는 곧 채워졌고, 책을 쓰는 한 달 동안 모임이 없어도 크게 달라질 게 없다. 지금 집중해야 할 우선순위가 있다면 과감하게 시작해 보는 것도 좋을 것 같다.

지수 맘의 상담일이다. 지수 맘은 아이에 대해 절대적인 믿음이 있다. 해 주는 조언마다 실천한다. "지수, 지금 다니는 영어유치원 보내지 마시고, 『스마트 파닉스』와 『토셀 베이직』 책으로 공부해서 폴리로 옮기세요." 방법을 알려 주고 시험에 나오는 유형만을 제공해 주었다. 얼마 뒤 입학 테스트에 합격했다고 감사하다며 연락을 주셨다. KAGE 학술원에 들어갈 때도 마찬가지였다. 소마 프리미어도 틱 증상을 없애는 노력에도 지수 맘은 아이의 역량을 믿고 전문가의 치료 방향, 조언을 존중하며 부지런히 바로 실천한다. 주변을 차단하니 집중해서 목표하는 것을 잘 해낸다.

아이를 키우면서 공짜로 받은 능력은 없었다. 시작해야 결과를 볼 수 있었다. 아무것도 안 하면 아무 일도 일어나지 않았다. 공부에만 집중할 수 있는 날은 없었다. 내가 제어할 수 있는 범위의 하루를 살아가고 있다면, 지금이 가장 공부하기 좋을 때다. 똑같은 하루는 없다. 통제할 수 있는 크고 작은 일들이 공부하는 데 문제가 되지 않는다면 지금이 공부하기 적기다. 통제할 수 없는 변수가 있다. 아이의 컨디션이 안 좋을 때, 일이 바빠서 아이에게 마음을 쏟을 수 없을 때, 집안에 경조사로 참석할 때 등이 있다. 이 또한, 어쩔 수 없다. 상황에 맞게 공부량을 줄이고, 유지하고 버티는 것만으로도 감사하게 생각하는 시기가 있다. 평범한 일상을 살고 있다는 것에 대해 감사함은 무엇이든 계획할 수 있고 해낼 수 있다는 가능성을 인식하고 있다는 의미다.

6.
고수 엄마는 플랜 B를 가지고 있다

유아 친구들에게는 KAGE 학술원, 영어유치원.

예비 초등 친구들에게는 수학(소마 프리미어, 필즈), 초등 어학원.

초등 저학년은 전국 영어 수학 학력경시대회(구 성균관대 경시).

초등 중학년은 수학(황소 수학학원), MSC.

초등 고학년은 영재원, 기파랑 문해원.

언제부터인지 관심을 주목받는 학원들이 초등 저학년 이하까지도 퍼져 있다. 이 단계로 가려는 엄마들이 모이고 합격을 위해 고군분투하고 있다. 나 역시도 그랬다. 교육에 있어서 정답은 아니지만 어쩌다 보니 경험하게 되었다.

첫아이 때는 영어유치원을 꼭 다녀야 하는지에 대해 반감이 좀 있었다. 어린아이를 영어유치원이라고 포장한 어학원에 보내야 하는지 의문이었다. 몬테소리 유치원에서 두뇌발달, 정서 안정 그리고 보조 선생님 역할을 하면서 친구들을 도와주는 역할을 해내는 것이 목적이었다. 유치원을 마치고 집에서 온라인 영어 공부에 참여하고, 화, 목 2시간은 영어 학원을 갔다. 『노부영 300』 전집을 샀고 세이펜으로 꼭꼭 찍어 가며 매일 영어를 노출했다. 이렇게 예비 초등 때 폴리 영어유치원의 시험을 쳤는데 떨어졌다. 결국, 파닉스와 쓰기 능력이 부족했다. 시험 통과에 필요한 조건도 충족시켜야 원할 때 원하는 학원으로 갈 수 있었다. 서둘러 소규모로 하는 영어 학원을 보냈는데 알파벳을 읽는 기초부터가 부족한 상태였다.

학원을 선택할 때 세 가지가 필요하다. 학원 입학의 적절한 시기를 알아야 하고, 입학 테스트가 있다면 어느 정도 해야 하는지 알아야 하고, 우리 아이 시기와 성향이 맞는지 파악이 필요하다.

먼저, 학원마다 입학에 적절한 시기가 있는 곳이 있다. 학원마다 있는 특별반이나, 탑반이라고 불리는 곳은 일정 기간 다닌 재학생 상대로 뽑는 경우가 있다.

예를 들어 소마, 필즈, CMS, 와이키즈에 다니는 아이 중 탑반에 가기 위해서는 특정 반 학생들만 시험 자격이 주어지기도 하고 일정 기간 이상 다녀야 시험 자격이 주어지기도 한다. 소마의 경우 예전과 다르게 전국적으로 동시에 시험을 쳐서 뽑는 방식으로 바뀌고 있다. CMS도 사고력만 하다가 상위 두 단계 반 아이에게 탑반 시험을 칠 자격이 주어진다. 현재 엄마표로 진행을 하더라도 앞으로 학원을 옮길 계획에 있다면 시스템을 알아보는 것이 필요하다. 엄마들이 탑반을 넣고 싶어 하는 이유 중에 사고력, 교과, 경시를 시기별로 신경을 알아서 써 주어서 시스템만 잘 따라가면 되는 장점이 크다.

소마와 필즈는 유아, 초등 저학년 엄마라면 한 번쯤 들어 보았을 것이다. 그런데 교육 특구 지역 내에서도 아이가 혼자 버스를 탈 수 없어서, 라이딩이 어려워서 안 보내는 경우가 있다. 이런 곳에서 배우는 것과 유사하게 시중 문제집으로도 사고력 수학에 대한 실력은 충분히 다질 방법은 많다. 온라인 동영상 강의도 있어서 엄마가 가능한 시간에 옆에서 함께 해 줄 수 있고, 줌 수업도 있어서 집에서 들을 수도 있다. 지금은 온라인, 동영상 수업 등의 방법이 많으므로 학원에 보내지 않는다고 불안할 필요도 없고 아이에게 기회를 못 주는 미안함도 가질 필요가 없다.

친구들과 재미있게 공부하고 선의의 경쟁하며 문제 풀이에 속도감을 좋아하는 아이는 필즈 수업 방식이 맞았고, 평화주의자라 주변 친구가 꾸지람을 들을 때 마음 아파하거나 그런 선생님을 미워하는 아이는 1:1 수업 형태가 변수에 안정적이다. 감성이 강한 아이가 대형 학원에 다니게 되면 공부 외적인 부분에서 고려해야 할 것들이 많다. 감정과 공부를 분리해서 생각할 수 있도록 지금 가는 학원의 목적을 자주 상기시켜 주는 것이 필요했다. 호기심과 관심이 열린 형태의 아이는 대형 학원보다는 소규모 꼼꼼하게 해 주는 곳이 실력을 쌓기 좋다. 모르는 것에 대해 질문을 잘하는 아이면 대형학원도 상관없지만, 내성적이거나 눈치를 많이 보는 아이의 경우는 궁금증이 해소하는 방법도 생각해 보아야 한다. 학원에 조금 일찍 가서 선생님께 따로 질문하거나 학원 시스템 중에 클리닉이나 선생님을 만날 수 있는 시간이 있으면 활용하면 좋다. 때에 따라선 1:1 과외나 보조 학원을 선택하기도 한다.

"선생님, 저희 아이가 남자 선생님을 무서워하는데요. 하필 선생님이 바뀌어서 남자 외국인이 담임 선생님이에요. 어떠한 반도 남은 자리가 없어서 반을 바꿀 수도 없어요."

"원장님 보고 소마 프리미어 시험 준비해서 왔는데 원장님이 그만두셨어요."

유명한 원장님이 출산으로 기약 없이 학원을 쉬는 때도 있고, 잘 다니는 학원이 갑자기 문을 닫기도 하고, 아이가 힘든 시기라 시험까지 준비해서 치기가 버거울 때도 있다. 학원도 플랜 B로 바꾸는 것이 필요할 때가 있다. 대치에서 아주 유명하다는 학원이 우리 동네에도 입점이 되었다고 우르르 모여서 들어간 적이 있다. 안정화되는 데 2년은 걸리는 것 같다. 계속 시스템이 바뀌고 선생님들이 잦은 회의로 늘 바쁘다는 피드백이 많았다. 아이의 숙제 검사를 빠뜨리거나 보충을 위해 학원으로 아이를 불러 놓고 깜박하시는 때도 있었다. 무조건 특정 학원이 좋다고 믿고 아이를 맡기기보다 다니는 곳의 분위기와 아이가 다니는 목적을 분명히 하고 우리 아이 성향과 맞는지도 점검해 보는 것이 필요하다.

단계별 과정을 진행하고 싶은 로드맵에서 벗어날 때는 두려움도 있지만, 다음 단계에서 진입해서 합류할 수도 있고, 다르게 생각할 수 있는 계기가 되어서 아이에게 더 맞는 방법을 찾을 수도 있다. 그래서 학습이나 학원에 있어 플랜 B까지는 확보해 두는 것이 좋다.

둘째 아이는 반복되는 초등 연산 문제를 썩 좋아하지 않았다. 왜 반복해야 하는지에 대한 질문을 자주 하고, 하기 싫어서 끙끙거리며 한 장씩 문제 풀이를 했다. 연산에 실수도 하는 편이고 해서 문제집이 전혀 도움이 되지 않는다고 판단했다. 그러다 친구가 주산 암산 전문가 과정을 배우고 있어서 물어보게 되었다. 1학년 늦가을에 주산을 시작하였다. 곱셈과 나눗셈을 할 수 있는데 다시 한 자릿수 덧셈부터 하는 모습을 보니 괜스레 손해 보는 느낌이 들었다. 6개월 후 정도 되니 아이가 암산을 즐기고 상당히 빠르다는 느낌을 받았다. 주판 하나를 머릿속에 넣는다고 하더니 정말 그렇게 느껴질 정도로 즐기면서 재미있게 했다. 전국대회에서도 금상, 최우수상을 매년 받게 되니 자신감도 생기고 기분이 좋아 보인다. 바둑이나 주산의 경우는 먼저 배운 사람이 잘하는 경우가 있다. 고학년으로 올라가니 주요 과목을 한다고 많이 그만둔다. 점점 아이보다 잘하는 사람들이 학원을 떠나고 나이가 어린 애들이 계속 들어오다 보니 학원에서 잘하는 아이가 되었다. 다른 수학, 영어학원에서는 고만고만했던 아이가 주산을 배우러 가면 잘하는 느낌을 받아서 자신감으로 가득 찬 눈빛으로 나온다.

국어, 영어, 수학, 체육만 해도 일주일 시간표가 가득 찬다. 아이가 힘들어 보이면 가장 먼저 빼야 하나 고민이 드는 것이 주산이다. '강점을 강하게 약점을 보완하자.'라고 마음가짐을 해 보지만, 막상 메인 과목이 급해지면 다른 활동이 사치로 느껴질 때가 있다. 그런데 주산이 아이에게 주는 긍정적인 효과를 생각하면 지켜 주고 싶은 것이 되었다. 다른 어려운 과정을 버티게 하는 힘이 되어 주는 것이 둘째 아이에게는 주산이다. 첫째 아이는 바둑을 계속 배우고 싶어 했다. 시작은 학교 방과 후 활동으로 시작했는데 높은 급수의 형, 누나를 이긴다며 선생님의 칭찬이 끊이지 않았다. 코로나로 인해 잠시 끊어졌고 온라인 바둑을 재미로 하다가 어느 순간부터 뜸해졌다. 좋아하는 것은 가만히 두어도 성장이 될 거라고 안일하게 생각했다. 잘했던 것도 가끔 주고 들여다보는 정성이 없으면 그저 그런 것이 되어 버린다. 아이의 자존감이 낮을 시기에는 플랜 B가 오히려 아이를 회복시키는 데 큰 역할을 할 때가 있다.

The secret of mom's education

<제3장>

아이의 학교생활은 사교육보다 중요하다

-엄마는 학교봉사, 아이는 임원봉사

1.
엄마 말을 잘 듣는 아이가
선생님 말씀에 경청한다

"우리 선생님이 한 말은 다 맞아."

교육의 주체는 학교에서는 선생님, 가정에서는 부모이다. 어떻게 하면 선생님 말씀을 경청하는 아이로 키울 수 있을까? 어른 말을 잘 듣게 하기 위해서는 먼저, 엄마 말을 잘 듣게 하는 것이 우선이라고 생각한다. 초등학교 환경 수업으로 바이어스 수업, 미세플라스틱 수업을 '창의적 체험 활동'이라고 배정된 시간표에 2교시를 연달아 수업을 진행해 왔다. 코로나19가 심각할 때는 줌으로도 수업을 했다. 코로나 팬데믹이 조금씩 완화되어 아이들이 등교하기 시작하면서부터는 현장 강의로 학교에서 하는 횟수가 점점 늘었다. 아이들은 나를 초롱초롱한 눈빛으로 반갑게 맞이해 주었다. 사실, 외부 강사인 나에게 잘 보일 이유가 하나 없다. 아이들에게 나는 언제 다시 만날지 모르는 일일 강사일 뿐이다. 하지만 처음부터 끝까지 하라면 하라는 대로 대부분 학생이 잘 따라온다. 활동지를 나누어 주면서 서술형 문제는 하나만 적어도 된다고 말을 해도 다섯 가지씩 적는 아이들이 있다. 칭찬을 받고 싶어서 손을 번쩍 들고는 자신 있게 흔들기도 한다. "선생님, 저 다섯 개 썼어요." 하고 말로 표현하기도 한다. 또 조용히 책상 위에 펼쳐 두기도 하고 내가 지나갈 때 책상을 옆으로 살살 밀면서 내가 알아차려 주기를 기다리는 아이들도 있다. 여기서 중요한 건 아이들은 내 말을 잘 듣고 싶다는 것이다. 내가 저 사람 말을 한번 들어 보고 싶은 마음이다.

교육의 목적은 변화이다. 한글 공부를 이제 시작하는 아이에게 귤을 보여 줬다고 생각해 보자. 귤 그림을 보여 주면서 "이건 귤이야."라고 알려 준 후, 이번에는 귤 글자를 보여 주면서 "이것은 귤이야."라고 설명했다. 동그랗고 주황색도 귤이고, 글씨도 귤이라고 한다. 아이 입장에서 생각해 보면 이상할 수 있다. 주황색 물건도 귤이고 글자도 귤이니 두 개가 같다는 것을 믿어야 한다. 믿음에서 교육이 시작된다. 마음을 열지 않으면 교육은 어렵다.

첫째가 초등 2학년 때 수학학원을 두 개를 다니다가 하나를 정리해야 했다. 둘 중 아이에게 선택하게 했다. 그만두게 될 학원에 전화했더니 선생님도 아이가 성실하고 학습 태도가 좋았는데 그만두게 되어서 너무 아쉽다고 말씀을 해 주셨다. '두 개에서 하나로 줄어들면 자유시간 생긴다고 좋아하겠다.' 했는데, 나의 예상과 다르게 첫째의 얼굴에 슬픔이 가득했다. '아니! 초등 2학년이 수학 학원을 이토록 사랑했단 말인가? 이 정도면 큰 인물 되겠어.' 나도 모르게 웃음 나고 입꼬리가 저절로 올라갔다.

정말 내 생각이 맞는지 확인해 보고 싶었다.

"너는 어떤 생각에 마음이 슬픈 거야?"

"엄마~ 내가 그만뒀잖아. 사실 그 학원은 한번 가면 스티커를 많이 주거든."

"아, 그래……."

우리 아이에게만 있는 일이 아니었다. 둘째 친구 엄마한테 전화가 왔다. 다니는 사고력 학원을 아이가 너무 잘 다니다가 선생님이 바뀌고 나서 처음으로 아이가 다니기 싫다고, 다른 반으로 옮겨 달라고 했다. 엄마가 무슨 일인지 걱정스레 물었더니 원래 선생님은 하루에 스티커를 6개까지 주는데 바뀐 선생님은 3개를 준다고 했다며 흥분하며 말했다. 이렇게 아이들은 의외로 단순하다.

5세(만 3세)부터 교육에 열의가 있는 엄마는 영어유치원이나 수학사고력학원 중 대표적인 소마, KAGE 학술원 같은 기관에 아이를 보내기도 한다. 학원을 통해 수업을 받고 숙제도 있다. 보충할 문제집도 따로 시켜야 할 때가 있다. 엄마 말을 잘 들어야 집에서 그닐 목표지를 수월하게 할 수 있다. 우리 속담에 '어른 말을 들으면 자다가도 떡이 생긴다.'라는 말이 있다. **어른 말을 잘 들을 때 좋은 일이 생긴다는 인식을 주기 위해 매일 주는 간식을 이용했다.** 과일, 요구르트, 요구르트, 텐텐 등 우리 아이가 좋아하는 간식이 있다.

5세(만 3세) 아이가 "엄마 나 요구르트 먹고 싶어요."

"아~! 그러면 수학 2장, 학습지 2장 하고 요구르트 먹자."

쫓아가서 수학 2장, 학습지 2장을 하고 승리의 웃음을 지으며 다시 엄마를 향해 뛰어온다.

치사하다고 생각이 들 수 있다. 그러나 의외로 아이도 뭔가 하고 나면 성취감이 느껴진다. '보상이 있을 때만 행동하는 것이 아닌가'라는 걱정을 하는 엄마도 있을 수 있다. 행위가 반복되면 습관이 되고 보상 없이도 자연스럽게 하게 되는 게 많아졌다. 습관이 될 때까지만 보상이 어느 정도 필요하다. "5세 아이에게 수학 연산 문제집을 매일 2장씩 하다 보면 네가 7세 말에 있을 입학 테스트에 좋은 성적을 받을 수 있을 거야." 아이 마음에 와닿을 수 있을까? 한글을 할 때 한 줄 읽으면 해바라기 씨 한 알을 입에 넣어 줬다. 그리고 어느 순간 책을 읽게 되면서 아이는 해바라기 씨를 잊었다. 책에 내용에 빠져서 읽는다. 책을 읽는 것은 당연한 일상이 되었다. 수학학원에서 100점을 받으면 5점을 받을 수 있고, 모인 점수가 10점이 되면 '꽝 없는 뽑기판'을 하나 뽑을 수 있다. 그런데 정작 학원에 다닌 지 몇 달이 지나니 100점을 받아도 뽑기 판을 잊었다.

아이가 둘 있다 보니 적어도 일 년에 한 번은 에버랜드에 가게 된다. 에버랜드에 가면 꼭 보는 공연이 있다. 정기적으로 가니 공연에 집중할 때도 있지만 동물의 행동을 관찰할 여유도 생겼다. 새와 바다사자와 관련된 공연이다. 앵무새가 말할 때마다. 물개가 사육사 지시에 따를 때마다 맛있는 음식을 쏙쏙 입에 넣어 준다. 단 한 번 빠지지 않고 주었다. 하기 싫어도 할 수 있게 동기부여가 되어 주고, 열심히 한 동물에게는 성취감으로 주는 것 같다. 어떨 때는 공연을 하러 나온 동물들이 먹이에만 관심이 있어 보이는 상황이 있다. 아이들 어렸을 때 생각이 난다. "우리 이거 하고 간식 하나 골라서 먹자." 했던 아이들의 모습이 떠오른다. 곰 젤리 하나가 뭐라고 열심히 동그라미 그리고, 한글 퀴즈 맞히며 열정적으로 간식을 모았던 우리 아이들이 보인다. 가끔 친정엄마가 올라오셔서 귀한 손주가 간식으로 요구르트 하나 먹어 볼 거라고 애쓰는 모습이 안쓰러웠는지. 먹는 거로 제발 그러지 말라고. 그냥 애 주라며 나를 다그치기도 했다. 아이들은 지금도 엄마 말을 잘 들어주는 편이다.

학교에서 선생님과 상담할 때 규칙도 잘 키기고 선생님 말씀도 잘 듣는 모범생이라 칭찬해 주신다. 엄마 말을 잘 들을 때마다 작은 보상이 학습에서도 이어졌다. 학교 숙제는 무조건 지켜야 하는 것으로 여기니 선생님까지 연결이 되어 칭찬을 받게 되었다. 선생님께 칭찬을 받는 날은 따로 보너스처럼 아이스크림이라도 사 주었다. 학교 선생님의 수업을 잘 따라가기 위해 선행을 하는 것이라고 초등입학하기 전부터 말해 왔더니 학교 수업시간과 준비는 철저하다. 그렇다고 엄마 말을 무조건 잘 듣는 것은 아니다. 납득이 되어야 듣는 부분이 있다. 예전과 다른 점은 보상이 많이 사라졌다. 그러나 전혀 없는 건 아니다. 아이들이 크니 용돈이 필요하다. 가끔 친구들과 편의점에서 간식을 먹기도 하고 돌아가면서 사 주기도 한다. 용돈은 집안일한 만큼, 자신의 역할을 한 만큼 돈으로 환산해서 준다. 아이들은 모은 돈으로 버스도 타고 물건도 산다.

2.
뉘 집 아들인고? 잘 키웠다

"자~ 여러분, 그럼 지금부터 세 명의 친구들이 직접 교탁 앞으로 나와서 바이러스 예방법 실험을 해 볼 텐데요. 난 오늘 꼭 참여하고 싶은 학생은 손을 들어 주세요."

꽤 많은 아이가 손을 들었다. 그중에서 빠르게 들기도 했지만, 수업시간 내내 나와 눈을 맞추며 흔들림 없는 자세를 보여 주었던 학생 세 명을 지목했다.

"와~ 너무하세요. 선생님도 전교 회장과 부반장한테만 실험해 볼 기회를 주시는 거예요?"

"선생님은 누가 전교 회장이고 부반장인지 전혀 몰라요."

아이들 얼굴에 실망한 기색이 짙다. 서울 양천구 월촌초등학교 6학년 마지막 차시 바이러스 수업 중이다. 처음 본 아이들이어서 아는 정보가 전혀 없었다. 아이들의 반응을 추측해 보자면, 예전에도 오늘과 같이 특정 아이에게 기회가 주어진 적이 있었나 보다.

선생님께 칭찬을 받는다고 좋은 아이이고 미움을 받는다고 해서 나쁜 아이로 판단하는 것은 아니다. 모든 아이는 존재만으로 귀하고 빛나는 존재이다. 아이들은 학교에서 주5일 동안 5시간 이상을 선생님과 25~35명의 친구와 함께 지낸다. 반마다 조금씩 다르지만 보통 학급 규칙이 열 가지가 넘는다. 저학년 반일수록 규칙이 많다. 앉은 자리에서 교탁까지 나오는 동선이 정해져 있는 반도 있다. 교탁 위에 종을 한 번 치면 제자리에 앉아야 한다. 모둠 형태로 만들라는 선생님 말씀에 일사불란하게 움직여 10초 안에 책상 배열이 달라지기도 한다. 급식을 먹으러 가기 위한 줄을 설 때도 순서가 정해져 있다. 규칙에 따른 상과 벌도 정해져 있다. 특히 저학년 반에서는 규칙을 잘 지키는 아이에게 아이스크림 막대를 모아서 선물을 주거나, 별 모양의 쿠폰을 만들어 주기도 한다. 반면 규칙을 어길 시에는 아이스크림 막대를 뺏거나 단체 바깥 체육 활동을 못 하게 하기도 한다.

수업을 진행하면서 '부모가 누구길래. 이렇게 반듯하게 잘 키웠을까? 한번 뵙고 싶다.' 하는 아이들이 있었다. 강남 언북초등학교 수업 중에 한 친구가 다른 친구의 발표를 듣고는 정말 좋은 생각이라며 말하며 박수로 호응해 주고, 자신도 자신감 넘치게 발표하는 아이가 있었다. 실험 활동

시간 이후에 파워포인트를 사용하여 실험 내용을 정리하려고 하는데 일부 아이들이 알아채지 못하고 웅성웅성 이야기하고 있었다. 그때 한 아이가 옆 친구에게 "이제 우리 선생님 말씀을 들어 보자."라고 말했다. 서로 지적하는 분위기가 아니라 함께 챙기는 분위기였다.

'너에게 친절한 사람에게 친절하게 행동하라.'는 말을 둘째 아이에게 많이 한다.

엄마가 소리를 질러야 아이 행동이 통제될 때가 있다. 한 번에 좋게 말할 때 알아들었으면 좋겠는데 귓등으로도 안 듣다 소리를 꽥 질러야 문제 행동이 멈춘다. 날카로운 목소리, 엄마의 화난 모습에 겁이 나서 일시적으로 멈춘 것뿐이다. 아이들은 적응에 뛰어나다. 특히 우리 둘째는 친절하고 재미있는 선생님에게는 예의와 만만함의 경계선을 넘나드는 것 같을 때가 있다. 보고 있으면 불안할 때가 종종 있다. 반면 엄격한 선생님에게는 행동과 언어가 조심스럽다. 때론 눈치 보며 조심스럽게 행동하는 걸 보면, 주눅 들어 있는 것처럼 보여서 안쓰럽기도 하다. 아이 행동에 중간이 없다. 보고 있으면 불안하다. 둘째 아이 잠재의식에 넣기라도 한 듯. 학원에 데려다줄 때 자주 말하게 된다. "선생님이 친절하게 대해 준다고 친구 같다고 생각하거나 편안하다고 장난을 쳐서는 안 돼."

"선생님이 반 학생 모두에게 하는 질문에도 네가 대답한다고 생각을 해. 지난 시간에 무엇을 했니? 우유를 다 먹었니? 하는 질문까지도 모두 너에게 하는 질문이라고 생각하고 대답해."

선생님 말씀에 대답하는 아이에게 눈길이 한 번 더 가고, 눈길이 가는 아이에게 수업 진행 중에도 이해가 잘되었는지 반응을 살피게 된다. 학생이 이해가 잘 안 된 것 같은 표정이면 한 번 더 설명해 주기도 하고, 심지어는 이해가 되는지 물어보기도 한다. 아이들은 선생님이 신경을 써 주면 수업시간에 태도를 바르게 하려고 더 노력하게 된다. 자신이 주목을 받고 있다는 것을 느낀다. 수업시간에 집중하게 되니 평가도 좋다. 선생님의 말씀을 잘 듣게 하기 위한 최고의 좋은 방법은 엄마가 선생님에 대한 인식을 좋게 말해 주는 것이 중요하다. 선생님에 대한 흉을 보거나 너무 쉽게, 자주 학원을 그만두는 것도 좋지 않은 이미지를 줄 수 있다. 감정은 태도를 결정한다. 엄마가 선생님을 중요하게 생각하게 되고 학교의 행사에도 관심과 참여도가 높으면 아이도 학교에서 하는 어떤 활동이라도 중요하게 생각하고 진지하게 참여할 가능성이 크다. "엄마 내일 과학 수행평가 친대.", "음악 줄넘기 수행평가가 목요일에 있어. 연습해야 해." 점점 학교 시험을 챙기는 아이가 된다. 중학교, 고등학교를 거듭할수록 점점 학교에서의 활동과 시험이 중요해지고 있다.

첫째가 4학년 2학기 때 나는 학부모 상담을 하러 학교에 갔다. 선생님께서 "어머니, 반장 진짜 잘한 것 같아요. 청소나 쓰레기 줍는 거 모둠 책상 정리나 심부름 등 친구들을 도와주는 걸 즐기고 있어요. 수업시간에도 발표를 나서서 하지는 않아도. 시키면 빼는 경우는 절대 없고요. 수행평가나 조별 활동에 엄청 적극적이에요. 집중도 잘하고 같은 조원 친구들이 잘하면 친구들을 격려하며 더 좋아해요. 이런 아이 처음 봐요. 이대로만 컸으면 좋겠어요." 아이에 대한 칭찬에 눈물이 났다. 아이를 학교에 보내면서 이렇게 완벽한 아이처럼 해 주시는 평가는 처음이다. 사실 담임 선생님은 소문이 날 정도로 누구에게나 좋은 선생님이셨다. 우리 아이만 특별히 칭찬하는 분은 아닌 걸 알지만 한마디 한마디에 마음이 녹아내렸다. 녹색 어머니 교통 봉사 하는 날이었다. 회의실에 가서 녹색 어머니 깃발을 챙겨서 출석 표에 이름을 적으려고 하는데. 예쁘게 포장된 선물꾸러미가 있다. '정보경 어머님, 봉사해 주셔서 감사합니다.' 초등 시간을 보내며 우리 아이를 예쁘게 봐 주시는 천사 같은 선생님을 만날 때 한 해 동안 하루하루를 보너스 받는 느낌이 들 때가 있다.

엄마가 학교 숙제를 성실히 해 가는 것을 중요하게 생각하니 선생님의 반응이 달라졌다. 성실히 했다는 말은 숙제를 마쳤다는 행위의 마침표 의미라기보다 마음과 정성으로 숙제를 했다는 것을 의미한다. 1학년은 색칠 공부, 받아쓰기, 그림 그리기, 일기 쓰기, 독후 활동, 수학 활동지가 대부분이다. 선생님에 따라서 글쓰기를 중요시하기도 하고 수학, 국어 활동지를 매일 나누어 주시기도 한다. 색칠할 때도 빈틈없이 해야 도장을 찍어 주는 선생님도 있다. 초등학교도 시험은 있다. 엄마가 생각하는 받아쓰기나 단원평가, 수행평가 점수가 별로 중요하지 않을 수 있다. 하지만 아이들은 다르다. 저학년에서 벗어나 초등 3학년만 되어도 시험에서 몇 개가 맞고 틀리는 것으로 아이들 사이에서는 잘하는 아이, 못하는 아이라는 이미지가 되기도 한다. 고학년 선생님 중에는 일정 수준 이하로 점수를 받은 학생은 재시험을 치게 한다. 시험에 통과한 친구는 재시험 치는 친구를 기다리며 책을 읽는다. 어떤 친구가 재시험을 보는지 알고 있는 경우도 있다. 초등학교라 시험은 시험 전에만 책을 읽어도 수준 이상으로 나올 수 있다. 책이 없으면 『만점왕』 등의 문제집을 이용해도 좋다. 어떤 주는 수행평가나 단원평가로 4과목을 시험볼 때가 있다. 과학, 사회의 경우 고학년이 가면서 용어가 어려워진다. 둘째가 2학년 때 담임 선생님과 상담했다. "어머님처럼 숙제와 수행평가와 준비물을 모두 챙기는 분은 보기 드물어요. 아이가 시험을 받아들이는 태도도 다르고, 숙제에 대한 완성이 좋으니 결과도 좋을 수밖에요. 친구들도 공부 잘하는 아이라고 불러요."

내가 없는 곳에서도 당당하고 편안하게 지내기를 원한다면, 가정에서 충분히 연습할 수 있으면 좋다. 가족 구성원 간의 성향이 너무 달라 어려운 점이 한둘이 아니다. 서로의 다양한 성향을 인정하고 그 속에서 덜 부딪히는 방법을 익히며, 맞는 부분은 잘 활용하며 살아가는 것을 배울 수 있다. 엄마라고 해서 무조건 양보하고 희생해야 한다고 생각하지 않는다.

'속상했다.', '서운했다.', '고맙다.' 등 솔직한 감정을 되도록 표현한다. 특별한 게 아니어도 해 주면서 생색내기도 한다. 아이가 가족 안에서 충분한 변수를 다룰 줄 알게 되면 세상 누구와의 관계에서도 대입하고 응용할 수 있다. 유아일 때는 엄마, 아빠가 제일 똑똑하고 지혜로운 선배이자 친구이다. 초등학생은 학교에서 선생님의 가르침을 잘 받아들이고 여러 유형의 친구들 사이에서 살아가는 법을 익힌다. 아이가 하루 중 많은 시간을 보내는 곳은 학교이다. 가정에서 도와주어야 할 점은 아이가 친구나 어른들에게 도움을 요청할 수 있도록 하고, 아이의 성장을 위해 오랜 시간 준비한 선생님의 수업에 대한 감사함을 느낄 수 있도록 해야 한다. 또한, 김선호 작가님의 책 제목 『초등 사춘기 엄마를 이기는 아이가 세상을 이긴다』처럼 어른이나 친구에게 자신의 감정을 표현할 수 있도록 가족 구성원 간의 연습이 필요하다. 착하고 희생적인 엄마로만 남지 않고, 가끔은 일침을 놓을 수 있는 어른으로 아이를 대하는 것도 중요하다.

3.

엄마와 아이의 마음 근육 맷집 키우기

"엄마, 나 학폭(학교폭력) 당했어." 1학년 때부터 '학폭(학교폭력) 예방 교육'을 한다. 아이들에게 오는 문자에 엄마들은 깜짝깜짝 놀랄 때가 많다. 친구들 사이에서 조금만 기분이 안 좋아도 '학폭'이라는 단어를 자연스레 말한다. 많이 들어 보고 크지 않은 엄마 세대는 심장이 쪼여 온다.

초등학교 입학하고 5월 중순쯤 담임 선생님께 전화가 왔다. "동이가 준이를 끌고 가듯이 옆 반으로 데리고 가서는 호이를 불러내어 준이를 괴롭히라고 말했어요. 친구를 발견하고 늦게 따라간 민이(첫째 아이)가 친구들 상황을 중재하지 않고 해보라며 말하며 거들었어요." 첫째 아이가 가해자로 전화가 온 것이다. 고학년에서 이런 일이 일어났으면 당장에 학교폭력대책심의위원회가 열릴 뻔한 상황이었다. 우리 집 순둥이는 친구가 잘못하고 있는 상황에서 "하지 마! 그렇게 하면 안 돼!"라고 할 줄 알았는데. '판단이 이렇게 안 되는 아이였나? 지금까지 나는 어떻게 아이를 키운 거지. 어디서부터 잘못된 걸까.' 앞이 깜깜했다. 손이 덜덜 떨리고 담임 선생님께 어떤 말을 해야 할지 생각이 안 났다. 하염없이 눈물이 쏟아져 내렸다.

"1학년 반에서 어떻게 이런 일이 일어날 수 있었을까요, 선생님, 죄송합니다. 준이 어머니께 제가 연락드리겠습니다…. 사과하겠습니다." 그렇게 전화를 끊고 털썩 주저앉아 깜깜해진 머릿속에 눈물만 흘러나왔다. '어떻게 해야 하지.' 우리 아이가 피해자가 될까 봐 걱정한 적은 있어도 가해자가 될 줄은 몰랐다.

한참 멍하게 있다가 주변을 찬찬히 둘러보는데 방금 집에 온 첫째가 안 보인다. 이미 학교에서 선생님께 혼났는지 거실 끝에 바닥에 엎드려 있었다. 아이에게 다가가서 같이 바닥에 얼굴을 대고 울었다.

"엄마! 미안해, 몰랐어, 그게 잘못된 말인지 몰랐어, 나는 그냥 친구들끼리 장난하는 줄 알았어." 그제야 고개를 들어 아이 얼굴을 보았다. 이미 학교에서부터 겁을 먹고 온 표정이었다. 첫째도 놀랐겠다. 아이 말부터 들어 보고 자세히 물어봐야 했는데 내가 부족했다. 아이도 오늘이 무서웠다고 했다. 벌벌 떨면서 준이 엄마에게 전화했다. 준이 엄마가 제일 속상하고 화났을 텐데, 단번에 이해한다고 말해 주셨다. 감사했다. 그날 이후 준이 엄마를 길에서 마주칠 때마다 심장이 쬔나. 몸이 괜스레 움츠러든다. 반갑게 인사해 주는 준이 엄마가 고마우면서도 미안한 마음은 5년이 지난 지금도 여전하다. '준이 엄마 마음은 괜찮아졌을까?' 다행히 아이들은 원래 친하게 지냈던 사이라서 아무 일 없는 듯이 지금도 잘 지내고 있다.

이 사건이 일어났을 당시에는 그 누구에게도 말하고 싶지 않았다. 그런데 혼자 해결해 보려니 마음이 무거웠다. 처음이라 당황스러워서 조언을 구하고 싶었다. 학부모 이상의 친한 관계로 지냈던 준이 엄마한테만 말했다. 준이 엄마는 아이 세 명을 밝고 따뜻하게 키우고 있고 자기 일도 열정을 갖고 하시며 공부도 끊임이 없다. 어린이집 선생님도 오래 하셔서 그런지 아이들에 관한 생각이 깊고 넓다.

"미리 예방접종하였다고 생각해요. 순간 조금 아프지만, 나중에 큰일을 막을 수 있잖아요."

그 한마디가 상처 입은 마음에 단번에 새것같이 낫게 해 주었다. 덕분에 견딜 힘이 생겼다. 고난 속에 배움이 있었고 귀한 경험으로 생각할 수 있게 되었다. 생각의 전환이 한순간에 이뤄지다니. 정말 그 이후 지금까지는 비슷한 일도 일어나지 않았다.

아들 둘에게 자주 말하게 된다. "장난이라는 것은 두 사람 다 재미있어야 장난이야. 둘 중 한 사람이라도 기분이 나쁘면 장난이 아니야. 그건 멈춰야 할 행동인 거야. 그리고 혹시나 친구가 나에게 장난을 쳤는데 내가 전혀 즐겁지 않고 불쾌하다면 네가 느끼는 감정을 솔직하게 말해야 해. 그래야 친구도 행동을 멈출 수 있어. 친구는 아무 뜻 없이 한 행동일 수 있거든."

첫째 덕분에 알게 되었다. 초등 저학년은 장난의 한계를 모른다. 상황 판단이 아직 미성숙한 부분들이 있을 수밖에 없다. 내 아이는 절대 가해자가 아닐 것이라는 착각이었다. 아이가 편안하게 불편한 감정을 잘 말할 수 있어야 했다.

첫째의 일이 조금씩 생각이 덜 날 때쯤 초등 2학년, 3학년에 올라가니 여기저기서 엄마들의 속 앓는 전화가 온다. 마음으로는 같이 울고 있지만 이제 덤덤하게 말할 수 있다. 힘든 일을 겪으니. 마음은 예전보다 단단해졌다. 친구 영이의 아들에게 세 명의 그룹이 있다. 영이 아들은 사회성이 발달하고, 모범생이다. 엄마들이 서로 자기 아이들을 영이 아들과 함께 지내기를 바라고 학원 시간표도 같이 하기를 바라는 아이이다. 영이 아들을 너무나 좋아하는 한 친구 K가 있다. 소유욕이 큰 K는 영이 아들이 자기랑만 친했으면 좋겠는데 자꾸 다른 아이들과도 잘 지내는 모습에 너무나 샘을 냈다. 그래서 관심을 받기 위해 좋지 않은 방법을 선택했다. 친구들에게 영이 아들과 놀지 말라고 없는 이야기도 지어내며 나쁜 친구로 만들었다. 심지어 담임 선생님한테까지도 말이다. 선생님이야 평소 영이 아들의 태도와 인성이 훌륭하여 좋아했기에 거짓말 섞인 정보에 전혀 아랑곳하지 않았다. 그러나 아직 영이 아들을 잘 모르는 친구들은 영이 아들을 오해할 수밖에 없었다. 영이 아들을 너무나 좋아했던 K로 인해 영이도, 영이 아들도 억울한 일이 생기니 마음이 점점 힘들어졌다. 결국, 영이 아들은 K와 같이 다니던 영어 학원과 운동을 그만두게 되었다. 금쪽같은 내 새끼가 당하면 어느 엄마라도 눈이 돌아갈 것이다. 당장이라도 찾아가서 한바탕하고 싶을 것이다. 그러나 매일 봐야 하는 친구이고, 학부모다. 영이 아들과 친해지고 싶은 마음에 벌어진 일이니, 마음 가는 대로 행동할 수도 없었다. 내 친구 영이는 전학이라도 보내고 싶어 했다. 영이에게 내가 위로받았던 준이 엄마의 예방접종 이야기를 해 주었다. 이후 영이는 친구 K 엄마와 대화를 나누고, 영이 아들과 K와의 시간을 만들어 주었다. 영이 아들이 힘들었던 부분들을 솔직히 말하면서 K와 잘 어울려 놀게 되었다.

내가 가르치는 과학 수업에 두 학생이 쉬는 시간에 고무줄을 서로 튕기며 장난을 치고 있었다. 한쪽에서 일방적으로 고무줄을 총 모양으로 만들어서 튕기며 앞에 있는 아이의 등을 맞추었다. 앞에 있는 아이가 낄낄 웃으면서 쳐다본다. 뒤에 앉아 있는 아이는 또 고무줄 총을 튕겼다. 앞에 앉아 있는 아이는 웃으며 뒤돌아본다. 서너 번 고무줄 총을 발사한 후, 앞에 있는 아이가 일어나 뒤에 앉은 친구 등을 세차게 때렸다. 깜짝 놀란 행동에 내가 무슨 일이냐고 물어봤더니 고무줄을 계속 자기에게 튕겨서 화가 났다고 했다. 튕겼던 아이에게 어떻게 된 일인지 물으니, 계속 웃으면서 받아 주길래 고무줄 튕기는 것을 재미있어하는 줄 알았다고 했다. 둘은 전혀 다른 감정으로 이해했다. 말하지 않으면 아무도 내 마음 상태를 제대로 알 수 없다. 감정이 격해지지 않고, 조금 상하려고 할 때 표현하는 것을 말해 주는 것이 필요해 보였다. **"얘들아! 우리 다 같이 연습해 보자. 나에게 고무줄을 튕겼니? 하고 먼저 상대방의 행동 이유를 물어봐. 여기서 상대방이 행동을 멈추어 끝날 수도 있거든. 그래도 이유 없이 계속한다면 나는 고무줄을 맞으니 내 기분이 안 좋아. 아파. 안 했으면 좋겠어. 이렇게 말해 보자. 그래도 계속한다면, 한 번 더 그러면 선생님께 말한다고 하고 그래도 지속한다면 선생님께 도움을 청해 보자."** 서로 상황극을 해 보면서 마무리했다.

아이를 키우면서 하나씩 배워 가고 있다. 성숙하지 않은 아이한테 어른스러움을 요구하고, 인격체로 존중해 주어야 할 때는 어린아이로 대하고 있었던 건 아닌지 반성이 되었다. 아직 판단이 성숙하지 못하다는 나이라는 것을 인정하니 화가 나기보다는 도와주어야 할 대상으로 느꼈다. 다그치고 혼내기보다 방법을 고민하게 되었다. 처음 겪는 당황스러운 상황에 아이도 힘들었을 것이다. 예방주사를 맞는 이유가 더 큰 병을 예방하는 것이다. 잠시의 따끔한 고통을 눈 한번 질끈 감고 참는 이유다. 아이 키우면서 황당하고 어이없는 일은 나와 상관없는 곳에서 일어나는 뉴스에 나올 법한 일이었다. 그런데 아이를 낳고 알았다. 세상에 일어나는 모든 일이 나에게 예외기 이닐 수도 있다는 것을. 아이의 일로 고개를 숙여서 사죄해 보기도 하고, 아이에게 어떻게 알려 주어야 할지 밤새 뒤척거리기도 했다. 때론 함께 키우는 엄마들이 건네는 따뜻한 한마디로 다시금 살아갈 힘을 얻기도 한다. 힘든 상황에서도 배움을 찾으려는 아이 친구 엄마 덕분에 더 큰 막막함 앞에서 멈출 수 있었다. 감사하다. 과거의 경험으로 오늘의 나로 살아간다. 앞으로도 해결해야 하는 문제가 생길 것이다. 차츰 키워진 맷집은 전보다 나를 현명하게 생각하고 나은 판단을 할 수 있게 이끌어 줄 것이다.

4.

아들의 자존감이 높아지다니!
용기 내길 잘했다

　우리 아빠는 경찰관이었다. 우리 집에서 아빠는 개다리춤도 추시고, 각설이 타령도 흉내 내면서 가끔 자지러지게 웃겨 주는 따뜻한 아빠였다. 통 아저씨 춤을 너무 똑같이 추는 모습이 너무 웃겨서 눈물을 흘리며 바닥에 주저앉으면서 아빠의 우스꽝스러운 모습을 보았던 기억이 난다. 나중에 학교 선배가 경찰이 되어 아빠와 같은 수사과에서 일하게 되었는데 아빠의 다정다감한 모습과 각설이 공연을 말하니 눈이 동그래졌다. 경찰서에서 아빠는 완전히 무서운 상사라고 했다. 밖에서는 어떻든 간에 나에게 아빠는 재미있고, 따뜻한 최고의 아빠였다. 엄마도 절대 빼지 않는다. 춤이면 춤, 노래면 노래, 말이면 말 어디에서든 엄마의 존재는 확실했다. 생각해 보면 희생과 사랑이 넘치는 분이시다. 지금도 그렇지만.

　육아를 직업으로 삼기로 마음을 먹었다. 첫 번째 나의 목표는 아이들이

깔깔거리고 웃을 수 있게 하는 것이다. '아빠, 엄마 딸이니 나도 잘할 수 있겠지.' 용기 냈다. 두 번째 나의 목표는 아이들에게 하고 싶은 말을 잘 전달하고 싶었다. 마술 도구를 이용하니 시각적으로도 자극이 되어서 내가 말을 할 때 집중력을 끝까지 유지하였다. 부산에 살 때, 성안교회 유아부 예배를 드렸다. 김정현 목사님이 담당 목사님이셨다. '키다리 마술사'라고 불린 목사님은 정말 키가 크셨다. 마술로 하나님의 말씀을 전했는데 유아 예배인데도 불구하고 내 수준에 딱 맞았다. 서울에 와서 목사님을 통해 마술 도구를 사고, 보내 준 영상으로 연습했다. 까만색 물이 투명한 색으로 변하는 마술이 있다. "친구를 때리거나 동생을 미워하면 여러분들의 마음이 점점 검은색으로 변할 수 있어요. 여기 까만색 물이 있네요. 우리 친구들이 여기에 있는 투명하게 만들어 줄 수 있어요. 도와줄 수 있나요?"

"네."

"친구를 도와주고. 엄마 아빠가 부르면 "네." 하고 대답할 수 있나요?"

"네."

"떼를 쓰거나 소리 지르지 않고 엄마, 아빠한테 말할 수 있나요?"

"네."

"좋아요. 여러분의 이쁜 마음을 모아서 검은색 물을 투명하게 만들어질 수 있는지 볼게요. 하나, 둘, 셋!"

"와!"

서울로 이사 오기 전 목사님께 마술을 가르쳐 달라고 부탁했다. 흔쾌히 알려 주셨고, 이후 미술 도구도 주기적으로 구매할 수 있었다.

아이들과 같은 KAGE 학술원에 다니는 친구들 가족과 여행을 가기도 하고, 초등 1학년 같은 반 친구들 가족과도 여행을 가기도 했다. 캠핑하러 가면 7시 이후 저녁을 먹고 나면 유아나 초등 저학년생들이 할 수 있는 활동들이 많지 않다. 영화를 보여 주어도 오래 못 간다. 엄마 손을 끌고 함께 시간을 보내기를 바란다. 출발 전 나의 차 트렁크에는 짐이 많다. 대부분은 아이들이 놀 수 있는 놀잇거리와 공연을 위한 상자들이다. 요구르트, 클레이, 공룡 모형 인형, 식초, 베이킹파우더, 물감 등 재료가 가득하다. 특히 화산 폭발 실험은 거의 빠지지 않는다. 식초와 베이킹파우더와 만나면 중화반응으로 이산화탄소가 생긴다. 아이들은 부글부글 올라오는 거품에 소리를 지르며 너무 좋아한다. 같은 원리로 페트병에 베이킹파우더를 넣고 식초를 부은 후, 바로 입구를 스티로폼으로 막으면 '펑' 하는 소리와 함께 공기 중으로 스티로폼 공이 쏘아 올려진다. 아이들이 놀라는 모습, 신기해 하는 모습, 웃는 모습을 보면 도파민이 팍팍 나오니 기분도 최고이다.

신문지도 빠질 수 없다. 신문지를 마구 찢도록 한다. 아이들은 신문지를 바닥에 두고 다리 찢기를 하며 신문지를 찢기도 한다. 그동안 스트레스가 많이 쌓였나 할 정도로 아이들은 1초도 쉬지 않고 신문지를 찢는다. 아주 즐겁게 신문지를 찢은 다음에는 투명색 굵은 테이프로 신문지를 뭉

친다. 축구공만 하게 만들어진다. 신문지 공으로 신나게 축구도 하고 피구도 한다. 큰 전지를 준비해서 집에서 쓰다 남은 물감을 종이 접시에 색별로 짜서 물로 섞는다. 아이들이 손바닥으로 물감에 찍어서 큰 전지 여기저기에 쾅쾅 손도장을 찍는다. 알록달록 아이들의 귀여운 손자국들은 작품이 된다. 여행하는 동안 숙소 안에 잘 보이는 곳에 붙여 둔다. 아이들이 6명 이하면 에어 로켓을 준비해서 누가 멀리 보내는지 게임도 하고, 알지네이트와 석고 가루로 자신의 손가락 화석도 만들어 보기도 한다. 자석을 붙이면 냉장고에 딱 붙여서 오래 추억으로 남길 수 있다. 여러 명이 함께 같은 추억을 공유하니 즐거움도 배가 된다.

하이라이트는 바로 저녁 식사 후 공연이 시작된다. 피에로 옷을 입고 춤을 추며 내가 등장한다. 처음 보는 아이들 친구의 아빠들 앞에서 하기가 민망스럽기도 하다. 마술쇼를 40분 정도 한다. 처음에는 정말 부끄러웠다. 처음 뵙는 아버지들 앞에서 망가지는 모습도 보이기 싫고, 춤도 못 추는데 나서고 싶지도 않았다. 하지만 우리 아이들이 원했다. 우리 아이가 웃으며 나를 보고 있다. 수십 번을 봐서 지겹기도 할 텐데도 늘 처음 보듯이 한결같이 호응해 준다. 40분 공연이 끝나면 오늘 참여한 아이들이 직접 해 볼 수 있는 시간을 만들어 줬다. 간단한 마술을 하나 하고 자리로 돌아가며 자신감 뿜어내는 아이의 모습을 보면 뿌듯했다. 함께 여행 온 엄마 아빠들도 부족해 보이는 나의 모습이 노력과 열정이라고 대단하다고 말씀해 주신다. 그나저나 아이스 브레이크는 여행 첫날 망가지는 나의 모습으로 한 방에 날려 보낸다.

큰아이 1학년 때 엄마가 학교에 왔으면 좋겠다고 했다. '멘토데이', 엄마가 책 읽어 주는 '리딩맘' 봉사를 신청해서 하게 되었다. 그런데 첫째 아이가 '피카츄' 옷을 입고 오라고 했다. 이미 수십 번 입었던 '피카츄' 옷이라 아들이 괜찮다면 나는 괜찮았다. '멘토데이'가 왔다. 직업 이야기를 하면서 아이들의 꿈을 적어 보는 활동으로 이어졌다. 스티커도 붙이고 알록달록 꾸미는 시간인데, 힐끔힐끔 나를 보는 첫째 아이의 얼굴은 이미 세상을 다 가진 얼굴이다. 새어 나오는 웃음을 애써 참고 있어서 미소 가득한 얼굴로 보였다. 마지막 수업 하이라이트는 수업 내용 정리를 피카츄로 옷을 입고 마술로 정리하는 것이다. 피카츄 옷으로 갈아입어야 해서 우리 반 아이들에게 "배가 너무 아파서 1분만 화장실을 다녀올 테니 주변 정리하고 조금만 기다려 주세요." 하고 교실 문을 닫았다. 교실 문을 사이에 두고 입은 옷 위에 서둘러 '피카츄' 옷을 껴입었다. 계단 위에서 6학년 정도로 보이는 아이들이 나를 보며 묻는다.

"지금 뭐하세요?"

"아~ 오늘 리딩맘이라서."

바쁜 마음에 웃으며 난납형으로 대답했다.

"우리도 1학년 때 리딩맘 왔었는데. 수고하세요."라고 말하는 학생을 한

번 더 올려다보았다. 아이로 안 보이고 어른처럼 보였다. 앙증맞은 선글라스까지 하고 교실 문을 여는 순간 아이들의 얼굴에 1.5배 큰 꽃이 활짝 핀다. 준비한 마술을 하며 수업 내용과 관련해서 꼭 정리하고 싶은 말들을 전하며 마무리했다.

그 이후로 길에서 만난 아이 친구들이 나에게 적극적으로 인사를 하고, 피카츄 백만 볼트를 쏴달라며 조르는 아이들도 있었다. 첫째에 이어 둘째의 영어유치원에서 할로윈데이 행사가 있었다. 둘째가 원했다. 부모님도 함께 참석해달라는 공지가 있었다. "엄마! 꼭 '피카츄' 옷을 입고 나타나줘." 차 안에서 옷을 갈아입고 마술 도구도 하나 챙겨서 유치원 행사에 참여했다. 선생님들이 더 좋아하신다. 이렇게 파격적인 복장으로 나타난 부모님은 처음 보았다고 하셨다.

첫째 아이는 4학년, 둘째 아이 2학년이 되었다. 둘째 아이가 3월 시작하자마자 부탁을 했다. 책 읽기 엄마 봉사활동(리딩맘)을 원했다. 리딩맘은 초등 1, 2학년인 저학년에만 있는 엄마 봉사활동이라서 마지막이라 생각하고 신청했다. 그런데 어떠한 캐릭터 옷을 입고 오지 말라고 한다. 집에서는 입어도 되는데 밖에서 다른 친구들이 보면 부끄럽다고 했다. 지금까지 내가 부끄러움을 참고 아이를 위해 입었던 캐릭터 옷도 이젠 안녕이다. 아이가 달라졌다. 벌써 컸다. 피카츄 옷 대신 강의할 때 입는 정장을 입고, 아이들이 참여하는 활동을 많이 넣는 독서 수업을 했다. 마무리는 마술로 했다. 담임 선생님께서 먼저 호응해 주시니 아이들의 반응도 살아난다. 친구들의 반응 사이로 우리 둘째가 웃는다. 웃는 모습을 보니 오늘 잘 왔다. 집에 와서 아이를 보는데 한껏 들떠 있다. 아이 친구들이 집에 가서 엄마한테 이야기했는지 엄마들에게도 연락이 온다.

아이의 발달도 단계별로 다르듯이 부모의 역할도 달라진다. 찰리 채플린이 말했다. "웃음이 없는 하루는 버린 하루다." 작은 소품 하나로도 예상치 못한 즐거운 분위기를 연출할 수 있었다. 아이의 웃는 모습이 목마를 때는 아이의 웃음이 없어질 때이다. 아이의 웃음을 다시 보고 싶어서 시작한 공개적인 연출은 초등 저학년까지 통했다. 시간은 참 귀하다. 엄마가 망가지는 것을 선택하기까지는 용기가 필요했지만 내가 용기낼수록 아이의 웃음이 커지는 것을 보니 백번 천번도 할 수 있다. 한동안 뜸하다가 6학년 급식 모니터링 봉사하러 갔다. 우리 아이가 배식하는 곳에서 서 있었는데 우리 아이 친구들이 하나둘씩 와서 인사를 한다. 다른 친구들도 데리고 와서는 "인사해. 민이 엄마셔. 우리 마술 공연 해 주셨잖아." 그러고는 우리 아이들을 찾아가서 너희 엄마 오셨다며 둘러싸었다. 니무 에쁘다. 6학년, 4학년 친구들이 나를 기억하고 찾아와 주니 주변 선생님들도 학생들에게 누구신지 물어본다. 집에 돌아가기 전에 앉아 있는 아이 친구들의 어깨를 쓰다듬어 주며 지나간다. 멀리서 보고 있는 아이의 얼굴에 미소가 가득하다.

5.
반장 아이를 돕는 반장 엄마의 사생활

새 학년 새 학기가 시작되는 3월이 되면 학부모 총회가 있다. 선생님을 처음 만나는 자리이다. 이때 1년 동안 우리 아이를 맡아주실 담임 선생님의 말씀을 들으면 어떤 부분을 강조해서 이끌어 주실지 알 수 있다. 선생님 중에는 다양한 글쓰기를 중요하게 생각하시는 분도 계시고 아이들의 체육 활동을 중요하게 여겨서 체육 시간 외적으로도 신체 활동 위주의 수업 방식을 선택하시는 선생님도 계신다. 선생님께서 중점으로 하는 부분에 대해서는 사교육도 조절하는 편이다. **글쓰기를 중요하게 생각해 주시는 선생님이시면 글쓰기 사교육에 힘을 빼고 전적으로 학교에서 하는 것을 잘하도록 신경을 써 준다. 체육활동을 중요하게 생각하시는 선생님이면 주 2회 체육활동에서 주 1회로 사교육을 조정하기도 한다. 그리고 선생님께서 당부하는 말씀이나 강조하며 지켜야 할 사항들은 메모해서 아이들에게 알려 준다.**

학급 운영을 위해 학부모가 참여해야 할 활동이 있다. 학교마다 조금씩 다르지만, 어머니회, 급식 모니터링, 리딩맘, 녹색 어머니 등이 있다.

학급 운영에 학부모님들이 편성되어야 선생님의 작은 숙제가 끝난다. 학부모 총회에 4명 정도 참여할 때가 있다. 1학년은 대부분 참여하지만, 학년이 올라갈수록 학부모 총회에 참가하는 인원이 적다. 아이가 두 명을 키우고 초등 6학년이 되니 그동안 경험이 쌓였다. 학년 대표 엄마, 학부모 회 외에도 학급에서 하는 건 다 해 보았다. 반 대표 엄마는 대부분 1학기 반장 엄마가 한다. 급식 모니터링은 대부분 부반장 엄마가 하는 경우가 많다. 각 장단점이 있다. 급식 모니터링을 신청하면 배식까지 볼 수 있어서 아이와 마주칠 수 있다. 아이들은 백이면 백, 엄마가 학교에 오는 것을 좋아한다. 녹색 어머니회는 등굣길에 교통 지도를 하는데 맞은편에서 엄마를 보고 있는 아이의 입꼬리가 들썩들썩하는 걸 보면 뿌듯하다. 스치듯 악수하려고 내민 아이의 수줍은 손길이 따뜻하다.

학교마다 다르지만 대부분 초등 3학년부터 반장 선거가 있다. 아이가 반장이 되었는데 대표 엄마를 안 하겠다는 분도 계시다. 선생님의 설득 끝에 마지못해서 하시는 분도 계신다. 특별한 활동을 하지 않아도 자리가 부담되는 건 천 번 만 번 이해한다. 또 그럴 수밖에 없는 사정이 있을 수 있다. 아이를 믿고 뽑아 준 친구들에 대한 감사함에 대표 엄마라는 무거운 자리를 대범하게 받아들이기로 했다. 학부모 단톡방을 만들지 않았으면 하는 선생님이 계시기도 하지만 그게 아니라면 단톡방을 만들었다. **연락처를 아는 방법은 두 가지가 있는데 학부모 총회에 가서 오신 분들의 연락처를 최대한 받아서 단톡방을 만든 다음 서로의 인프라를 이용해서 초대하는 방법이 있다. 또 하나는 아이 편으로 수렴되지 않은 연락처를 친구에게 적어 오도록 해서 따로 연락했다.** 좋아하시는 분도 있지만, 단톡방에 들어오기를 꺼리는 학부모도 있다. 이유가 있겠지 하며 이해한다. 단톡방에는 대부분 엄마가 말을 아낀다. 주간 계획표나 공지사항, 모임의 시간 장소 잡는 일 이외에는 거의 활동은 없다. 2학기가 되면 새로운 반장, 부반장이 뽑힌다. 반 대표 엄마의 임기는 1년이지만 2학기 반장인 엄마가 계시니 크게 활동하는 게 없어도 위치가 애매해진다. 조용히 2학기 반장 엄마를 돕는 역할을 한다.

5월에 공개수업이 있다. 공개수업 전에 학부모 모임을 한 번 가지면 좋다. 공개수업에 가서도 아는 얼굴의 엄마가 있어서 한층 편안하고 아이와 잘 지내는 친구 엄마와 아이를 매칭시키기도 쉽다. 아이가 좋아하는 친구의 엄마를 알아 두면 학원을 같이 보낼 수도 있고 교외 경험도 함께 시간을 맞출 수 있다. 학교 안에서 있었던 일이 궁금할 때도 연락망이 있으면 심리적으로 든든하다. 매일 똑같은 하루가 없는 것처럼 아이들도 학교생활 중에 크고 작은 일들이 일어난다. 우리 아이가 연루되는 일이 생기기도 한다. 엄마가 서로 대화를 해 본 사이면, 해결이 빨리 될 때도 있고 어느 정도의 완충 효과가 있다. 가끔 아이를 통해 엄마끼리 세상에 둘도 없는 친한 관계로 발전하기도 한다. 특히 아이 1학년 때 만난 엄마 중에 6학년까지 이어진 모임은 든든한 인생의 동반자 느낌이다. 어려운 시간을 함께 버텨 주기도 하고, 바쁜 일정을 기다려 주면서 서로를 응원하는 사람들이 되었다.

모임을 주도할 때 가장 힘든 게 장소 결정이다. 단독 룸으로 되어 있거나 규모가 작은 곳은 2시간~3시간 정도를 단독으로 빌릴 수도 있다. 이것 또한 예약해야 한다. 한 방에 25명 정도 모임을 하면 대부분 실제 참여하는 인원은 17명 내외이다. **첫 모임은 노래가 크게 틀어져 있거나 시끌벅적한 곳은 피하는 게 좋다. 보통 테이블을 4개를 붙이게 되는데 끝과 끝은 잘 들리지 않는다. 그래서 첫 모임은 작은 커피숍이나 음식점의 방을 단독으로 빌린다.** 커피숍의 경우는 한 명당 만 원 정도 되는 금액으로 먹어야 한다거나 음식점의 경우 불고기 전골을 테이블마다 시킨다는 조건이 붙기도 한다. 대여료를 받는 곳도 있는데 대부분 없다. 모임을 주선하는 입장이라서 대접해 드리고 싶은 마음이 있지만 모임에 참여한 학부모님들이 부담스러워하셔서 같이 부담했다. 1/n에서 2만 원이 넘지 않았다.

첫 만남에 반장 엄마가 준비하면 좋은 게 있다. 딱 하나를 준비해야 한다면 바로 이름표이다. 아이 이름이 적힌 목걸이 이름표를 준비하면 모임을 하는 2~3시간 동안 서로 누구 엄마인지 묻지 않아서 좋다. 둘 키우는 아이들 이름도 가끔 헷갈려서 바꿔 부른다. 그만큼 처음 만난 엄마들이 서로 아이 소개를 한다고 해도 모두 기억하긴 어렵다. 이름표를 만들 때는 이름표 끝쪽에 여자 친구는 하트를 넣거나 색을 다르게 해서 남, 여를 구분했다. 아이 이름으로 여자 남자 구분하기 어려운 이름도 있어서 실수를 막을 수도 있고, 기억을 더 빨리할 수 있는 장점이 있다. **처음에는 서로 말하기 어색한 부분들도 있어서 제비뽑기처럼 질문지를 준비한다.** 대화거리로 물꼬를 트면 분위기가 빨리 좋아졌다. 돌아가면서 질문에 해당하는 답을 하는데, 질문에 따라 같이 울기도 하고 서로 공감하며 대화를 이어 나가기도 하는 장점이 있다. 두 번째 모임을 할 때는 이름표를 조금 작게 만들어서 테이블에 올려 둔다. 이렇게 두세 번 하다 보면 이름표가 없어도 대충 기억이 난다. 서로 따로 연락해서 만나는 분도 생긴다.

아이들 덕분에 5번의 임원 엄마가 되었다. 그중 두 번은 부반장 엄마라서 돕기만 했고, 세 번은 대표 엄마로 활동했다. 매번 첫 모임을 할 때 많이 긴장된다. '너무 나대는 엄마로 보이는 건 아닐까. 말실수하면 어쩌지. 잘 끌고 가지도 못하면서 모임을 주선하는 게 맞을까. 어쩔 수 없이 나오는 분들, 상황이 안 되어서 못 나오는 분들에게는 이렇게 일을 벌이는 게 오히려 답답하게 느껴지면 어쩌지.' 그런데 그런 걱정이 무색하게도 이런 모임을 기다렸던 분들이 계셔서 모임에 생기를 불어넣는 엄마들이 꼭 있다. 정말 고마운 분들이다. 해외에 살다가 들어오신 분, 전학 오신 분 등 모임 주선에 고마움을 말씀해 주시는 분들이 있으면 용기 내길 잘했다는 생각이 든다.

　아이들 덕분에 반장 엄마가 되어 보았다. 아이와 친한 엄마들을, 모임을 통해 따로도 연락할 수 있었다. 엄마 중에 첫째가 학년이 더 높아서 선배 엄마로서 조언도 아끼지 않은 분도 계시고, 지금 힘든 상황에 공감도 해 주시니 위로가 되고 힘이 생긴다. 서로의 학습을 조언해 주기도 한다. 매년 아이들 덕분에 혼자 힘으로는 만날 수 없는 좋은 엄마들을 만날 수 있다. 아이들은 여러 방법으로 효도한다. 나에게 꼭 필요한 사람들을 필요한 시기에 연결해 준다.

The secret of mom's education

<제4장>

대학 부설 영재원 4곳의 합격 lab

-영재원은 평범한 아이도 갈 수 있는 곳

1.
2학년은 대학 부설 영재원 도전의 출발점

초등 2학년 때부터 9월이 되면 대학 부설 영재원의 접수 바람이 분다. 초등 2학년 때 지원해서 합격하면 이듬해 3학년 때 영재원 수업을 1년간 받는다. 초등 2학년 때 지원 가능한 대학 부설 영재원은 서울교대 미술영재원, 전통문화재단 미술영재원, 가천대학교 과학영재교육원이다. 1년만 가능하기도 하고, 전형을 거쳐 2년을 배울 수 있는 과정도 있다.

교육청 영재원은 GED 사이트에 가입해서 일정에 따라 움직이면 되지만 일부 대학 부설 영재원은 해당 대학교 홈페이지에 직접 들어가서 영재원 전형을 확인하여야 한다. 그러나 불안하고 걱정할 게 없다. 아이가 다니는 학교에서는 'e-알리미' 등으로 계속해서 영재원 정보를 제공해 준다. 9월에 처음으로 대학 부설 영재원 접수가 시작된다. 대부분 1차는 지필고사, 2차는 면접이다. 최종합격자 발표일은 대부분 11월 첫 주에 발표된다. 하루 이틀 겹쳐서 교육청 영재원 접수가 시작된다. 교육청 영재원은 12월 초에 지필 시험을 친다. 2월에 최종합격자가 발표된다. 그리고 다음 해 3월에는 영재 학급을 모집하고, 중간중간 선 교육 후 선발하는 대학 부설 영재원이나 공동 온라인 선교육 과정 등의 소식을 차례대로 접하게 된다. 큰 맥락을 알고 있으면 기회가 계속 주어지기 때문에 과정을 미리 접해 볼 수 있고, 도전하고 합격할 기회를 높일 수 있다.

대학 부설 영재원은 대학마다 그리고 해마다 조금씩 전형이 다르다. GED 사이트에서 전형을 확인할 수 있고, 아이를 보내고 싶은 해당 대학 부설 영재원 홈페이지에 들어가서 접수하는 곳도 있다. 가고 싶은 학교가 있다면 미리 대학 부설 홈페이지에 들어가서 작년 전형을 확인해 보는 것이 좋다. 같은 대학 부설 영재원 안에서도 과목에 따라 지원 가능한 학년이 다를 수 있고, 올해 뽑지 않을 수도 있다. 지역마다 다르지만 서울 지역 대학 부설 영재원은 초등 4학년 9월에 지원할 수 있는 곳이 많이 열린다. 초등 5학년에 다닐 곳을 지원한다는 의미이다. 지원 가능한 학년은 지역에 따라 대학교마다 다르다. 연세대와 서울대는 최소 초등 6학년 가을이 되어야 지원할 수 있고 합격한 아이는 중학교 1학년 때 다닐 수 있다. 지원서를 작성할 때부터 학생이 해왔던 탐구보고서를 첨부하도록 하는 곳이 있다. 동국대학교 과학영재원, 서울대학교 과학영재원, 연세대학교 과학영재원 등에서 탐구보고서 첨부가 필요하다. 전년도 모집 요강을 미리 확인해서 준비해야 나중에 당황하는 일이 없다. 대학 부설 영재원은 원하는 여러 곳을 동시에 지원할 수 있다. 그러나 면접은 딱 한 곳만 봐야 한다. 서류 접수 기간은 대학교마다 다르지만 대부분 5~7일 시간을 준다. GED 사이트에서 지원 동기 등을 써서 제출할 수도 있고, 성균관대학교 영재원이나 동국대학교 과학영재원의 경우는 생활기록부도 첨부해서 등기우편으로 보내야 하므로 아이 학교 행정과에 가야 할 수도 있다. 서류 접수 시일에 우편물이 지정된 곳에 잘 도착할 수 있도록 더 신경을 써야 한다.

영재원 지원서를 작성할 때 크게 신경 쓰지 않고 간단한 인적 사항만 입력하는 때도 있고, 대학 부설 중에서는 5가지 정도의 질문에 대해 제한된 글자 수로 입력하는 곳도 있다. 지원서를 작성할 때는 꼭 어떻게 해야 하는 지침은 없지만, 알고 있으면 유리한 부분이 있다. 결국 **자기소개서(자소서)에 적힌 내용의 신빙성 확인을 면접에서 질문을 받을 수 있으므로 아이의 내용이어야 한다.** 누군가에게 그냥 맡기면 면접에 들어가서 긴장된 상태에서 면접관의 날카로운 질문에 아이가 당황할 수 있고, 깊이 들어가는 순간 말문을 막히게 할 수 있다. 왜 영재원에 오고 싶은지, 와서 무엇을 하고 싶은지, 최근 어떤 부분에 관심이 있었는지, 어떤 책을 읽었는지, 꿈이 무엇인지, 친구들과 갈등을 어떻게 해결하는지 등이 대표적인 자기소개서 질문이다. 엄마는 여유 있게 시간을 갖고 아이를 관찰하면서 질문을 통해 글을 적어 본다. 그리고 요약은 아이와 함께하는 것이 좋다. 아이와 요약을 하면 의외로 아이가 특히 관심 있어 하는 부분을 알 수 있다. 리더쉽 관련하여 질문이 있으면 임원 활동 경험을 녹여서 쓰거나 모둠 활동을 할 때의 상황을 떠올리며 소재를 찾는 것이 좋다. 영재원의 지원 동기나 와서 하고 싶은 것에 대한 질문에는 교내 발명대회, 전람회 등 참여했던 대회나 탐구보고서 또는 실험 등의 상황을 떠올려 쓰면 좋다. 더 알고 싶고 발전하고 싶은 부분을 연결해서 쓰면 면접에서 받을 질문을 아이의 경험 안에서 할 수 있도록 유도할 수도 있다.

대학 부설 영재원이나 교육청 영재원 모두 담임 선생님의 추천서가 필요하다. 대학 부설 영재원은 동시에 여러 학교를 지원할 수 있다. 선생님께 한 번에 3개를 부탁한 적도 있다. 선생님으로서는 반 학생들 10명이 우리 아이처럼 여러 군데 지원했다면 30차례 이상 교사추천서를 써야 한다. 물론 지역마다 추천하는 인원이 정해져 있기도 하다. 대학 부설 영재원에서 떨어지면 교육청 영재원도 교사추천서를 부탁해야 한다. 선생님도 부탁드리는 학부모도 쉬운 일이 아니다. 우리 아이의 도전에 선생님의 시간과 에너지를 써 주시는 수고와 노고에 감사하다. 그런데 한번 실수를 했다. **지원서를 작성하고 나서 전형료를 계산해야 한다. 그래야 다음 단계인 교사추천서를 등록할 수 있도록 활성화된다.** 그런데 실수로 전형료를 보내지 않고 선생님께 부탁했다. 교사추천서를 적으려고 들어가는데 해당 페이지가 열리지 않아서 당황하셔서 연락이 왔다. 전형료를 급히 내고 또다시 선생님께 부탁해야 했다. 바쁜 시간을 쪼개서 우리 아이를 위해 내 주시는데, 나의 실수로 필요 이상의 신경을 쓰게 했다는 게 민망하고 죄송스러웠다. 또 하나 주의할 점이 있다. 교사 추천서를 써 주실 때 우리 아이의 대회나 상 또는 경험을 선생님께서 잘 모르실 경우가 있다. 모르는 게 당연할 수 있다. 그래서 아이가 받은 교내와 외부 상, 내용 등을 정리해서 보내 드리기도 한다. 좀 더 고민하는 시간을 줄여 드리고 싶고 또 아이에 대한 이력을 선생님께서 연결해서 적어 주시면 추천서가 더 매력적으로 완성될 수 있다.

지금까지 만났던 선생님들께서 정말 적극적으로 도와주셨다. 교사추천서에 학교장추천서가 필요한 데다가 우편까지 보내야 했던 적이 있었다. 선생님께서 서둘러 처리를 다 해 주시는 덕분에 하루 만에 서류 정리해서 우편 접수를 넉넉하게 할 수 있었다. 선생님의 시간을 미리 고려해서 전형이 올라오면 '하이톡'을 통해 선생님께 전형 일정을 알린다. 아이의 영재원 원서를 넣으려고 하고 언제까지 교사추천서가 필요한지 미리 알려드린다. 선생님의 응원까지도 들어간 영재원 서류인 만큼 자신 있게 1차, 2차를 거쳐 시험을 본다. 최종 결과가 좋든 나쁘든 절대 감사 인사를 놓쳐선 안 된다.

2.
1차 지필, 2차 면접
- 합격으로 끌어올리는 방법

 1차 전형은 크게 세 가지 유형이 있다. 첫 번째는 영재원에서 원하는 4~5개의 과제를 기한 내에 정해진 보고서 양식에 맞게 작성하여 제출하여 평가한다. 매번 주제를 주고 기한 내에 작성해서 올리는 형태이다. 동영상 촬영을 요구하기도 한다. 두 번째는 2달 이상 정해진 선 교육 후 선발 개념으로 주어진 기간 동안 동영상 수업을 듣고 매번 과제를 제출한다. 마지막 유형은 응시생 모두가 정해진 날짜에 지정된 장소로 가서 창의적 문제 해결력 시험을 친다. 세 번째 전형이 대부분이다. 영재원을 처음 지원하는 아이 중에 긴장도가 높다면, 당일 시험 결과로 합격과 불합격이 정해지는 전형보다 선 교육 후 선발로 뽑는 대학 부설 영재원을 먼저 해 보는 것도 좋다고 권한다. 가천대학교 영재원이나 고려대학교 영재원의 경우 선교육 진행하면서 얻어지는 지식과 경험이 컸다. 가천대학교 과학영재원의 경우는 실험 보고서 양식을 주고 업로드 기간을 매번 준다.

시간을 놓치면 감점이 있고, 더 길어지면 점수 반영이 되지 않는다. 올려주신 동영상을 시청하고 실험을 진행한 후에 보고서를 작성하면서 역량이 길러진다. 과학실험을 한 번도 접한 적이 없는 아이들은 과정이 힘들다는 얘기도 한다.

1차 전형은 대부분 창의적 문제 해결력 시험을 친다. 객관식과 주관식 혼합형도 있지만, 주관식만 있는 때도 있다. 초등 4학년 융합으로 지원하는 경우는 수학과 과학이 함께 출제된다. 초등 고학년의 경우 수학, 정보, 과학 과목에서도 융합 문제가 출제되기도 한다. 수학의 경우는 사고력 문제 형태라서 한 번도 보지 못했던 문제 유형일 수 있지만, 아이가 지금까지 수학적 경험으로 문제 해결을 할 수 있도록 하는 문제이다. 사고력 수학을 접했던 아이들은 다양한 형태를 접해 보고 다르게 생각해 보는 훈련이 되어 있어서 그런지 **합격한 친구 중에서는 사고력 수학을 했거나 교과 심화 과정을 경험한 아이들이 많았다. 과학의 경우는 과학실험을 해 본 경험이 있거나 과학 관련 책을 좋아하는 아이들이 유리할 수 있다. 면접에서 날카로운 경험적인 부분에서 자신감 있는 대답을 할 수 있다.** 서울교육대학교 과학영재원에 들어간 첫째 아이는 학교 실험 시간이 많은 도움이 되었다고 한다. 과학 이론이 실생활과 어떻게 연결되는지를 학교에서 많이 배웠다고 하는 걸 보면 우리 학교 교육도 예전과 많이 달라지고 있다는 게 느껴진다. 예를 들어 소금물의 농도 진하기를 아는 방법을 물어보는 질문이면 배추절임의 삼투압을 현상을 적용해서 적는 아이도 있고, 혼합물 분리로 소금을 얻는 방법으로 증발을 적는 아이도 있다. 또 김장할 때 소금물의 농도를 맞추기 위해 토마토나 달걀을 넣어서 부력이 커지는 것을 응용하여 설명하는 아이도 있다.

알고 있는 지식을 실생활과 연결하고 다양한 관점으로 응용하는 것을 연습하면 도움이 된다. 영재원 1차 전형은 정확한 답을 요구하는 것보다 문제를 해결하는 과정의 논리성이 중요하다는 것에 맞춰서 준비할 때가 결과가 좋았다. 영재원 유형 문제집의 답을 첨삭하는 일을 한 적이 있는데 단답형으로 적는 아이들이 많았다. '어떠한 이유에서 이렇게 된다.' 옆 친구에게 설명해 주듯이 적을 수 있게 지도했다. 무작정 길게 적는 것은 아니지만 짧은 것보다는 낫다. 논리적으로 답을 적는 것이 가장 중요하지만, 답의 길이는 성의와 간절함도 느껴지는 부분이다. 아이가 처음부터 논리적으로 길게 답을 잘 적을 수 없다. <u>1차 창의적 문제 해결력 시험 대비를 처음에 준비할 때는 교과서 내용의 개념을 정리한다. 다음으로 영재원 대비 문제집을 풀린다. 답지를 보고 필사하기도 하고 소리 내어 읽어 보라고도 한다. 표현이 익숙해지고 다양한 문제를 접해 보면서 아이만의 개념이 정리되고 공통점이 있는 것끼리 수렴이 되어 점차 괜찮은 서술형을 쓸 수 있게 된다.</u>

1차 전형에서 합격한 사람은 2차 면접 대상이 된다. 면접 당일 평가 유형도 학교마다 다양하다. 미술의 경우는 실기와 면접을 같이 보기도 한다. 고려대 융합(수학, 과학, 정보) 영재원의 경우는 2차 전형 때, 모의 수업을 1시간 진행하고 바로 이어서 면접을 본다. 성균관대학교 과학영재원의 경우 1차는 자소서와 담임 추천서로 진행되었다. 2차에서는 주어진 문제에 대한 과학적 주제 글쓰기를 한 후, 면접을 바로 진행한다. 서울교육대학교 과학영재원은 1차는 4주에 거쳐 매주 주어진 과제에 대한 산출물을 제출하기도 했다. 코로나 이후에는 다시 창의적 문제 해결력 시험을 통해 1차 전형이 이루어진다. SW 영재원의 경우는 산출물 제출 방식을 여전히 고수하고 있다. 동국대학교 과학영재원의 경우는 2차 면접 때 기다리는 동안 2문제를 풀고 이어서 면접을 본다. 수학 한 문제, 과학 한 문제 해서 총 2개 문제를 8분 동안 해결하게 한 후 7분간 면접을 본다. 서류에서 탐구보고서를 낸 학교는 면접 때 보고서나 산출물에 대해 집중적으로 질문하기도 한다. 개인적인 질문에는 자기소개서에 있는 내용을 바탕으로 질문하기도 하지만 면접관님께서 즉흥적으로 질문하시는 분들도 계신다. "너 안경 멋있는데?", "의사가 되고 싶다고 했는데 집안에 의사가 있어?", "파이썬 배웠다고 했는데 지금 어떤 부분을 배우니?", "간단한 게임을 만들었다고 했는데 코드를 어떻게 짰는지 적어 봐." 예상하지 못했던 질문이 충분히 나올 수 있다. 그래서 긴장이 많은 아이일수록 당황스러운 질문이 나올 수도 있고, 모르는 질문을 던질 수도 있다고 미리 알려주는 것이 아이도 마음을 준비할 수 있다. 학부모 대기 장소에서 아이를 기다리다 보면 얼굴이 빨갛게 되고, 울먹거리며 나오는 아이들을 종종 본다.

둘째 아이가 초등 4학년 때 동국대 과학영재원 면접을 보러 갔다. 면접 순서가 앞이라서 한 시간 안에 나올 것 같아서 지하 주차장에서 아이를 기다리기로 했다. 면접이 30분 늦어질 거라는 문자가 왔다. 지연되나 보다 하고 기다리고 있는데, '똑똑' 창문을 두드리는 소리에 깜짝 놀라서 눈을 돌려 보니 차 밖에 둘째 아이가 서 있다. 차 문을 빨리 열어 달라고 재촉이나 하듯이 계속 손잡이를 딸깍딸깍 거침없이 움직이는 소리에 나도 다급하게 차 문을 열리는 버튼을 찾는다고 여기저기 더듬었다. 차에 타자마자 나의 눈을 피해 정면을 보고 있었다. 아이의 옆모습을 보는데 눈 끝에 맺힌 눈물이 곧 흘러내릴 듯 반짝였다. "왜~ 왜~ 무슨 일이야~" 나의 한마디에 엉엉 소리 내며 대성통곡하듯 눈물과 소리를 쏟아 냈다. 이렇게 우리 둘째가 속상해서 운 적이 있었나 싶을 정도로 서러움을 토하듯이 한참을 울었다. 조금 진정이 되었나 싶어서 물었다.

"오늘 면접이 원하는 만큼 잘 안 됐어?" 고개만 끄덕이더니 다시 소리 내며 엉엉 울었다.

"면접해 본 것도 대단한 경험한 거야. 우는 모습 보니깐 엄마 마음도 아프네."

아침 7시에 일어나 면접을 보러 갔다. 첫째 아이를 영재원에 보낼 때는 면접도 나름 열심히 준비시켰다. 질문지도 만들어서 외우게 하고 틈새 시간이 날 때마다 질문을 던지곤 했다. 여태 면접을 끝나고 밝게 나오는 아이들만 보다가 둘째의 눈물을 보는데 마음이 찢어졌다. 다른 아이들 상담해 준다고 정작 우리 아이에게 세심하게 신경을 써 주지 못한 게 미안했다.

첫째 아이 때는 3년 동안 토요일마다 반나절이라는 시간을 쏟으며 다녔고 차가 밀리는 시간이면 왕복 2시간 넘게 걸려서 지칠 때도 있었다. 정작 둘째는 영재원을 준비하면서 붙어도 좋고 안 붙어도 괜찮다는 생각이 사로잡히니 영재원 준비에 영 힘이 들어가지 않았다. 그런데 아이의 눈물을 보는 순간 하늘에 대고 빌기 시작했다.

"한 번만 기회를 주세요. 감사한 마음으로 토요일 라이딩하겠습니다." 결과가 나올 때까지 간절했다.

면접 시험 2주 후, 월요일 3시 첫째 둘째 다 있을 때 같이 결과를 보았다. "축하합니다. 최종합격 되었습니다." 이번에는 내가 펑펑 울었다.

영재원 시험은 아이의 그날 컨디션에 따라 당락이 좌지우지될 수 있다. 처음 접해 보고 긴장도가 높으면 더 실력 발휘가 안 될 수도 있다. 영재원 지필고사는 5개 이하의 문제가 출제되었는데 그중에 아이가 자신 있는 부분이 나올 수도 있고 처음 보는 이야기가 나올 수 있다. 결과에 일희일비할 필요도 없다. 영재 교육이 확대되고 있어서 기회도 많다. 아무런 준비 없이 시험을 치기보다 영재원 시험의 유사한 문제를 풀어 봐서 문제 해결하는 사고를 다양하게 접해 보는 것도 좋고, 답을 표현하는 방법을 익히는 것도 도움이 된다. 면접은 자기소개서 중심으로 예상 문제를 만들어 보고 익힐 수 있게 연습이 필요하다. 엄마, 아빠가 면접관 역할을 해 보면 좋다. 아이가 문을 열고 들어와서 설 때, 앉을 때 면접하고 나가는 것까지 연습하면 아이는 처음 경험하는 면접에서도 잘 해낼 수 있다.

3.
영재원을 매년 지원하는 이유가 따로 있다

　모든 엄마가 영재원 수업을 무조건 선호하는 것은 아니다. 영재원 강의를 할 때 꼭 물어보는 질문 중 하나가 '영재원을 꼭 가야 하나요?'이다. 영재원은 대부분 토요일 수업이라서 오전이나 오후 반나절 시간을 빼야 한다. 여름이면 여름 캠프가 일주일이 있어서. 타 학원 방학과 겹치게 되면 학원 보강 날짜를 따로 잡아야 한다. 어떤 엄마들은 영재원이 영재고 과학고 진학에 직접적인 상관관계가 없으니, 영재원 다닐 시간에 선행하는 것을 선택한다. 틀린 말은 아니다. 다만 무엇을 하든 목적이 있어야 하고 기준이 명확해야 후회 없는 선택을 할 수 있다. 영재원을 다니면 좋은 점이 무엇일까.

　첫 번째는 전문가와의 만남이다.
　영재원 수업이 첫째에게 만만하지는 않았다. 처음 접한 영재원은 서울교대 미술영재원이었다. 익숙하지 않은 재료로 표현을 해 봐야 하고 처음 해 보는 기법으로 결과물을 만들어 제출해야 하는 부담도 있다. 특히 만들기, 아이디어가 필요한 그림, 염색 등의 수업을 하고 난 후, 정해진 마감 기한 동안에 완성한다고 진땀을 빼기도 했다. 그런데도 장점이 컸다. 외국에서 줌으로 특강을 진행해 주시는 교수님도 계시고 프로젝트마다 그 분야의 교수님이 들어오셨다. 심지어 아프리카에서 줌으로 연결하기도 했다. 다양한 연구와 작품을 소개해 주시니 질 좋은 미술 수업으로 이만한 게 없다는 생각이 들었다. 한 분야에서 열정을 쏟아서 지금의 자리에 있는 교수님의 말씀은 매번 힘이 있고 즐거워 보였다. 서울교대 과학영재원의 경우는 특강으로 카이스트 등의 다른 대학교 교수님과도 소통할 기회가 제공된다. 특강을 들을 때의 분위기는 엄숙했다. 또한 끝나고 질문하는 아이들을 보면서 집중을 얼마나 했는지가 느껴졌다. 3~4차례 지도 교수님 또는 특강으로 오신 교수님이 쓰신 책을 들고 가서 저자 사인을 받는 경험도 아이에겐 소중했다.

둘째 아이는 하버드대학교에 관심이 높다. 아이가 관심을 보이니 내가 할 수 있는 것은 하버드대학교를 나온 사람의 책을 읽거나 하버드로 대학을 보내는 고등학교에 관심을 두는 것이다. 그런데 동국대학교 과학영재원 원장님이 금나나 교수님이셨다. 『나나의 네버엔딩 스토리』 책을 통해 알게 되었는데 경북대 의대를 중퇴하고 하버드 생물학과에 가셨다. 하버드에서의 열정적으로 고군분투하며 장학금까지 받는 과정이 오래 기억되었다. 동국대 과학영재원에 지원하려고 유튜브의 소개 영상을 보는데 익숙한 얼굴의 금나나 원장님이셨다. 둘째 아이와 원장님의 만남이 있을 확률은 희박하겠지만 책 이야기를 통해 금나나 원장님이 자신이 다니는 동국대 과학영재원의 원장님이라는 점을 자랑스럽게 생각한다.

두 번째는 창의적이고 혁신적인 수업을 접할 수 있다. 고려대 영재원은 수학, 과학, 정보 융합영재원이다. 특히 정보 분야의 수업이 중요하게 편성되었다. 수업을 따라가기 위해 코딩학원을 꼭 가야 하는 건 아니지만 혹시나 하는 조바심에 파이썬을 따로 배웠다. 배운 파이썬은 다음 해 과학영재원 면접에서 질문에 답할 때 도움이 되었다. 고려대 영재원을 다닐 때는 3D프린터로 만든 작품을 가지고 오고, 또 어떤 날에는 가상현실에 관해 경험하고 와서는 흥분된 상태로 쏟아 내듯이 설명을 해 줬다. 마지막에 자신이 연구하고 싶은 주제를 탐구하고 발표하는 과제가 있었다. 현재 해결하고 싶은 주제를 찾도록 하고 해결 방안에 대해 고민하는 경험을 했다. 아이는 미세플라스틱에 관련하여 자료를 찾고, 문제 해결을 위해 고민하고 자신의 눈높이에서 할 수 있는 대안을 발표해서 고려대 영재원 수료식 때 우수산출물상을 받기도 했다.

세 번째는 다양한 교육프로그램이 있다.

서울교대 과학영재원에서는 유명한 연사의 특강이 많은 편이다. 학부모도 함께 들을 수 있는 유익한 특강이 네 번 정도 있었다. 홍영식 화학 교수님이 쓰신 『화학자 홍 교수의 식물 탐구 생활』 특강을 통해 생활 속에서 식물이 어떻게 사용되고 있는지, 꽃말에 대한 의미에 관심이 생겼다. 녹차 맛 아이스크림에 녹색의 비밀의 답에 아이들이 소리를 지르기도 했다. 카이스트 김진형 명예 교수님께서 AI가 지금 어디까지 발전되었는지 어떻게 활용하고 있는지에 대한 특강을 했다. AI의 능력과 한계를 이해하고 도구로써 활용하는 능력이 필요하다고 말씀하셨다.

영재원 학생은 두 번의 독후활동 보고서를 제출하는 것이 과정에 있다. 책이 쉽지 않다. 교수님이 특강 때 잠시 언급했던 말씀이 있다.

독후 활동 마지막에 소감을 적는 질문에 한 학생의 이렇게 적었다고 했다. "책은 어려웠습니다. 그런데 서울교대 영재원 학생이면 이 정도는 읽어야 한다고 생각하고 이해하려고 몇 번이고 읽었습니다." 교수님도 인상에 남으셨다고 했다. 영재원이라는 곳이 어떤 아이들에게는 새로운 정체성과 스스로에 대한 기대를 만들어주는 곳임을 느꼈다. 어려운 것에 대해서도 두려움보다 해낼 수 있다는 마음의 자세가 긍정적으로 변화될 기회가 될 수도 있다.

네 번째는 다양한 친구들 속에서의 자극이 있다.

우리 아이의 성향을 객

관적으로 알 수 있는 계기가 된다. 어떤 친구들은 사물을 정확하게 그리는 것을 잘한다. 미술영재원을 다녔을 때는 새만 그리는 친구가 있다. 새가 살아 있는 것 같았다. 깃털이며 부리며 고개를 조금 돌리는 모습이며 진짜 같았다. 연이라는 친구는 창의적인 그림을 잘 그린다. 어떻게 그런 생각을 했는지 '유전자에 대한 주제 그림이구나' 그림을 보자마자 담긴 의미가 느껴질 정도이다. 첫째 아이는 꼼꼼하고 섬세한 성격에 정해진 틀 없이 만드는 것을 좋아한다. 수업 중 자신의 이름을 입체적으로 만들었는데 수영장 느낌으로 이름을 꾸몄다. 너무 사랑스러웠다. 동그란 풀장, 긴 미끄럼틀, 동그란 튜브로 자신의 이름을 만들었다. 어쩜 내 아들이지만 이런 감각은 누구를 닮았는지 감탄이 절로 나왔다.

 SW 정보 영재원을 다녔던 분이 있었는데 지금은 수학 선생님을 하고 계신다. SW 정보 영재원을 다니면서 프로그램을 만드는 것에는 흥미가 없다는 것을 알게 되었고, 알고리즘 수학에 관심 있다는 것을 알게 되었다고 한다. 영재원 경험 속에서 친구들과 함께하는 시간 속에서 자신이 무엇이 좀 더 경쟁력 있고 좋아하는지 알 수 있는 계기가 되었다고 했다.

 고등입시를 준비시키는 학원 설명회를 가면 초등 영재원의 전형 과정으로 영재고, 과학고 전형을 미리 연습해 본다고 생각하며 영재원을 지원하라고 권한다. 영재원을 경험하는 목적은 다양하다. 단순한 지식을 쌓는다고 하면 어쩌면 매주 가는 학원이 더 나을 수도 있다. 그런데 아이들이 다양한 시각에서 세상을 바라보게 하는 기회가 많이 제공된다. 한 달에 두세 번 가는 대학교 캠퍼스를 느끼며 소풍 간다고 생각하고 영재원에 오기도 한다. 원하는 영재원에 되지 않았을 때, 간절했던 마음에 실망할 때도 있었다. 그런데 주말 시간을 다른 곳에 쓸 수 있고, 효율적인 것으로 채우면 된다. 가끔은 영재원 다니는 시간에 학원을 다녔으면 선행이 더 많이 나갔을 텐데 하는 마음이 들 때도 있다. 영재원에 떨어진 상황에서 어떻게든 영재원에 다시 도전하고 꼭 가고 싶은 마음이 들면, 아쉬운 부분들을 보완하며 또 도전해 보면 된다. 자소서, 답안 작성, 면접 등의 실력은 남아 있다. 한 번도 시도하지 않았던 사람보다 훨씬 용기 있고 단단한 경험을 했기 때문에 출발선부터 다르다. 그냥 일단 해 보는 거다.

4.

미술영재원 합격은 미술학원 선택의 중요성

　엄마들이 선호하는 대표적인 미술학원은 세 종류가 있다. 첫 번째는 여러 가지 재료를 아이가 직접 선택하는 곳이다. 학원에 가면 공방 수준이다. 아이의 주도성과 창의력을 목표로 한다. 주어진 그림을 따라 그리거나 스케치 기법을 가르치는 곳은 아니다. 원비는 20만 원 대로 비싼 편이다. 두 번째는 오늘 배울 주제와 관련된 화가 영상을 먼저 본다. 고흐라면 상징적인 해바라기나 별을 점묘법으로 그려 보는 방식이다. 모든 아이가 같은 주제로 같은 기법으로 그림을 그린다. 화가에 대해 알 수 있고 기법도 배울 수 있어서 선호하는 엄마들이 있다. 마지막으로 미술영재원 전형에 입학 결과가 좋은 곳이라는 타이틀을 가지고 있는 곳이다. 그곳에 다니는 엄마가 모두 영재원을 목표로 하지는 않지만, 영재원을 보내고 싶은 엄마는 비밀스럽게 다니기도 하고 주위 친한 사람들에게만 공유하는 고급 정보라고 생각하기도 한다. 영재원 입학 결과가 좋으면 엄마들 사이에서 '영재원 보내는 미술학원'이 된다.

　7세(만 5세) 전까지는 집에서 미술 놀이 활동을 하다가. 초등 입학을 앞둔 겨울에 아이와 함께 미술학원을 보내 보려고 여러 군데 다녀 보았다. 집과 가장 가까운 곳에 '윤아트'라는 입시 미술 간판이 보였다. 들어가 보니 내가 초등학교 다닐 때 서예학원과 느낌이 비슷했다. 널찍한 책상이 마주 보게 놓여져 있었다. 입구 쪽에는 난로가 있었는데 따뜻한 온기와 기름 냄새가 편안했다. 익숙한 공간에 들어온 것 같다. 천장 가까이에 빨랫줄처럼 길게 늘어져 있었는데 학생들의 작품이었다. 입시를 준비하는 고등학생 그림이다. 학생들의 작품이라고 믿어지지 않을 정도로 솜씨가 좋다. 미래에 유명해질 화가의 작품을 작은 미술관에서 관람하는 기분마저 들었다. 첫째 아이가 무엇이 마음에 들었는지 나를 보며 끄덕끄덕했다.
　"7세부터 다닐 수 있나요?"
　"네."
　"한 달 얼마인가요?"
　"8만 원요."
　"한 달 8만 원요?"
　첫째 아이와 윤아트의 인연은 이렇게 시작되었다. 가격도 너무 만족스러워 감사한 마음으로 다녔다. 부부 원장님은 같은 대학교를 나와서 윤아트를 운영하고 있는데, 남자 원장님은 디자인학과를, 여자 원장님은 순수 미술을 하셔서 같은 공간에서 다른 전문분야로 아이를 가르쳐 주신다. 융합 교육인 시대에 두 분이 우리 아이에게 주는 다방면 자극이 기대되었다. 무엇보다 좋은 점은 유아 초등 저학년에는 상상력, 창의력을 최대한 살려 주는 점이다. 형식에 얽매이지 않고 주제 안에서 그리고 싶은 대로 그리게 했다. 축구가 주제이면 장소가 우주, 바다 위, 운동장에서 공룡들과 하는 등 상상하는 대로 그리게 했다. 기술적인 표현법이 필요하더라도 아이가 먼저 해 볼 수 있도록 기다려 주신다. 졸라맨처럼 사람을 그렸다면 다른 종이를 꺼내어 사람을 비율에 맞게 그리는 것을 가르쳐 주신 후 따라 그려 보게 해 주셨다. 아이가 물감으로 색칠하고 나면 명암을 넣는 것을 알려 주고 연습할 수 있게 해 주셨다.

원장님이 말씀하셨다. "미술은요. 맞고 틀리고가 없어요. 처음부터 그림이나 사물을 보고 똑같이 그리는 것보다 충분히 생각하는 시간을 주어야 해요. 획일적으로 그리는 것을 배워 온 학생들은 그림을 그리면서도 "이렇게 그리는 게 맞나요?" 계속 확인을 받고 싶어 해요. 그림은 정해진 정답이 없는데요. 안타깝죠."

나는 학습에는 과목마다 시기마다 목표가 달라야 한다고 생각한다. 예체능이 진로가 되기 전까지는, 아이가 편안한 마음으로, 느끼는 것을 자유롭게 표현하기를 바란다. 말로 표현하는 게 편안한 아이가 있고, 그림이나 글로 표현하기를 좋아하는 아이도 있다. 첫째는 그림으로 표현을 잘

한다는 것을 미술학원에 다니면서 알게 되었다. 원장님께서 미술영재원을 추천해 주지는 않으셨지만, 평소 해 주시는 칭찬에 용기를 내었다. 서울교대 미술영재원에 서류전형에 제출하였다. 코로나로 인해 미술영재원 수업은 줌으로 진행되었다. 나도 첫째 아이 옆에 앉아서 서울교대 미술영재원 교수님들 수업을 들어 보았다. 교수님마다 다른 전문 분야를 수업하시지만, 공통점이 있었다. 주제와 재료만 다를 뿐, 나만의 생각을 다양하고 자유롭게 표현해 보도록 하셨다. 표현 방법에는 틀이 없었다. 오히려 나는 틀이 없으니 더 어렵게 느껴졌다. 생각의 물꼬를 트기가 쉽지 않았다. 학생들은 주저하지 않고 궁금한 점을 물어보기도 하고, 거침없이 시작하기도 했다. 물론 우리 아이처럼 망설이고 고민에 빠진 아이들도 있었다. 교수님의 수업을 청강하면서 생각을 표현하려고 고민하고 시도해 보는 활동이 중요하다는 것을 알게 되었다.

5년 전 미술 심리치료 대학원생과 함께 집단치료 워크숍을 함께 들을 기회가 있었다. 1박 2일 동안 진행하면서 가장 기억에 남는 활동은 원하는 물감 색을 붓으로 듬뿍 묻혀 하드보드지 가운데 진하게 묻혔다. 그리고 붓에 물을 적신 후 중심에서 바깥 방향으로 둥글게 퍼트렸다. 가운데는 진했지만, 바깥으로 갈수록 점점 연해지는 것을 보며 마음에 응어리가 풀려서 시원해지는 느낌을 받았다. 같이 있었던 4명의 대학원생도 비슷한 피드백을 했다. 워크숍을 주체했던 교수님은 심리와 오감은 연결되어 있다고 하셨다. 미술은 오감 중 미각을 제외한 시각, 촉각, 청각, 후각을 다 느낄 수 있다. 엄마의 따뜻한 품의 냄새와 느낌을 떠올리는 것만으로도 마음이 편안해진다. 공간이 주는 편안함과 미술 활동을 하면서 틀리고 맞고를 평가하는 것이 아닌, 무엇을 표현하고 싶은지 돕는 교육자를 만났다는 것이 감사했다. 첫째 아이는 미술을 하고 있으면 마음이 편안해진다고 한다. 미술 활동을 통해서 아이들도 스트레스가 풀리고 때론 힐링하는 심리치료가 되고 있다면 일거양득이다.

미술은 초등 저학년의 대부분 교과 활동에 스며들어 있다. 1~2학년은 미술이 전부라고 해도 될 정도로 많은 부분을 차지한다. 두뇌발달에도 빠질 수 없다. 창의란 우리들의 생활에 '새로운 방법'을 찾아내는 '사고 활동'이다. 두뇌활동의 결과이다. 우리의 몸은 운동해야 근력이 생긴다. 창의력도 훈련하고 연습을 통해 습득된다고 한다. 새로운 주제를 가지고 백지에 자유롭게 상상하고 즐겁게 그림을 그릴 힘을 키우는 미술이라 좋다. **서점에 가면 유아를 위한 블루래빗, 애플비북스, 삼성출판사 등 여러 출판사의 오리기, 그리기, 종이접기 책들이 있다. 5세(만 3세)부터 2~3년 내피 눈높이 아티맘을 활용했다.** 화가에 관한 책과 관련 미술 꾸러미가 함께 들어 있다. 엄마가 따로 준비해야 할 게 하나 없다. 예를 들어 고흐 책을 읽고 점묘법을 할 수 있는 도구를 사용해 그림 반쪽을 완성해 보기도 하고 나만의 그림으로 표현해 보기도 한다. 호문쿨루스라고 검색해 보면 손이 크기가 세일 크고 나머지 부위가 작은 그림이 나온다. 감각을 담당하는 신체 기관 중에 어떤 부위를 사용했을 때 대뇌에 피질에 반응이 많은지를 표현해 주는 그림이다. 손은 제2의 뇌라고 누가 말했던가. 손을 많이 사용하면 결과적으로 대뇌피질에 활성화되는 부분이 많았다. 미술 활동은 손을 많이 쓰게 한다. 나에게 미술학원은 그림 그리기 그 이상의 가치이다.

5.
대학 부설 영재원 4곳의
합격률을 높인 BEST 4 경험

    토요일 오전 아침 7시에 일어나서 영재원을 간다. 노는 시간이 줄어든 것도 사실이다. 놀 시간이 없다고 하면서도 다음 학년에도 기회가 된다면 영재원에 또 지원하고 싶어 한다. 영재원은 영재만 다닌다고 생각하는 엄마들도 있다. 영재교육 진흥법 제2조에서 영재의 정의는 '재능이 뛰어난 사람으로서 타고난 잠재력을 계발하기 위하여 특별한 교육을 해야 하는 자'라고 되어 있다. 그리고 그 범위는 수학, 과학뿐만 아니라 미술, 영어, 체육 등 다양한 부분들이 있다. 영재라서 영재 교육을 받는 것이 아니라 교육을 통해서 잠재력을 계발하기 위한 환경을 제공하는 의미가 더 크다. 영재라서 지원하는 것이 아니다. 아이가 좋아하는 과목이 있고 심화 확장하고 싶다면 지원해 볼 만한 충분한 이유가 된다.

    "과학영재원에 보내고 싶은데 어떻게 준비해야 하나요?"라는 질문을 많이 하신다. 사실 "꼭 이렇게 하세요."라고 말할 수 있는 정답은 없다. 붙은 아이들을 보면 평소에 책만 많이 읽었던 아이도 있고, 선행이 많이 된 아이들도 있다. 학원에서 준비한 아이들도 있다. 그리고 전혀 예상하지 못하는 아이가 붙기도 한다. 아이를 키워 보면서 단정 지을 건 하나 없다. 운 좋게 되든 실력으로 되든 아이가 원하거나 적어도 거부하지 않는다면 엄마가 한 번쯤 기회를 제공해 주는 것도 좋다. 물론 절대 원하지 않는 아이도 있다. 지원하면 시험지에 답을 안 쓸 거라고 강력하게 거부하는 아이도 있다. 굳이 억지로 할 필요도 없다. 단지 우리 아이는 안 될 것 같다는 막연한 의심은 내려놓아야 한다. 그럼 어떤 활동이 합격률을 높였을까?

1. 유아 때부터 초등 저학년까지의 과학실험 경험이 이해와 면접에도 도움이 된다.

유아 초등 저학년 영재교육으로 많이 보내는 대표적인 KAGE 학술원, 숭실대학교 세종 영재교육연구소, CBS 영재교육학술원에서는 유아 초등 수업에 과학 수업이 꼭 들어가 있다. **과학은 생활과 밀접하게 연결되어 있어서 친숙한 주제로 접할 수 있고 아이들의 호기심을 유발하기에도 좋다. 실험 준비물에 해당하는 도구 중에 낯선 이름 많고 과학용어가 아이들에게 생소한 것이 많다. 과학실험 키트와 교재가 잘 나와 있는 요즘에는 홈스쿨로 활용하기도 좋다. 과학실험을 통해 순서를 떠올려 말해 보기도 하면서 기억력을 향상할 수 있다.**

『과학 교육학』에서 과학실험의 장점으로는 과학 놀이 후 아이가 세상을 과학과 연결해서 생각하게 된다고 적혀 있다. 예를 들어 자석에 관한 내용으로 실험을 하게 되면, 아이는 자석을 들고 온 집안을 들고 다니면서 철 색깔과 비슷한 곳을 집중적으로 붙여 본다. 숟가락, 포크, 손잡이, 밀대 등 철 성분이라서 철커덕하며 붙는 때도 있지만, 철과 색깔은 같지만, 철이 아닌 것도 있다.

미래탐구 원장님께서 초등 엄마 대상으로 중등 과정에 대한 설명회 때 이런 말씀을 하셨다.

"중학교 과정에 들어오면 암기해야 하는 것들이 많아요. 문제를 풀기 위해서는 실험과정을 설명하는 3~4줄의 문제를 먼저 읽고 이해해야 해요. 둥근 플라스크, 삼발이, 아세톤 등이 적혀 있을 때 실험을 초등학교 때 해 본 아이들은 이미지로 상황을 빨리 떠올리고 쉽게 이해해요. 그렇지 않을 경우는 제시된 그림을 보면서 매칭시키는 작업까지 해야 해서 시간도 걸리고 이해하는 데도 시간이 걸려요. 실험으로 과학을 배운 아이들은 쉽게 이해하는 부분도 있고, 과학에 대한 즐거움이 있어서 중학교 때 암기할 것들이 많아도 버텨 내는 힘이 더 있어요."

2. 아이들의 질문과 호기심을 오래 유지해 주려고 한다.

아이와 평소 자주 오가는 거리 주변의 나뭇잎 색도 계절마다 달라지고, 비가 오고 눈이 오는 자연현상, 개미나 콩벌레가 분주하게 움직이는 모습을 관찰하기도 한다. "개미는 왜 줄을 서서 다닐까?", "나뭇잎은 왜 추워지면 색이 변할까?" 엄마가 던지는 질문 하나로 "그러게. 엄마, 왜 그런 거야? 궁금해."로 아이의 생각이 전환되는 경험을 한다.

책을 찾아봐도 좋고 인터넷 검색을 해 보는 것도 좋다. 아이들이 질문이 많은 시기가 있다. 엄마가 아이의 질문을 소중하게 생각하고 관심을 가지면 아이는 사물에 대한 호기심과 흥미를 지속할 수 있다. 학교나 책에서 알게 된 내용을 알려 주려고 한다. "엄마 혹시 그거 알아? 오늘 수업시간에 선생님이 말씀해 주셨는데……." 아이가 엄마에게 지식과 원리를 알려 주는 즐거움이 커지면 학습의 과정에서는 인풋-아웃풋이 동시에 되는 셈이다. 소통하며 지식을 공유하면서 서로의 관계를 더욱 깊게 한다.

3. 학교 대회에 적극적으로 참가한다.

초등학교에서 제일 무서운 말이 있다. 저학년 반일수록 이런 말을 많이 한다. "나는 이거 해 봤어! 나는 이거 할 수 있어! 나 이것 잘해."라는 말이다. 그냥 들어 보고 한번 해 본 것도 아이에게는 든든한 갑옷이 될 수 있다. 만만하게 느껴지니 달려들어서 하려고 한다. 초등 4학년이 되면 참가할 수 있는 학교대회가 많다. 4월에는 교내 발명 대회가 있다. 5월에는 창의력 대회가 있다. 7월에는 과학전람회대회와 자연관찰 대회가 있다. 교내 발명 대회는 학생 누구나 참여할 수 있지만, 창의력 대회 등은 학교장 추천서가 있어야 참여할 수 있다. 학교별로 시기별로 정해진 학생 수를 뽑는 방식은 다르다. 첫째 아이가 4학년일 때는 학교장 추천이 필요한 대회에 신청하기를 원하는 학생들을 한 반에 모아서 학교 자체 과학 시험을 쳤다. 처음 나간 창의력 대회에서 본선에 진출하게 되었고 전국 대회에 나가서 금상을 받았다. 한번 상을 받게 되니 5학년 때는 학교에서 관련 상을 받은 학생을 위주로 선발을 해 주었다. 그래서 6학년까지 나가게 되었고 두 번의 은상을 추가로 받았다. 처음이 없었다면 다음 경험의 기회를 얻기가 어려웠을 것이다.

둘째 아이의 경우 과학전람회를 했었는데 결과는 좋지 않다. 잘 안 되었던 탐구 결과도 잘된 탐구 결과도 영재원 자료에 쓰거나 앞으로 발전하고 보완할 수 있다. 영재원 면접에서 하고 싶은 연구를 이야기할 때도 재료가 되었다. 애써서 영재원을 위해서만 탐구를 준비하지 않아도 이전의 경험으로 하나씩 꺼내 써먹을 수 있는 것이 생겼다.

4. 대학교 캠프를 활용할 수 있는 방법이 있다.

고려대학교 진로캠프를 4박 5일 갔다. 가장 기억에 남는 것을 물어보니 '모의 면접'이었다고 한다. 첫째가 영재원, 전국대회를 통해 면접을 많이 해 보니 이제는 좀 덜 떨린다고 했다. 처음에 면접할 때는 너무 떨려서 무슨 말을 했는지 기억도 나지 않는다고 했다. 초등 6학년 때 서울교대 과학영재원에 특별한 준비 없이 들어갈 수 있었던 것도 이전의 경험이 헛되지는 않았던 것 같다. 아이 둘을 키우면서 영재원에 떨어진 적도 있다. 영재원 지필고사(창의적 문제 해결력 시험)는 운도 작용한다. 영재원 시험 문제가 대부분 10문제를 넘지 않는다. 아이가 자신 있는 부분이 나올 수도 있고 잘 모르는 부분에서 출제될 수도 있다. 영재원 시험에서 떨어졌다고 실력이 없는 것도 아니고, 붙었다고 능력이 엄청난 것도 아니다.

<제5장>

엄마의 멘탈관리 lab

-흔들리는 잔에는 물을 채울 수 없다,
흔들림 없는 육아 신념 만들기

1.

100만 원짜리 강의를
단돈 2만 원에 해결하는 방법

워런 버핏의 유명한 일화 중에서 워런 버핏과 함께 점심 한 끼를 같이 먹으려면 20억을 내야 한다는 말이 있다. 브라이언 트레이시의 강의료가 7억이다. 그런데 200페이지가 넘는 책의 가격은 2만 원이 넘지 않는다.

어렸을 때 우리 집은 책이 별로 없었다. 있는 책도 확장된 베란다 구석에 있었다. 우리 엄마는 책을 좋아하는 아이들을 참 신통하게 생각했던 거 같다. 지금 생각해 보면 책을 좋아할 환경이 전혀 아녔다. 초등학교 3학년 때 독후감 쓰는 게 방학 숙제였는데 100페이지 정도 되는 『파브르의 곤충일기』를 읽는데 힘들었던 기억이 있다. 교과서나 문제집에 나오는 지문 말고는 따로 읽은 책이 거의 없었던 거 같다. 학구열이 강한 부모님이 아니라 시기별 무엇에 신경을 써야 하는지 학원의 필요성 등을 못 느꼈다. 배움에 갈증이 있었을까. 대학생 이후에 저자 특강이나 TV에도 나오는 분들이 직접 하는 강연을 듣는 것을 무척이나 좋아했다. 김미경, 김창옥, 김제동, 박웅현 등 명사의 토크쇼나 강연을 위해 모아 둔 용돈으로 기꺼이 서울행 표를 예매했다. 물론 직장을 다닐 때는 서울 강연도 연차를 내면서 쫓아다녔다. 강연을 들으면서 그분이 더 좋아졌고 그분들이 쓴 책을 사게 되었다. 그런데 놀라운 사실을 알았다. 책 내용에 강연에서 했던 내용이 그대로 담겨 있었다. 더 놀라운 사실은 강연에서 했던 내용보다 더 많은 내용이 담겨 있었다. 책을 대하는 나의 태도가 한 번에 변화되는 순간이었다. 2만 원 안 되는 돈을 주고 산 책 한 권에 명사의 강연이 들어가 있다니.

   5년 전 3P 자기경영연구소에서 바인더를 쓰는 방법과 책을 읽는 방법을 듣게 되었다. 본 것, 깨달은 것, 적용할 것 3가지로 독서를 접목해서 읽는 '본깨적'에 대한 강의를 신청해서 들었다. 원칙에 딱 맞게 읽고 있지는 않다. 리더 과정까지 들으면서 달라진 점은 밑줄만 긋는 것이 아니라 읽으면서 떠오르는 생각이나 깨달음을 여백에 적는 것이다. 생각이 정리되고 새로운 아이디어가 떠오른다. 어떤 책에서는 한 줄을 읽고 한바닥을 내 이야기로 빈 곳을 가득 채우기도 했다. 또 책을 보면서 내가 실생활에 적용하고 싶은 것들은 '적'이라고 쓰고 구체적인 방법을 빈칸에 적어 놓기도 한다. 일상에서 적용해 보면 성과가 나는 것도 있고 아닌 것도 있다. 바인더에도 실천해야 할 목록을 적고 잘 지켜졌는지 확인해 보기도 한다. 가장 큰 수확은 독서 모임이나 강의를 준비할 때 많은 도움이 되었다. 2

년을 목동 엄마 독서 모임 리더로 활동했다. 약속된 책을 읽고 깨달은 것, 그리고 내가 적용하고 싶은 부분을 서로 나누는 시간을 했다. 1년 동안은 여러 분야의 대표님들과 함께 매일 아침 6시에 줌으로 독서 모임을 했었다. 각자가 원하는 부분을 책 내용을 경험으로 녹여진 대화를 하는데, 새벽마다 비싼 강연을 듣는 기분이었다. 읽을 때마다 새롭게 느껴지는 책도 있다.

내가 제일 많이 봤던 책은 팀 페리스의 『지금 하지 않으면 언제 하겠는가』이다. 내가 느끼는 다양한 감정을 한 줄로 정리를 너무나 잘해 주는 책이다. 육아에 접목해서 실행하는 것에 에너지를 많이 주었다. 특히 '지금 눈앞에 있는 것에 집중해라.'라는 말이 있다. 나는 3년 후, 5년 후 성공적인 나의 모습만 꿈꾸었다. 3년 후의 모습이 바뀐다고 하니 오늘 반드시 해야 할 급한 일만 대충 하고, 귀찮고 힘든 일은 내일로 미룬 적도 많다. 기다렸던 3년 후가 되면, 지금이나 그때나 여전히 바쁘기만 하고 내가 원했던 성공으로 이끄는 생산적인 활동을 하는 것 같지는 않다. 책에서는 성공을 목표로 삼지 말라고 한다. 대신 앞으로 8일, 곧 다가올 8시간 안에 내가 할 수 있는 것에 집중하라고 했다. 나는 볼링을 좋아한다. 볼링을 할 때 멀리 있는 핀을 보고 공을 굴리면 공은 굴릴 때마다 방향이 달라진다. 그런데 공을 놓을 바닥에 표시된 2번과 3번 섬 사이만 맞추겠다고 생각하고 공을 굴리면 스트라이크 될 확률이 훨씬 높다. 충격점에 집중하라는 말이다. 그래서 아이들 단계 테스트나 승급 시험을 준비할 때도 적용해 보았다. 목표치가 있으면 거꾸로 계산해서 일주일 안에 어디까지 해야 하고 오늘 무엇을 하면 되는지가 간단해진다. 멀리 보면 불안하고 걱정이 많은데 하루하루 해야 할 것에만 집중해서 나아갈 때가 결과적으로도 좋은 적이 많았다.

두 번째로 내 삶에 많은 영향을 주었던 책은 게리켈러와 제이파파산 작가가 쓴 『원씽』이다. '복잡한 세상을 이기는 단순함의 힘'이 부제이다. 도미노 게임을 생각해 보면, 처음 하나의 조각을 넘어뜨리면 순차적으로 뒤에 있는 조각들이 쓰러진다. 가장 중요한 한 가지 일을 선택하고 여기에 집중해서 해내면 부가적인 것들이 자연스레 해결될 수 있다는 것이다. 마이크로소프트의 창업자 빌 게이츠와 그의 아내 멜린다 게이츠는 정해진 자본은 가장 영향력 있게 만들어 낼 수 있는 분야를 고민했고 결국 전염병을 근절시키는 것에 집중했다. 백신 개발을 단 하나의 목표로 정했다.

아이에게 적용해 보았다. 사고력 수학학원에 다니는 아이의 교과는 내가 봐줘야 한다. 그런데 탑반에 들어가면 사고력 수학과 교과 모두 해결된다. 그럼 내가 집중해야 할 것은 아이가 탑반에 갈 수 있게 돕는 것이다. 그러면 내가 고민하고 원하는 점이 한 번에 다 해결될 수 있다. 첫째가 영재원에 가고 싶어 했다. 그러나 수학, 과학, 코딩 한 과목을 선택하기는 어렵다. 한 과목을 망설임 없이 선택할 정도로 좋아하는 것도 싫어

하는 것도 없다. 고려대 영재원은 수학, 과학, 정보 융합 과정으로 학생들을 뽑았다. 고려대 영재원에 가기 위해 집중했다.

워런 버핏도 하고 싶은 일 20가지를 적은 다음 그중에서 5가지만 집중하고 나머지는 과감하게 버리라고 한다. 무엇을 하는 것도 중요하지만 무엇을 하지 않을지 선택하는 것도 중요하다. 목표 달성을 위해 집중하는 동안에 포기해야 하는 것도 생긴다. 친구들과 예정에 없는 번개로 만나서 노는 것도 포기해야 한다.

세 번째로 소개하고 싶은 책은 빌 비숍 작가의 『핑크 펭귄』이다. 네 번 정도 반복해도 이해가 되지 않는 부분들도 있다. 하지만 확실히 나에게 가르침을 준 부분이 크다. 인생을 특별히 살아가고 싶은 나에게 소신을 주는 책이다. 핑크 펭귄이라는 책 제목의 의미가 제일 궁금했다. 보통 펭귄이 우리라고 생각해 보면 조금 다르고 뛰어나다고 해서 눈에 띄지 않는다는 것이다. 차원이 다른 핑크색 펭귄이 되어야 눈에 띈다는 의미이다. 방 온도를 서서히 온도를 높이게 되면 잘 알아채기 어렵다. 그러나 10도 정도 확 올리면 바로 알아챈다.

1학년 때 남자 아이들을 모아서 반 축구를 했다. 같은 반 친구 모두 같은 축구 학원에 다녔다. 일 년에 두 번 정도 경기가 크게 열린다. 다른 축구학원과 경기를 치렀다. 1학년 남자아이가 하면 얼마나 하겠냐 하지만 막상 경기에 참여하면, 응원하는 부모님도 경기를 참가하는 아이도 진심으로 경기에 임한다. 응원하느라 목이 터져 나가라 소리를 지르고, 축구 코치님보다 더 적극적인 아버지 코치가 계신다. 우리 반은 같은 학교 다른 반과 경기를 했다. 상대편 현이가 공을 단독으로 드리블을 하며 우리 골문 앞에까지 왔다. 시작부터 우리 골문에 올 때까지 아무도 현이의 공을 빼앗을 수가 없었다. 골문 앞에서 아이가 한 번도 볼 수 없었던 자세로 공을 넣었다. 왼발로 선 채로 오른발을 뒤로 해서 공을 차서 정확하게 골인했다. 우리가 골을 먹었는데 지켜보고 있던 부모님이 일시 정지였다. 상대편 아이이지만 너무 대단하고 멋졌다. 정적이 3초 흘렀을까. "저 아이 누구야? 큰 인물 되겠는데. 차원이 다르다." 1학년 때 봤던 현이는 5학년부터 현이는 축구선수로 생활하고 있다.

명사의 강의를 현장에서 들으면 제일 좋다. 억양과 말투에서 전해지는 메시지가 선명하게 와닿는다. 같은 책을 몇 번을 반복해서 읽을 수 있다는 것도 감사하다. 한 권의 책을 쓰기 위해 얼마나 많은 시간과 에너지를 투자했을지 생각하면 더 귀하게 느껴질 때가 있다. 다행히 첫째도 둘째도 책을 좋아한다. 첫째는 역사 속에 나오는 위인들의 성격이 어떠했는지 사람에 대한 관심이 많다. 사건 사고에 왜 그런 행동을 했는지에 대해 아는 것이 너무 재미있다고 했다. "엄마, 히틀러와 2차 세계대전이랑 왜 관련 있는지 알아?", "정약용이 왜 귀양을 갔는지 알아?" 나도 잘 모르는 이야기들을 재미있게 알려 주니 고맙다. 아이가 책을 읽고 나에게 읽어 보라고 권하면 꼭 읽어 보려고 한다. 엉엉 울면서 읽었던 이현 작가의 『푸른 사자 와니니』, 고정욱 작가의 『아주 특별한 우리 형』은 초등 4학년, 6학년 아이들과 내용을 알고 읽어도 펑펑 울어서 잊을 수 없는 추억의 책이 되었다.

나는 음악에 관심이 깊은 편은 아니다. 나에게 노래는 추억이다. 내가 좋아하는 노래가 커피숍에서 나오면 과거 추억도 같이 떠오른다. 어디에서 이 노래를 들었고 때론 상황도 떠오를 때가 있다. 아빠가 좋아했던 노래가 나오면 아빠와의 추억을 떠올리며 노래를 듣는다. 힘들었을 때 들었던 노래면 과거의 나에게 위로와 격려도 해 준다. 책도 나에게는 추억이다. 서점 안을 왔다 갔다 하면서 낯익은 책 표지가 눈에 들어올 때가 있다. 과거에 그 책을 읽을 때 겪었던 어떤 상황이나 마음이 떠오른다. 힘이 되어 줄 때도 있고, 따뜻하게 마음을 위로해 주기도 했다. 때론 가만히 늘어져 있는 나에게 벼랑 끝으로 몰아서 실행하게 하는 책도 있었다. 아이들이 어렸을 때는 서점을 정해 놓고 주기적으로 갔었다. 바닥에 앉아서 읽어 주기도 하고 반나절을 있기도 했었다. 아직도 매대에 보이는 추억이 가득한 책을 보면 추억이 떠오른다. 아이와 같이 읽으며 울었던 책, 웃으며 보고 또 보았던 책이 있다. 아이와 나와 추억이 머무르는 책이다. 책을 통해 나를 돌아보기도 했다. 책을 통해서 닮고 싶은 분들의 삶을 볼 수 있었고 배울 수도 있었다. 그렇다 보니, 나의 이야기로 다른 누군가의 삶을 돕고 싶다는 생각을 하게 되었다.

2.
엄마의 기분으로 아이의 '장단점' 판정금지

아이를 키우면서 얼마나 울어 보았는가?

"우리 아이는 너무 산만해요."

"우리 아이는 너무 예민해요."

"우리 아이는 고집이 너무 세요."

학부모 강의와 상담 일을 하니 다양한 엄마를 만나게 된다. 아이 키우기 쉽다는 엄마는 아직 보지 못했다. 다들 자신의 성향과 너무 다르다고 말하고 아이가 둘 이상 있는 집도 아이마다 성향이 달라서 매번 새로운 육아를 하는 기분이라고 한다. 엄마와 아이가 성향이 맞으면 키우기가 조금 수월하다. 어떤 생각을 하고 있는지 지금이 상황에서 무엇을 원하는지 눈빛만 보면 답이 나온다. 그런데 문제는 나와 너무나 다른 성향의 아이를 키울 때다. 아이와 대치하는 상황이 오는 순간, 에너지가 급속도로 소진된다. 지치고 힘들다. 우리 집에 아들 둘 다 나와 성향이 다르다. 나와 안 맞아도 너무 안 맞다. 이해하려고 해도 도무지 이해가 안 될 때가 많다. 내가 어렸을 때 이렇게도 말을 안 들었나 싶은 생각이 들 때도 한두 번이 아니다. 상담하는 엄마 중에 이런 말도 하셨다.

'제가 전생에 무슨 죄를 이렇게 지어서 이렇게 힘든 아이를 주셨나?' 싶었다고 했다. 아이가 어릴 때는 엄마의 몸이 힘들고, 아이가 커 가면서는 엄마의 정신이 힘들다는 말에 대부분 공감한다.

우리의 손바닥, 손등을 유심히 관찰해 보자. 같은 손이라도 어떨 때는 손등을 보고 손이라고 하고, 어떨 때는 손바닥을 보면서 손이라고 한다. 하지만 둘 다 손이다. 아이는 똑같은 아이인데 나의 기분과 상황에 따라 아이의 똑같은 행동을 장점으로 여길 때가 있고, 단점으로 생각해서 힘들 때가 있다.

"우리 아이는 예민해요. 먹는 것도 예민해서 반찬 채소의 크기까지 신경을 써야 하고요. 처음 가는 학교, 학원에서 적응 기간 혹은 시험 기간에는 가족 전체가 아이의 짜증을 받아들이고 긴장할 때가 많아요. 내가 화나서 한 말들도 다 상처로 남는지, 다 기억하고 있다가 의견이 충돌할 때 한 번씩 과거 이야기를 꺼내요."

"우리 아이는 세심해요. 나의 기분을 귀신같이 알아차려요. 내가 너무 힘든 날에도 내색하지 않고 웃고 있는데 어떻게 알고 나에게 와서 '엄마, 무슨 일 있어? 안 좋은 일 있었어?' 하고 딱 알아봐 주어서 참았던 눈물이 쏟아져 나온 적도 있어요. 나를 위로해 주고 나를 염려해 주는 게 진심으로 느껴져요."

둘은 같은 아이다. 같은 예민함을 가진 아이인데 가끔은 장점으로, 나를 피곤하게 하면 단점으로 느껴지기도 한다.

나의 성격은 변화에 민감하지 않고, 안 좋은 감정은 잘 털어 내는 성격이다. 그래서 세심한 감정을 알아주고 다독여 주며 반응하는 게 쉽지 않다. 첫째 아이의 감정선을 잘 알아주고 읽어 주는 역할을 해야 한다. 말 한마디도 조심스러운 적이 많다. 반응을 살펴야 해서 눈치도 보여서 쉽게 피로해진다. 그러던 어느 날, 학교에서 돌아온 첫째가 실실 웃음을 쪼개며 나에게 다가왔다. 부스럭거리며 호주머니에서 무언가 꺼냈다. 급식시간에 배식이 된 것을 들고 왔다며, 붉은 마카롱을 건넸다. 호주머니 안에서 꺼냈는데도 마카롱에 금이 하나 없다. 부서질까 봐 아이가 호주머니에서 손으로 공간을 확보하여 마카롱을 보호하며 왔다고 했다.

"엄마가 생각나서 마카롱을 도저히 못 먹겠더라고, 엄마! 우리 반반 나눠 먹자."

세상에서 가장 귀한 디저트를 먹었다. 잠시 후, 둘째 아이가 들어왔다. 현관문을 활짝 열고 다소 격양된 목소리로 말한다.

"엄마가 좋아하는 마카롱 오늘 급식에서 나왔어! 진짜 맛있었어."

이미 다 먹고 왔다.

식탁 위에 놓인 첫째의 마카롱 반쪽을 보며 말을 덧붙였다.

"선생님이 집에 가지고 가지 말라고 했어."

신이 엄마는 외동딸을 키우고 있다. "우리 아이는요. 시키면 시키는 대로 너무 잘 따라와요. 오늘 해야 할 목표를 적어 주면 끝까지 모든 것을 다 하고 자요. 만약 못 하고 자게 되면 아침에 스스로 일어나서 할 일을 하고 있어요. 내가 없어도 아이는 할 일을 잘해 놓고요. 집안일 때문에 학원에 숙제를 못 하고 가는 날이면 많이 불안해하고 싫어해요."

이랬던 신이 엄마가 화가 난 목소리로 말한다. "우리 아이는요. 딱 시키는 대로만 해요. 찾아서 하는 꼴을 못 봐요. 더 찾아서 하려고 하는 것도 없고, 딱히 좋아하는 것도 없어요. 자기가 좋아해야 실력이 늘 텐데요. 확 달려들어야 하는데 열정이 전혀 없어요." 이렇게 말한다.

어떤 성향의 아이든 좋고 싫고는 없다. 결국, 아이의 성향을 이해하고 우리 아이만의 아이다움으로 키우는 것이 필요하다. 아이의 성향에 맞게 학습하는 것이 목표에 빨리 도달할 수 있다. 예를 들어 앉히기도 힘든 아이라면 스톱워치나 타임 타이머가 도움이 되었다. 분량과 시간을 정해서 과제를 해결하게 하고, 쉬는 시간도 정해진 시간을 스톱워치로 설정해 두니 '끝날 시간이 됐니 안됐니! 아직도 안 하고 뭐 하니!' 등을 말한다고 감정 소모되는 부분들이 줄어들었다. 모든 아이에게 스톱워치가 좋은 건 아니다. 긴장도가 높고 스스로 완벽주의가 강한 아이

는 오히려 빨리 끝내야 한다는 부담이 있어서 집중을 떨어뜨릴 수 있다. 공부를 시작해서 집중할 때까지 예열 과정이 긴 아이도 있다. 특히 만만하고 쉬운 단계는 그나마 집중하는데, 어려워진다고 생각이 들면 쉽게 집중력이 흐트러지는 아이가 있다. 그럴 때 아이 옆에서 조각상처럼 앉아서 시간을 함께 보내는 것이 도움이 되기도 했다. '이 정도는 도전해야지! 알아서 해야지!'라고 말하는 건 아이에게 아무런 도움이 되지 않았다. 영재고에 보낸 엄마가 아이를 영재고에 보내면서 엄마로서 무엇을 제일 잘했는지 돌아봤을 때, 아이 옆자리를 지켜 주고 채점을 해 주는 시간을 지킨 것이라고 했다.

잘하는 아이도 성향이 다르다. 선생님께 인정받고 싶어서 잘하는 아이가 있고, 친구들 앞에서 지적받는 일이 싫어서 열심히 하는 아이가 있다. 어떤 방법이 우리 아이에게 맞는지 궁금하다면 하나하나 적용해 보는 것이 제일 빠른 길이다. 초등 저학년 때까지 여러 시행착오를 거치면서 잘 되는 방법을 알아채면 훌륭하다. "엄마가 단어 시험지를 만들어 주는 게 도움 됐어. 엄마 황소 단원평가 준비할 때 오답을 2번을 돌리는 게 자신감 있게 시험을 칠 수 있는 것 같아." 맞는 방법을 찾는 것도 중요하지만, 맞지 않는 방법을 지워 가는 것도 소득이다. 시간 낭비가 아니다.

아이가 나와 성향이 다르다고 고장 난 자동차처럼 여기고 뜯어고치려고 하는 마음을 조금씩 내려놓게 되었다. 탄소 덩어리가 다이아몬드가 된다.

탄소로 볼 것인가, 다이아몬드로 볼 것인가는 결국, 엄마가 선택하는 것이다. 아이는 그 자체로 사랑스러운 아이이다. 아이가 변한 게 아니라 내 마음의 감정이 달라졌다. 내가 어떠한 면을 볼 것인지는 내가 선택한다. 아이나 남편이 성향이 너무 달라서 힘들다고 하는 엄마들을 상담할 때 내가 했던 방법을 알려 줄 때가 있다. **A4용지를 눈에 띄는 곳에 붙였다. 아이의 장점을 발견하거나, 생각이 날 때마다 이어서 적었다. 화가 날 때 종이를 들여다본다. 내가 오늘 화가 많이 난 부분이, 어제는 좋다고 생각했던 부분인 적도 있다. 화가 난 부분이 나의 감정 상태에서 온 것인지, 정말 아이가 변화해야 할 부분인지.**

3.
내일이 없다는 걸 아는 사람은
오늘을 다르게 산다

하루하루는 천천히 가는 것 같은데 한해는 빨리 간다. 1월 1일 하루도 24시간이고 6월 1일도 똑같은 하루인데 새롭게 시작하는 1월 1일의 의미는 무게가 다르다. 첫째가 다섯 살, 둘째가 세 살 때 부산에서 서울로 이사 왔다. 어떤 대표님께서 해 주신 메시지가 있다. '웃어도 하루 울어도 하루' 엄마 선생님이 되겠다고 결심한 나는 주문을 외우듯 하루를 시작했다. '웃는 하루를 선택할 것인지, 우는 하루를 선택할 것인가'는 내가 결정한다. 매일 확언하더라도 아이에게 하루에 몇 번씩 화를 내고 소리를 지르기도 한다. 마음이 흐트러져 있다고 생각이 들면 억지로 확언을 떠올리려고 한다. 다시 태도를 고쳐 본다. 억지로라도 웃어 보려고 애쓴다.

에너지 레벨을 높게 유지하려고 노력한다. 아침에 일어나서 오늘 하루 어떻게 살아갈지 눈을 감고 장면을 떠올려 보고, 어떤 마음으로 살아갈지

혼자 중얼거려 본다. 매일 하는 건 아니지만 일 년 동안은 매일 6시 줌으로 하는 미라클 모닝 모임 덕분에 훈련이 되었다.

"나는 웃는 하루를 선택하겠다.", "오늘도 일이 술술 풀린다.", "내가 주도하는 하루를 살아가겠다."라는 확언은 하루의 내비게이션이 되어 주었다. 모르는 길이라도 내비게이션에 목적지를 입력하면 가끔 안내해 주는 길에서 벗어나게 되면 "새로운 경로를 탐색 중입니다."라고 말하며 다른 길을 알려 준다. 시간이 오래 걸리더라도 결국 내가 처음 가고자 한 목적지에 도달하게 된다. 확언으로 시작한 하루는 에너지가 떨어지고 언성이 높아지고 화가 나도, 다시 마음을 잡는 데 도움을 준다.

'웃어도 하루 울어도 하루'.

대학병원 진단검사의학과에서 근무할 때. 10년 동안 아침 7시마다 병동 채혈을 했다. 특히 혈액암 508동, 간 병동 510동에서는 격리실이나 1인실의 환자분이 자주 바뀌었다. 삶과 죽음의 의미를 자주 느끼는 병동이었다. 만나면 인사하고 하루에도 몇 번씩 채혈하면서 만나는 환자분이 어느 날 아침에 가면 지난밤 운명하셔서 없을 때도 있고, 실 줄기 같은 혈관에서 겨우 채혈하고 돌아서서 혈액 채취 통에 담기도 전에 소천하는 안타까운 소식을 접하기도 했다. 그런 날에는 '마지막 순간까지도 채혈을 꼭 해야 했나?' 싶은 마음에 방금 고인이 되신 분께 죄송한 마음이 들었다. 10년을 병원에서 일하다 보니 친해지는 환자분이 몇 분 생겼다. 환자분 중에는 장기 치료 목적이라 병원을 당분간 집처럼 생각하신 분도 있다. 친해진 환자분을 위해 내가 할 수 있는 것은 혈액검사 결과가 빨리 나오게 검사실에 부탁한다든지, 반갑게 먼저 인사를 건네거나, 붐비지 않는 시간을 틈타 기다리지 않게 채혈해 드리는 등 작은 관심과 배려였다. 어떤 환자분들은 때마다 선물을 챙겨 주시는 분도 계셨고, 집으로 초대하는 분도 계셨다. 병원 인사과까지 찾아가서 나를 칭찬해 주신 덕분에 친절직원상을 두 번이나 받았다. 한 달 한 번 전체 직원 조회 시간에 '빛과소금상'으로 소금 세트를 받았다. 가끔 정든 환자분께서 갑자기 몸 상태가 안 좋아져서 돌아가시게 되면 가족분 중에서 나를 찾아와 슬픈 소식을 전하기도 했다. 준비되지 않은 이별은 항상 나를 힘들게 했다. 몇 달, 몇 년은 마음이 저린다. 그분이 계셨던 병실에 돌아 나오면서 울기도 하고 너무 상심이 클 때는 다른 선생님과 병동을 바꾸어서 병동 채혈을 할 때도 있었다. 이렇게 우리는 내일 어떤 일이 일어날지 모르는 하루를 살고 있다.

신생아 때 하루는 시간의 구별이 없다. 2시간마다 수유하는 게 나의 주요 업무였다. '젖 공장' 느낌이다. 젖 공장 시기가 되면 아침, 점심, 저녁으로 흘러가는 것이 아닌, 2시간 간격으로, 열두 번을 수유해야 하루가 간다. 아이가 영아일 때는 자는 건지 마는 건지 아이 옆에서 온종일 있어도 피곤하다. 아이를 낳아서 엄마가 되었다. 엄마의 역할이 옥시토신 호르몬에 의해 모유가 나오는 것 말곤 엄마만이 할 수 있는 역할은 크게 없다고 느껴졌다. 마음이 힘들어지니 내가 무엇을 하고 있나 싶은 마음이다. 초등

맘의 하루는 나의 일도 조금씩 할 수 있는 시간은 생겼지만, 아이가 하는 학습에 관한 결과도 챙겨야 한다. 내년에는 무엇을 할지 방향도 고민해야 해서 정신적으로 힘든 부분이 있다. 내가 아이를 온전히 돌보는 기간이 길어도 태어나서 7세까지였다. 초1부터는 수학, 영어는 학원을 주로 다니게 되었다. 한번은 밤 8시에 마친 아이를 태우고 집에 오는데 학원 일정 때문에 힘들었는지 "엄마, 우리 7세까지는 진짜 많이 놀았는데."라고 말했다. 순간 웃음이 씩 나왔다. 7세까지 엄마표 학습으로 매일 밤 10시 30분까지 빡빡하게 지금보다 더 많이 공부했던 것 같다. 아이의 기억 속에는 엄마랑 놀았다고 생각한다는 게 놀라웠다. 5세 때는 유치원도 다니지 않고, 첫째 6세에 유치원에 가면 2시면 집에 왔다. 체육, 과학, 한글, 수학, 코딩, 영어, 미술, 음악, 한자, 보드게임 등 잠시 다닌 드럼 빼고는 모두 집에서 했다. 아이들 기억에는 엄마와 함께 놀이 했다는 것으로 기억하고 좋은 추억으로 남길 수 있는 절대적인 시기도 따로 있다고 생각했다.

아이와 함께하는 시간도 다시는 되돌릴 수 없다. 초등 1학년만 되어도 아이의 귀여운 엉덩이를 조몰주몰할 수도 없고, 아이의 손가락과 발가락 냄새를 킁킁 맡을 수도 없고, 아침이면 엄마를 찾아 울면서 온 집을 찾아다니는 아이는 이제 없다. 대신 "1분만 더 자고 싶어!"라고 소리치는 아이들이 있다. 달랑 들어서 업어 줄 수도 없고, 무릎 위에 앉아서 책을 읽어 주던 아이도 없다. 새끼 코알라처럼 매달려 나를 온몸으로 안아 주는 우리 아이는 없다. 이젠 아이의 머리끝이 나의 콧구멍까지 오는 키를 가진 덩치 큰 아들이 있다. 그러나 아직 엄마의 품을 마음의 안식처라고 생각하는 것 같다. 이렇게 아이는 예전과 다르게 변화하고 성장했다.

아이 철학 동화에서 보았던 이야기이다. 삶과 죽음에 관한 내용이었다. 동전 앞면과 뒷면에 비유했다. **어리석은 사람은 삶과 죽음이 붙어 있는지를 모르고 시간을 흥청망청 사용한다. 지혜로운 사람은 삶과 죽음을 인지하고 있어서 하루를 의미 있고 특별하게 생각하며 살아간다는 내용이다.**

가족 구성원들이 아침에 각자 또 다른 역할을 하러 나간다. 건강한 모습으로 저녁에 돌아와 함께 음식을 먹고 얼굴을 본다는 게 얼마나 소중한지 모른다. 1년 후 계획을 세우고, 10년 계획을 세우는 것도 중요하지만 **오늘을 잘 살아가는 것이 제일 중요하다. 하루하루가 쌓여서 1년이 되고, 결국 인생이 된다.** 열일곱 살 우리 아이들이 고등학교를 기숙사 있는 학교로 간다고 상상해 보았다. 3년밖에 남지 않았다. '한 번 떨어져 살게 되면 또다시 합쳐서 살아갈 날이 올까?' 이런 생각을 하면 일어나서 잠들 때까지 있는 지금이 소중하다. 만약 3년 후에 기숙사에서 생활하는 아이가 되었다면 지금 어떻게 해 주고 싶을까 생각해 보면 '좋은 말을 좀 더 해 줄걸, 좀 더 같이 시간을 보낼걸, 더 많이 웃어 줄걸, 더 많이 격려해 줄걸, 좀 더 많이 안아 줄걸' 하는 마음이 든다. 지금도 늦지 않았다. **어떤 책에서 특별한 하루가 되게 하고 싶다면 감사함을 떠올려 보라고 했다. 감사한 일을 찾고,**

감사함을 느끼니 기억될 만한 특별한 하루가 된 것 같았다. 특별한 하루, 특별한 한 해, 그리고 특별한 인생이 될 수 있을 것 같다.

4.
멀어지는 인연 잡지 말고, 다가오는 인연 밀어내지 말자

『당신과 나 사이』 책은 부제로 '너무 멀어서 외롭지 않고 너무 가까워서 상처 입지 않는 거리를 찾는 법'이라고 쓰여 있다. 코로나로 인해 사회적 거리 두기가 전국적으로 시행되었다. 코로나가 3년 이상 지속되다 보니 생활 거리 두기가 익숙해졌다. 나의 건강뿐 아니라 상대의 건강도 생각하는 '생활 속 건강 거리 두기'. 다행히 거리 두기 시행으로 인해 확진자가 전보다 반 이상 줄었다는 보도가 있었다. 단체 모임이 줄고 인원수까지 제한이 있는 시간을 버텨 내면서 사람들의 관계에서도 자연스레 거리 두기가 되었다. 모임의 횟수가 줄어들었고, 만나는 횟수도 적어지니 자연스레 마음까지도 거리 두기가 되었다.

'일이 힘든 것보다 동료와의 관계가 힘들면 일을 그만두고 싶어져.', '공부가 힘든 것보다 친구 관계가 힘들어서 학교 가기가 싫다.' 일도 공부도 온전히 마음을 다해도 잘 될까 말까인데 사람과의 관계까지 힘들면 너무 힘들다. 아이가 공부를 먼저 잘하기를 바라면서, 친구들과 어울리지 못한다는 생각이 들 때면. '사회성을 발달시켜야 한다.', '결국, 인생의 성공은 사람 관계이다.'라고 말하는 경우가 있다. 또, 엄마에게 대들고 말을 함부로 했다 하면 '공부보다 인성을 좋게 해야 한다. 사람이 먼저 되어야 한다.'라고 말하기도 한다. 친구들과 잘 어울리고 공부를 소홀히 하는 엄마들은 "공부 잘하는 애들이 인성도 좋더라. 인성만 좋으면 뭐 해. 공부 잘하면 애들이 다 와."라고 하기도 한다. 하지만 엄마들의 마음은 하나이다. 우리 아이가 공부도 잘하고 사회성도 좋았으면 한다. 공부를 잘하는 방법은 아이들 성향마다 다르다고 말하면서 사회성을 발달시키기 위해서는 대부분 같은 방법으로 접근한다. 아이들 등을 떠밀면서 "친구한테 가서 같이 놀자고 말해 봐."

첫째 아이는 사람 관찰을 잘한다. 유치원까지만 해도 낯선 환경에서 적응을 잘 못한다고 생각했다. 가만히 앉아서 계속 사람들을 주시한다. 키즈카페는 친구들과 함께 들어가서 정해진 시간 동안 놀아야 한다. 그런데 아이가 좀 익숙해져서 '이제 좀 놀아 볼까?' 하면 나와야 할 시간이 된 적이 한두 번이 아니다. 사람에게 관심이 많아서 유심히 관찰하고 한번 파악되면 오래 기억한다. 무엇을 좋아하는지, 어니에 관심이 있는지, 어떤 것을 싫어하는지를 기억한다. 그래서 좋은 점은, 친구 생일파티에 초대받아서 가기 위해 선물을 고르는 데는 서슴없다. "준이는 카카오프렌즈 라이언을 좋아해.", "성이는 토트넘 사인이 들어간 공을 좋아할 것 같아." 사회성에서도 아이들만의 속도와 방법이 있다. 시간이 걸리지만, 친구가 원하는 것을 분명히 알고 있으니 친구들 사이에서 문제는 크게 일어나지 않는다. 낯선 환경, 낯선 사람에 대한 정보가 충분해져야 마음이 안정되는 아이가 있다. 엄마가 나처럼 활동형이면 애가 탄다. 억지로 밀고 당기고 하는 것이 마음이 더 불안할 뿐 도움은 되지 않는다. 관찰할 기회와 시간을 최대한으로 줄 수 있게 해 주는 것이 아이의 사회성을 도와주는 것이다.

아이를 낳으니 엄마가 되고, 아이가 학교에 가니 학부모가 되었다.
아이로 인해 맺어진 학부모들의 관계는 좀 다르다. 아이의 친구 엄마로 만나니 조심스럽다. 나의 행동이 아이에게 영향을 줄까 염려된다. 특히 같은 학원이나 같은 반이라 인사하는 엄마들에게는 가족이나 아이의 흉을 보는 것은 될 수 있는 대로 피해야 한다. 자신이나 가족을 대상으로 흉을 보는 것을 겸손이라고 생각할 수 있는데 우리 아이를 다 모르는 상황일 때는 겸손이 아니라 약점이 될 수 있다. "우리 아이는 한시도 가만히 있지 않아요. 유치원까지도 장난을 너무 쳐서 눈을 뗄 수가 없었어요."라고 말했던 엄마가 있었다. 둘째와 같은 반이 되었는데, 한번은 하교 후 그 친구가 선생님께 혼났다고 했다. '아, 그 엄마 말이 맞았구나! 자기 아이가 엄청난 장난꾸러기라더니.' 그러면서도 우리 아이도 장난을 치다가 혼날 수도 있고, 다른 일로 꾸중을 들었을 수도 있다. 평범한 아이의 모습일 수도 있다. 교실 상황을 들어 보지도 않았는데 그 친구의 이미지가 엄마의 말 한마디에 안 좋은 이미지로 굳혀진 것이다.

알곡과 쭉정이를 구별하기 위해서는 체에 올려 두고 힘껏 쳐야 한다. 체로 칠 때마다 쭉정이는 견디지 못하고 바람과 함께 사라진다. 알곡은 체의 힘을 견디며 그 자리에 머무른다. 초등학교, 중학교, 고등학교, 대학교, 취업 준비, 결혼, 육아, 학부모 과정을 거쳐 오면서 많은 쭉정이가 날아갔다. '죽마고우'라고 하며 똑같은 반지와 목걸이까지 하며 영원한 우정을 맹세했던 친구들이 언제부터 연락이 되지 않았는지도 기억나지 않는다. 특히 나의 상황이 변화할 때마다 인간관계가 쭉쭉 빠져나가는 썰물처럼 바닥을 드러났다. 힘든 일을 겪을 때, 주변을 돌아볼 여유도 없이 나의 삶에 꼬인 실타래를 푸는 데만 급급했던 기간이 있었다. '인연에도 유효기간이 있을까?' 지금 내가 만나는 사람들이 언제까지 나와 좋은 인연이 될지 모른다. 평소 친하게 지낸 오빠가 있었는데 그 당시에 다른 대학병원에 인턴으로 근무했다. 내가 서울로 이사를 오면서 작별 인사를 했다.

"내가 죽기 전에 너를 한 번이라도 더 볼 수 있을까? 다시는 너를 만날 수 없을 수도 있다는 생각이 들어서 슬퍼진다."

그때는 속으로 '와. 이렇게나 부정적인 사람이었다고? 다시는 안 볼 것처럼 말하네. 서운하다.' 생각했다.

8년이 지난 지금 오빠의 말이 다시 생각이 난다. 돌아서서 생각을 해 보니, 한때 둘도 없는 친구를 9년 동안 만나지 못했다. 가족보다 더 오랜 시간을 같이 보냈던 병원 선생님 중에서는 2명만 연락을 하고 있다.

'내 생에 앞으로 몇 번을 더 볼 수 있을까?'

종이에 수직선을 긋고 나의 나이를 적어 보았다. 각 나이에 점을 찍었다. 점을 찍은 곳마다 나에게 긍정적이든 부정적이든 영향을 주는 사람들이 생각났다. 긍정적으로 찍힌 점은 지금까지도 선으로 연결이 되기도 하고, 부정적이었던 대부분의 점은 얼마 가지 않아 끊어지기도 한다. 끊어진 선이라고 나에게 소중하지 않은 것은 아니다. 그 당시 나의 삶에 큰 영감을 주었고, 평생을 함께 관계를 유지하며 살고 싶다고 생각할 정도의 사람들도 있다. 사람 관계에 있어서 헤어짐을 두려워하니 집착이 생기고, 영원할 거로 생각하니 서운함을 더 느끼는 것 같다. 나를 위해 마음을 다부지게 잡았다. '멀어지는 인연에 마음 상하지 말고, 새로 오는 사람을 밀쳐 내지 말자. 만나야 할 인연이면 만나는 거고, 헤어져야 하는 인연이면 자연스레 흘러간다.' 매 순간 상대를 진정성 있게 대하면 그것으로 되었다. 내가 해 준 만큼 상대도 마음을 열기를 바라지 않기로 했다. 내가 주고 싶은 만큼 표현하고 하고 싶은 만큼 듬뿍 준다. 상대가 나에게 주는 관심과 사랑 또한, 부담 갖기보다 온전히 감사하게 생각하기로 했다.

5.

다시 너의 자신감을 되돌려 놓겠어

"엄마는 좋겠다. 요리사처럼 요리도 잘하고, 수학도 잘하고." 초등학생을 키우게 되니 매일 같이 뜬금없는 칭찬에 당황스럽기도 하고 예상하지 못한 아이의 반응에 피식 웃음이 날 때가 많다. 초등학교 수준의 수학만 알아도 엄마는 수학을 잘한다는 칭찬도 듣고, 부끄러울 정도의 아주 간단한 음식에 '요리사'라는 말을 듣다니. 양심이 찔리지만 그래도 기분은 좋다. 아주 간단한 요리만 할 수 있는 나에게 잘한다고 해 주니, 유튜브를 검색해서 도전할 만한 요리법 찾아보게 되고 용기 내어 따라 해 본다. 그럴 때마다 아이들은 평가해 준다. 대부분 아이는 엄지 척이 아낌없이 나온다. 요리에 소질이 없는 나는 아이들에게 말한다.

"요리에 제일 자신이 없었는데, 너희들의 칭찬 덕분에 부엌에서 매일 요리할 수 있는 용기를 얻어."

아이가 뒤집기만 해도 손뼉 치던 때가 있었다. 똥만 잘 싸도 칭찬을 하고, 이유식을 뱉지 않고 금붕어처럼 빠끔빠끔 입을 벌리고 받아먹을 때면 그렇게 이쁠 수가 없다. 걸음마를 하자고 하지도 않았는데 소파를 잡고 뱅글뱅글 돌고, 나를 잡고 서고, 의자가 눈에 띄면 작은 손으로 의자를 잡고 끙끙거리며 겨우 한 발 한 발 떼며 걸음마 연습을 했다. 기특했다. 그 아이가 지금 초등학생이다. 여전히 너무 잘 걷고 있다. 멀리뛰기도 하고 계단도 두 칸씩 올라간다. 전속력으로 달리다가 잘도 멈춘다. 이름을 부르면 돌아보고, 배가 고프면 먹고 싶다고 의사도 잘 표현한다. 아이가 스스로 책을 읽을 수 있고, 내가 들어도 논리에 맞게 따질 때도 있다. 한 가지만 잘해도 칭찬받던 아기 때와는 달리, 지금은 여러 개를 잘하고 있음에도 이건 기본값이라고 생각해 버린다. 오히려 더 잘하라고 아직 부족하냐며 밀어붙일 때가 많다. 한없이 나에게 최고를 외쳐 주는 아이에게 어느샌가 아이들은 늘 부족한 사람이 되어 가고 있었다.

경마장에 가면 말은 눈가리개를 쓰고 있다. 전방에 집중하여 잘 뛸 수 있도록 하기 위한 도구이다. 우리 아이들은 우리만을 본다. 옆집 엄마, 아빠와 비교하지 않는다. 나만 본다. 내가 태어나서 들은 칭찬은 대부분 아이들이 해 준 것 같다. 미안하게도 나는 다른 집 아이도 눈에 들어온다. 옆집 아이가 수학을 어디까지 했는지, 학원은 어디에 다니는지, 어느 반에 들어갔는지 궁금하다. 우리 아이들에게 칭찬은 인색하면서 다른 아이에게는 칭찬이 자연스럽고, 후하다. 밤새 눈시울 붉혀가며 한 땀 얻어 낸 경험을 남의 집 아이들 힘들지 않기를 바라는 마음에 쉽게 조언을 준다.

"이 문제는 모르면 안 되는데 왜 틀렸어?"

"계산 실수."

"계산 실수가 너의 실력이 되는 거야. 그리고 책상이 왜 그 모양이야. 책상이 너 머릿속이래, 책상이 이렇게 더러운데, 머릿속에 정리가 제대로 되겠어? 그리고 머리는 왜 그렇게 만지면서 하는 거야. 손톱을 깨물어서 손이 빨갛게 되었잖아. 손톱 밑에 부분에 세균이 많다고 했지."

"엄마, 열심히 해 볼게."

대부분의 아이는 부모에게 인정받고 싶어 한다. 아이가 잘하는 것을 찾으려고 하면 많은데, 부족한 것만 지적하며 하루가 마무리될 때가 많다. 한 번씩 내가 아이에게 대하는 것을 돌아보면 어느 것 하나 잘하는 게 없는 사람으로 만들고 있다는 생각이 들 때가 있다. 아이를 위해서 하는 말들인데, 그 말을 듣는 아이의 어깨는 자신감을 잃어서 축 처진다. 방법을 바꿔야 했다. 나에게도 눈가리개가 필요하다. 우리 아이만 오롯이 볼 수 있게.

초등학교 2학년 소마 프리미어 반에 있는 영이 아들을 우연히 만났다.

"우와! 약분과 통분 이런 것도 벌써 할 수 있어? 이거 5학년 거잖아. 최소공배수, 최대공약수 진짜 어려운 건데 이걸 다 이해하다니! 대단하다.

초등학교 내용 중에 5학년께 제일 어려운 부분인데. 너 진짜 대단해. 아줌마가 칭찬해 주고 싶어."

내 말이 끝나고 일 초도 안 되어 바로 대답한다.

"저 못하는 거예요."

영이 아들은 수학도 물론 언어 습득도 빨라서 늘 완벽한 멋진 아이라고 생각했는데 충격이었다. 스스로 못한다고 말하는 영이 아들을 보면서 나를 돌아보게 되었다.

유아 초등 아이들은 '내가 최고야.', '나는 무엇이든지 할 수 있어.' 자신감이 가득 차 있게 하는 것이 제일 중요하다고 생각했던 나였다. 언제부터 내가 잘못된 육아를 하고 있었던 거지.

만약 아이들이 "엄마는 요리 실력이 부족해. 맛이 없어. 다시 해 봐. 다른 엄마는 아이들에게 갈비, 보쌈 해 준다는데 엄마는 왜 못 해?" 말했다면 요리할 때마다 부담감이 크고, 하고 싶지도 않았을 것 같다. 차라리 반찬가게에만 기웃거렸을 것이다. 그런데 오히려 잘한다고 말해 주니 조금 더 해 보고 싶은 용기가 생겼다. 요리를 칭찬해 주는 아이들의 마음이 선의의 거짓말이라고 해도 못 한다는 말보다 훨씬 낫다. 아들이 나에게 수학을 못한다고 했다면, 나는 전문가에게 아이를 그냥 맡겨 버렸을지 모른다. 글을 쓰게 하는 힘도 아이들이 나를 '정 작가님'이라고 불러 주고 곧 책이 나올 것이라고 믿어 주는 마음이다.

피그말리온은 그리스 시대에 키프로스 섬에 살던 조각가 이름이다. 피그말리온은 여인을 조각상으로 만들게 되었다. 조각상은 너무나 완벽하고 아름다워서 사랑에 빠지게 되었다. 조각상이 살아 있는 것처럼 만져 주고 아껴 주고 말을 걸어 주고 했다. 피그말리온은 조각상이 실제 여인처럼 대하고 사랑했다. 그것을 본 아프로디테도 감동하여 조각상에 숨을 불어넣어 주어 살아 있는 여인이 되게 했다. 사랑으로 바라보고 살아 있는 것처럼 믿어 주는 힘이 결국 조각상을 사람으로 변화시킨 것이다.

피그말리온 효과란 교육심리학에서는 심리적 행동의 하나로 교사의 기대에 따라 학습자의 성적이 향상되는 것을 말한다. 선생님에게 반 아이들의 명단을 준다. 그 명단은 사실 20% 무작위로 뽑은 아이들의 이름이다. 그런데 선생님에게는 지능도 높은 아이들이고 학습 효과가 뛰어날 거라고 했다. 8개월 후 놀랍게도 명단에 적힌 아이들이 다른 아이들보다 성취도가 높은 결과를 보였다. 명단에 적힌 아이들은 훌륭하고 완벽하게 바라봐주는 눈빛과 태도 때문이다. '너는 잘할 수밖에 없어', '지금까지도 잘해 왔고 앞으로도 잘할 거야. 난 너의 능력을 믿어', '괜찮아, 실수할 수도 있지.', '역시 너구나.' 결국 아이를 움직이게 하는 것은 우리가 완벽하게 바라봐 주고 믿어 주는 마음의 힘이다.

미국 소설가 진 웹스터의 『키다리 아저씨』에서 제루샤 애벗을 후원해 주는 키다리 아저씨가 나온다. 보육원에서 생활하고 있는 주인공 제루샤 애

벗에게 작가의 꿈을 이룰 수 있게 뒤에서 묵묵히 후원하는 이야기이다. 우리 아이를 앞에서 끌어당겨 내가 생각하는 이상적인 꿈에 가라고 말만 하는 엄마가 아니라, 아들이 원하는 것이 있다면 뒤에서 묵묵히 밀어 주는 엄마가 되고 싶다. 제일 앞자리에서 응원해 주는 팬이 되고 싶다. 설령 내 마음에 들지 않고 미숙하게 보여도 나는 키다리 아저씨처럼 지켜봐 주고 지원해 주는 우리 아이의 영원한 키다리 아저씨가 되고 싶다. 아이들은 나와 누군가를 비교하지 않는다. 나를 완벽하게 봐 주는 아들에게 나도 완벽한 엄마가 되고 싶다. 결국, 자신감 있는 아들을 키우기 위해 두 가지를 마음에 새겼다. 아이를 완벽하게 바라봐 주는 것과 아이의 꿈을 묵묵히 지지하고 응원해 주기.

6.

나에게 보내는 3년 편지

'내가 지금 하는 고민을 3년 후에도 똑같이 할까?' 3년이 흐른 지금, 3년 전으로 다시 돌아가서 고민했던 것들을 생각해 본다. 여덟 살 첫째 아이가 초등학교 적응은 잘할까? 친구들과 잘 어울리지 못하면 어쩌지? 우리 아이도 탑반에 들어갈 수 있을까? 못 들어가면 시간 낭비인가? 지금 다니는 학원에서 구멍이 있는 채로 한 단계 올라가는 게 의미가 있을까? 한 단계 반을 내려서라도 꼼꼼하게 다져서 해야 할까?' 시간이 지나감에 따라 새롭게 해결해야 하는 문제가 등장한다.

첫째 아이의 초등 1학년 때를 생각하면 지금도 마음이 아프다. 갑자기 학교에 가기 싫다고 했다. 등교하고 나서 오전 내내 마음이 아이에게 가 있었다. 학교기 미칠 때쯤 교문에서 아이를 기나리는데. 유심히 보게 된 아이의 얼굴이 어두웠다. 아이의 마음은 달콤한 음식에서 잘 열린다. 아이스크림 하나 손에 쥐여 주고 물었다.

"엄마, 내가 급식실에 줄을 서서 가고 있는데. 뒤에서 오던 친구가 나를 밀어서 앞으로 넘어졌어. 사과도 하지 않아서 화가 났어. 너무 싫었어. 그런데 또 친구가 미는 거야. 너무 화가 나서 나도 그 친구를 밀었어. 그런데 선생님이 내가 친구를 민 것만 보고 나만 혼냈어."

"그래서 선생님께 뭐라고 대답했어?"

"죄송하다고 했어. 친구에게도 사과하고."

"그럼 선생님께 엄마한테 말한 것처럼 친구가 먼저 밀었다고 말해 보지 그랬어?"

"말 못 했어."

말을 못했다고 한다. '그럴 수도 있지, 뭐.' 하며 훌훌 털 수 있는 아이가 아니다. 시간이 지난다고 잊어버리는 것도 아니고, 억울한 상황에서 해결되지 못한 기억은 차곡차곡 싸여서 두꺼운 방어막을 만든다. 아이의 감정을 끄집어내서 표현하는 아이로 만드는 게 내가 해결할 수 있게 도와주어야 할 중요한 육아 임무이다.

그런 아이가 4학년 때 반장이 되었다. 학교에서 생일 친구에게 생일 축하 편지를 써 준다. 친구들이 써 준 편지를 들고 와서 같이 읽어 가는데 너무 행복해서 펑펑 울었다. 아이를 학교에 보내고 행복해서 울기는 처음이다.

"네가 우리 반 반장이라서 너무 행복해", "너는 너무 성실한 반장이야.", "스승의날 행사도 너무 잘했어."

학년이 바뀌어 또 반장이 되었다. 5학년 담임 선생님은 다른 학교에 계셨다가 올해 처음 아이 학교로 발령받아 오셨다. 1학기 학부모 상담하러 간 날, 이런 말씀을 해 주셨다. "어머님. 반장 선거 날에 민이(첫째 아들)가 나오니 다른 친구들의 분위기가 '당연히 나올 아이가 나왔구나.' 하며 인정하는 분위기였어요."

지나온 시간을 돌아보면 아이를 키우면서 처음부터 끝까지 해결하기 어려운 문제도 없다. 일이 생겨서 한 번씩 마음이 내려앉는 일은 있다. 하지만 어떤 일이든 내 삶이 송두리째 뽑힐 일은 없다. 내가 해야 하는 일이 버겁고 힘들고 막막할 때는 문제가 심각해서 힘든 것보다 어쩌면, 처음 경험한 일이라서 미숙하고 당황스러워서 더 무겁게 느껴질 수 있다. 그러나 시기가 지나면 더 단단해져 있는 나를 발견하게 된다.

첫째 아이가 중학교 문제를 펴 놓고 앓은 소리가 끝이 없다. 일차방정식의 활용 덫에서 헤어 나오지를 못한다. 어렵다고 반은 울면서 한다. 겨우 두 장 풀고 나서 채점을 해 달라고 가져온다. 채점도 하기 전인데 긴장된다. 동그라미가 거의 없다. 어렵다고 징징거리며 품면서도 좋은 점수를 기대했는지. 내 앞에 꼼짝 않고 지켜보는 아이의 눈에 벌써 눈물이 고였다. "왜 틀렸는데, 왜 틀렸는데, 왜 자꾸 틀리는데, 왜 이렇게 많이 틀리는데." 스스로 퍼붓는 말이 쏟아져 나오니 내가 중간에 끼어들 틈도 없다. 쏟아 낼 때까지 기다렸다. 잠시 후 조용해진다. 옆에서 훌쩍거리고 있다.

사실 나도 속상하다. 내가 하고 싶은 말들도 많다. '이렇게 학원에 다녔는데 아직 개념도 제대로 안 되어 있다는 말인가? 숙제도 안 해 가더니 결과가 당연한 거 아닌가? 모르면 더 공부하면 되지 울기는 왜 울어.' 마구 쏟아져 나오는 말을 눌렀다. 아이가 더 속상해하니깐 화를 낼 수도 없다.

"그래도 너는 성공하겠다. 문제 틀린 거에 이렇게 아쉬워하네. 완벽하게 잘해 내고 싶은 너의 모습이 멋져 보인다!" 좋은 쪽으로 이야기를 해 주었다.

"그게 아니라 또 고쳐야 하잖아. 빨리 끝내고 싶단 말이야." 그렇다. 항상 엄마와 아이 생각이 같을 수는 없다. 그저 빨리 끝내고 싶은데 틀린 것을 다시 풀어야 해서 싫었던 모양이다.

상담하다 보면 엄마들의 고민을 많이 듣게 된다. 비슷한 시기, 비슷한 고민이 많다. 대부분 나에게 상담하는 엄마들은 열정 엄마들이 많다. 상담을 안 해도 잘 키울 분들인데 더 잘 키우고 싶어서 상담한다. 이런 말이 있다. '강의할 때면, 강의를 들어야 할 사람은 오지 않고 강의를 안 들어도 되는 사람들이 강의를 듣는다.' 배움을 실천으로 옮기려고 하는 엄마들이다. 또 엄마가 공부하니 아이가 성과가 좋을 수밖에 없다.

어둡고 긴 터널을 운전하고 있다고 생각해 보자. 희미한 내 불빛으로 눈앞에 보이는 길만 조심조심 가고 있다. 몇 미터 남았다는 표시가 없다. 아무리 가도 끝도 없을 것 같다. 육아가 그런 것 같다. 지나고 나야 보인다. '모유 수유에 목매지 마라.', '프뢰벨 할지 몬테소리 할지 너무 고민하지 마라.', '이유식을 해서 먹일지 배달할지 고민하지 마라.' 4시간 동안 아기띠 하고 이유식 만들지 말고, 차라리 그 시간에 아이 얼굴 더 보고 배달시켜 먹는 게 더 나았다고 생각할 수도 있다. 그리고 지금도 끝도 없는 어둠의 터널에 있다고 생각한다면. 이제 알게 되었다. 육아의 터널도 끝이 있다는 것을. 육아도 학교도 직장도 끝이 없다고 생각할 때 힘들다. 갈팡질팡 힘들 때 명리학 선생님을 찾아다닌 적도 있다. 선생님께서 딱 한마디 하신다.

"올해만 참으세요."

'지금까지 힘들었는데 올해를 못 참아?' 어디서 그런 힘이 생기는지 모르게 갑자기 버틸 수 있을 것 같다. 일 년만 버텨 보자 하고 살다 보니 또 살아진다. 살아지니 저절로 해결되는 일도 있다. 10년을 다닌 병원에 사직서를 내고 인수인계를 해야 해서 완전히 퇴사 전까지는 한 달 기간이 있었다. 매일 출근하면서 찍는 지문인식기도 달라 보이고, 병원 로비에서 채혈실까지 걸어가는 대리석의 반짝임과 직원 출입구로 들어가는 곳이 특권처럼 느껴졌다. 알코올 냄새, 일회용 주사위, 소품 하나하나 마지막으로 만져 보는 사람처럼 소중하게 느껴졌다.

아이와 매주 영재원 수업으로 방문하는 대학교 캠퍼스에 잎이 떨어진다. 입학증을 들고 설레게 왔던 3월이 지나가고 이젠 수료증을 받고 떠날 때가 되었다.

'감사합니다. 고맙습니다.'라는 마음으로 캠퍼스를 걸어 본다.

시간은 머물러 있지 않고, 계속 흐른다. 내가 있는 고민도 상황도 흘러간다. 실패 속에서도 배움이 있고, 성공 속에서도 겸손이 있다고 책에서 본 적이 있다. 지금 생각해 보면 힘든 일이 계속되는 것도 아니다. 힘든 일이 언제였더라 하고 생각해 보면, 한 장의 사진이 떠오르면서 그때 느꼈던 감정은 남아 있는데 이유조차도 생각이 나지 않는 것들이 많다. 또 어떤 고민은 더 큰 고민이 갑자기 들이닥치면, 원래 하고 있었던 고민은 생각도 안 될 때가 있다. '3년 뒤에 내가 지금의 나를 만날 수 있다면 지금 하는 고민을 계속하라고 할까? 아니면 나에게 어떤 조언을 해 주고 싶을까?'

'보경아, 빨리 안 해도 되니깐 멈추지는 마. 지금 너의 고민이 너무 힘들게 고민할 정도가 아니더라.'

7.
아이와 함께 뛰는 인생 이인삼각

"주 양육자는 누구인가요?" 학습 상담을 할 때 꼭 하는 질문이다. 엄마가 낳았으면 당연히 엄마지, 그걸 왜 묻냐고 할 수도 있지만, '주 양육자'라는 말은 이름표가 아니다. 역할이고 책임이다. 아이의 발달에 관심을 보이고, 아이가 좋은 습관을 지닐 수 있게 도와야 한다. 아이의 몸과 마음에 안정을 줘야 하고, 학습적인 부분에서도 적지 않은 신경을 쓴다. 몸은 주 양육자이면서, 마음은 다른 데 있었던 적도 있었다. 일부러 그랬던 건 아닌데 상황이 여의치 않았다.

주말에 3년 만에 만나는 엄마들의 모임이 있었다. 오랜만에 있는 모임이라 남편에게 부탁했다. 아이들이 주말 동안 해야 할 체크리스트를 적어주고 집을 나왔다. 내일은 월요일이다. 학교와 학원 수업의 일주일이 시작하는 날이다. 밤 10시가 되어 들어왔다. 아이들 체크리스트를 확인해 보는데 거의 안 되어 있다. 시험 감독관처럼 아이들 시야에서 벗어난 곳에 앉아 있었던 모양이다. 2학년, 4학년 남자아이 둘. 어려운 문제면 집중이 더 안 된다. 옆에서 어떻게 풀고 있는지는 보고 관심도 중간중간 가져 줘야 한다. 그래야 집중력을 끌 수도 있고, 아이가 조금 어려워한다 싶은 문제도 옆에서 관심 있게 보고 있으면 쉽게 포기하지 않는다. 몇 번 더 해 보려고 시도한다. 방에 들어가서 다 하고 나오는 아이도 있겠지만 우리 집은 아니다. 결국, 아이와 나는 새벽 1시가 되어 침대에 누웠다. 다음 주 준비가 반도 안 되었다.

첫째 아이는 습관 기르는 것이 정말 힘들다. 의지는 매우 불탄다. 수업 시간에 집중하는 것도 마음에 있는 수업이라면 끝내준다. 필기도 짱. 이해도 짱. 잘 치고 싶은 학교 시험은 준비도 스스로 챙겨서 한다. 그러나 며칠 여행을 가거나 다른 일로 일상이 무너지게 되면, 일상을 살기 위해 습관 형성을 위한 단계를 시작하는 마음으로 해야 한다. 한 가지 일에 에너지를 몰입해서 쏟는 아이다. 그 일에 쏟고 나면 다른 거 할 에너지가 없다. 한 가지를 완벽하게 할 수 있다는 것이 큰 장점이다. 첫째 아이에게 좋은 엄마는 매일 지켜야 하는 것을 중요하게 생각하고 일관성 있게 시간 관리하는 엄마일 것이다. 그런데 나는 즉흥적인 부분이 많다. 아프거나 힘들면 학원을 쉴 수 있게 조절해 주고, 숙제를 못 하는 상황이 이해될 때도 있다. 갑자기 계획에 없던 여행을 떠나기도 한다. 그러나 나는 해야 할 일이 있으면 몰두해서 에너지를 끌어 모아서 끝낼 에너지를 가지고 있다. 목표한 일이 끝날 때까지 약속을 잡지도 않는다. 첫째 아이는 나누어서 에너지를 써야 하는 아이인데 엄마의 성향 때문에 변동이 큰 날이 많아서 시행착오를 겪고 있다. 아이를 키우면서 나의 성향이 아이에게 좋지 않은 영향을 주기도 한다. 아직 미숙한 아이의 성향을 맞추려고 한다. 아이도 나도 서로 다듬어지면서 맞춰 나가는 중이다.

성공하는 사람들은 습관에 대한 중요성을 많이 언급한다. 의지는 뜨겁게 불타기도 하고 쉽게 꺼져 버리기도 한다. 그러나 습관은 무의식적으로 행하는 것이다. 큰 에너지 없이 그냥 하게 되는 것이 습관이다. 자동차 키를 의식 없이 전자레인지 위에 두는 것, 아이의 옷을 옷걸이에 정리하는 것 등은 무의식적으로 일어난다. 스트레스도 없다. 공부도 일도 마찬가지다. 습관적으로 그 시간에 일정한 분량을 처리하는 것이 제일 중요하다. 그냥 하는 행동인데 결과적으로 좋은 행동들이 많으면 얼마나 좋을까. 스티븐 기즈 작가의 『습관의 재발견』에서는 작게, 사소하게, 가볍게 시작하라는 것을 강조했다. 이 책을 통해서 아이와 체크리스트를 한 달만 해 보자는 마음으로 시작했다. 한 달이 되면 다음은 66일을 채워 보자는 계획을 세우면서 지금까지 왔다. 습관은 형성하는 것은 힘든 과정이지만, 한순간에도 무너질 수도 있다. 그래도 또 무너진 자리에서 재도전하는 것이 중요하다. 이제는 습관을 다시 형성하여 일상을 살아가는 데 필요한 시간이 전보다 훨씬 짧아졌다.

나는 아이와 이인삼각 경기를 하고 있다고 생각한다. 아이와 내가 한쪽 다리를 묶고 달리고 있다. 발을 맞춰서 하나, 둘, 셋 하며 한 걸음씩 가고 있다. 같이 뛸 때도 있고 같이 걸을 때도 있다. 한 사람이 너무 힘들면 같이 쉬어 주기도 하고, 내 몸 쪽으로 힘을 실어서 내가 힘들지만 견뎌 낼 때도 있다. 아이와 함께 산을 넘는다. 한글이라는 산도 넘고, 연산이라는 산도 넘는다. 넘을 때마다 하나씩 해낸다. 더 큰 산이 앞에 보인다. 멈출 수 없다. 결국, 넘어야 하는 산이다. 영차영차 해서 가다 보니 저 멀리서 깃발을 들고 있다. 호루라기 소리를 내면서 누군가 큰 소리로 말한다.

"여기서부터는 아이만 갈 수 있습니다. 발목에 있는 끈을 푸세요." 이제는 아이 혼자서 가야 한다. 중학교가 될지 고등학교 때일지 모르지만 결국 이인삼각 경기는 끝이 난다. 그 이후로 엄마는 먼발치에서 아이를 위해 기도하고 응원해 주는 역할을 한다. 매해 8월이 되면 대학수학능력시험 100일 남았다는 소식을 접하게 된다. '또 수능 100일 날이 왔구나.' 교문을 잡고 기도하는 부모님의 모습이 사진 한 장으로 떠오른다. 아이가 초등 6학년이 되니 친하게 지내는 지인분의 첫째, 둘째가 수험생이다. 기나긴 육아의 통로를 지나 수험생 자녀를 길러 낸 선배 엄마가 존경스럽다. 언젠가 우리 아이와 내가 주인공인 해가 있겠지.

아이와 묶여 있는 끈을 풀어야 할 때를 상상해 본다. 호루라기 소리와 동시에 거침없이 '아들아, 드디어 그날이 왔다! 지금까지 우리가 완벽한

독립을 위해 충분한 역량을 갖추었으니 지금까지 해 온 것처럼 앞으로도 당당하고 자신 있게 해 보렴.' 자신 있게 풀고 있는 나의 모습을 상상하면 오늘을 살아가는 데 에너지가 생긴다. 마지막 끝 지점이 있기에 오늘 해야 할 일을 할 수 있다. 엄마의 중요한 역할은 아이의 멋진 독립을 돕는 일이다. 완벽한 자기 주도 공부이다. '잘 모르는데 아이를 어떻게 책임지지?' 고민이 된다면, 프랑스에서 한 아이를 키울 때 온 마을이 필요하다는 속담이 있다. 중간중간 육아 멘토, 책, 유튜브에 나와 비슷한 환경에서 아이를 키우고, 지금 고민을 함께 덜어 줄 전문가들이 있다. 그리고 기도를 한다. 우리 아이를 맡아 줄 선생님에 대한 기도한다. '우리 아이에게 꼭 맞는 좋은 선생님 만나게 해 주세요. 아이를 그 자체로 바라봐 주는 선생님을 만나게 주세요. 아이가 부족함을 채우고 잘하는 부분은 더 잘할 수 있게 해 주는 선생님을 만나게 해 주세요.'

8.
그래도 내가 버틸 수 있는 이유

하루하루 버티기 힘들다는 생각이 들 때마다 듣고 힘을 냈던 노래는 〈마지막 승부〉다. 힘이 났다는 말은 그만큼 힘든 시간을 버티게 해 준 노래라는 의미다. 마음이 힘든 기간에는 아침, 저녁으로 들었다. 노래의 내용을 내가 느낀 대로 요약해 보면 우리는 알 수 없는 미래를 살아가고 있다. 두려운 건 당연한 거다. 처음부터 잘할 수 없다. 너무 힘든 순간이 오면 잠시 멈출 수는 있지만 꿈을 포기하지 않고 끝까지 가 보자. 지금에 집중하고 마음을 다하다 보면 결국 결승선에서 웃고 있는 내가 기다리고 있을 것이다.

임상병리 국가고시를 100일 앞두고는 매일 들었다. 그리고 온라인 강의를 시작하는 시기에 아이들과 불렀다. 특히 국가고시를 준비할 때, 새벽에 6시에 일어나 도서관에 올라가고, 밤 11시 넘어서 도서관에서 내려오는 생활을 일 년 했다. 마지막 대학교 일 년은 통학 시간이 아까워서 학교 앞에서 방을 구해서 살았다. 고등학교 2학년 때 경찰관 아빠의 경정 진급과 동시에 부산 발령으로 통영여고에서 부산 중앙여고로 전학을 오게 되었다. 발령과 소식과 동시에 급하게 옮긴다고 집을 구하지도 못했다. 학교와 40분 떨어진 고모 집에서 3개월을 여행 온 사람처럼 살았다. 생존을 위한 물건 빼고는 없었다. 3월에 첫 등교에 교복도 교과서도 없이 시작했다. 이과반을 가야 하는데 엄마는 중앙여고로 보내고 싶어서 문과반 두 자리 남은 곳에 투표했다. 고등학교는 학교마다 학사일정이 다르다. 기본 과정 없이 심화 과정을 해야 할 과목도 있었다. 1학년부터 연계된 책은 개정 교육으로 따로 이전 교과서를 사야 했다. 어떤 과목은 2년 치를 해야 겨우 시험을 칠 수 있었다. 내신도 삐걱, 수능 준비도 삐걱거리며 시간을 보냈다. 어느새 수능 시험 좌석 배치로 책상을 옮기고 있었다. 통영에서 부산올 때 받은 선물 중에 교장 선생님과 선생님들의 응원 영상은 수능 치고 그대로 버렸다. 그들을 다시 볼 면목이 없었다.

가고 싶던 대학교에 다 떨어지고 마지막으로 들어갔던 대학교에서 나를 위로하듯 성적으로 장학금과 중등생물 교직 이수를 하게 되었다. 임용과 교육대학교 편입을 고민할 때 우연한 만남의 오빠가 운명 같은 조언으로 단번에 임상병리학과로 편입을 결정하였다. 인제대 임상병리와 연세대 임상병리학과에 동시에 합격했는데 면접이 같은 날짜였다. 부산에 있는 병원의 근무를 원하니깐 굳이 서울까지 갈 이유가 없다고 생각해서 인제대 임상병리를 선택하게 되었다. 편입해서도 장학금을 받으며 다녔다. 결국, 병원에 입사하고 나서야 중학교 선생님과는 다시 연락하게 되었다.

집에서는 임용 준비를 원했지만 나는 편입을 결정한 이후, 마음에 칼을 갈았다. 처음으로 내 삶을 선택했다. 실패하고 싶지 않았다. 매일매일을 〈마지막 승부〉를 들으며 스스로 인생의 의지를 불태우면서 공부했다. 매번 울면서 도서관을 다녔다. 공부하고 있을 때는 느끼지 못하는 불안감이 도서관에 올라가는 길. 마치고 내려오는 길을 걸을 때면 스멀스멀 올라온다. '안 되면 어쩌지. 제대로 하는 걸까?' 새벽에 자리표를 뽑아 줄 남자친구가 있는 대학 동기가 내심 부러웠다. 나는 옷을 입는 데 2분도 걸리지 않았다. 고민할 만큼의 옷이 없다. 바지에 티셔츠, 두 벌을 번갈아 입고 다녔다. 내 친구는 진이는 수업이 없는 날은 짧은 치마에 젖은 머리로 11시 넘어 도서관에 들어선다. 진이 남자친구는 진이가 오기 전 빡빡하게 공부한 자료와 정리된 요약본을 준비해놓고 기다리고 있다. '2인 1조로 움직이는데 누가 이겨.' 친구 덕분에 나에게도 가끔은 콩고물이 떨어졌다. 여자 친구를 위해 정리한 노트가 나에게까지 전달되기도 했다.

"국가고시 합격증 나오면 바로 들고 오세요." 인제대학교 백병원 실습 기간에 병원에 취직하고 싶은 나의 절실함이 태도로 보였을까. 졸업 전 대학병원의 취직은 나에게 자신감 회복 그 이상이었다. 고등학교 기간의 아쉬움을 위로받는 느낌이었다. 입사 이후, 미국 임상병리사(International Medical Technologist) 미국 분자유전학사(International Molecular Biologist)를 취득하게 되었다. 부모님은 "너는 대단한 여자야." 이렇게 말해 주셨다. 짧은 한마디가 지금도 힘의 원동력이 된다. 농담으로 큰오빠라고 부를 정도로 가까운 아빠와는 대학 때부터는 메일도 가끔 주고받았는데 '늘 너무 열심히 사는 모습을 안쓰럽게 생각하는 아빠의 마음', '취업에 있어서 어떤 것도 도와줄 수 없는 안타까움'이 고스란히 담겨 있다. 지금도 한 번씩 읽어 본다.

나를 너무나 사랑했던 아빠는 내 나이 스물여섯 살 겨울, 하늘나라로 먼저 가셨다. 대학병원에서 1년의 인턴 계약직을 마치고 정규직이 되는 해였다. 하늘이 무너져 내리는 걸 느꼈다. 아빠 발인이 나의 생일이었다. 주변 가족 지인분들이 "딸을 그렇게 사랑하더니 딸 생일에 맞추어서 발인하는구나!" 그 이후 늦가을에 나뭇잎이 우수수 떨어질 때, 아빠가 좋아했던 노래가 생각이 나고, 곧이어 나의 생일이 날짜가 다가오면 아빠 생각이 더 자주 난다. 내 생일이 없으면 발인할 일도 없었을까.

서울은 나에게 아는 사람 한 명 없는 낯선 땅이었다.
애써 들어간 직장도 그만두고 전화 한 통으로 달려와 줄 가족도 친구도 없었다. 새로운 삶의 터전에서 나는 다시 시작해야 했다.

　오래전 힘들고 괴로울 때 불렀던 〈마지막 승부〉를 다시 중얼거려 본다.

　그래! 한번 해 보자! 내겐 지켜야 할 가족이 있잖아! 고개를 들어 하늘을 본다.

　'아빠! 나 잘했지!'

<제6장>

성과의 속도를 높이는 장비 lab

-도구의 활용과 넛지 교육은
변화의 속도를 높인다

1.

나만의 '넛지 교육'을 찾다

"취미로 부동산 공부 좀 하고 있어. 알고 싶어서. 그냥 조금씩 하는 거지, 뭐."

그냥 관심이 있어서 영어 공부를 시작하고, 주식 공부를 한다는 분들이 있다. '그냥'이라는 단어가 나에겐 낯설다. 목적이 없으면 축축 늘어진다. 단기 목표이든 장기 목표든 간에 해야 하는 이유가 분명히 있어야 하고 간절해야 할까 말까다. 목적이나 목표가 희미해서 간절하지 않으면, 당장 오늘 지키지 않는다고 내일의 삶에 전혀 영향을 주지도 않는다는 마음이 들어서 '안 해도 되는 것'이라고 해석해 버린다. 행동으로 옮기는 의지가 없어진다.

'나 자신에게 마음에 드는 엄마'가 되기로 결심은 했는데 막막했다. 무엇을 공부하고, 무엇으로 하루를 살아가야 하는지 리스트가 있으면, 해

나갈 수 있을 것 같다. 차라리 아이 개월 수에 도움 되는 자격증 리스트라도 있으면 좋겠다. 2016년 9월에 부산에서 큰 트럭 두 대, 용달차 한 대에 이삿짐을 싣고 오후 늦게 서울로 출발했다. 부산에서 서울 장거리 이사라서 이삿짐은 서울 근처에서 밤을 보내고, 아침 일찍 서울집에 짐을 풀었다. 서울에 이삿짐을 정리하고 난 후 아이들을 데리고 오는 게 좋을 것 같아서 친정엄마에게 3일을 맡겼다. 아이를 낳고 처음으로 생이별을 했다. 깜깜한 밤에 서울에 도착해서 이삿짐도 없이 텅텅 빈 집에 도착하느냐고 마음이 서글펐다. 작은 방 하나에는 오피스텔을 정리하고 들어온 남편의 짐이 있었다. 나머지 방 세 개와 거실은 의자 하나 없이 텅텅 비어 있다. 하룻밤을 보내야 이삿짐을 받을 수 있다고 하니. 너무 멀리 온 것 같다. 남편과 둘이서 멍하니 앉아 있는데 전화가 왔다. 텅텅 빈 집에서 휴대폰 진동은 집 전체를 흔드는 것 같다. "육아 교육을 제공해 줄 테니 같이 일할래요?" 부산에서 했던 엄마표 학습지를 판매하는 곳에서 전화가 왔다. 학습지와 교구를 판매하고, 구매한 엄마들이 아이에게 활용을 잘할 수 있게 돕는 일을 하는 곳이었다. 벼랑 끝에 서 있는 나에게 엄마 교육을 받을 수 있다는 것은 거절할 수 없었다. 몇 초 고민은 했을까. "네."

그렇게 엄마 공부가 본격적으로 시작되었다. 새벽 3시까지 공부하고 오전과 오후에는 육아하며 프로그램도 진행하게 되었다. 깨어 있는 동안은 쉴 새 없이 말을 해야 했다. 늦은 오후부터는 우리 아이들과 하루 해야 할

리스트를 점검해 가며 시간을 보냈다. 쉰 목소리가 계속 이어지더니 어느 날 목소리가 나오지 않아서 병원을 찾았다. 성대결절이다. 2주 동안 말을 하지 않는 것이 유일한 처방이라고 하셨다. 그러지 않으면 평생 쉰 목소리로 살아야 한다고 했다. 그러나 상담, 아이들의 교육 진행 일은 말을 하지 않을 수 없었다. 서울에서 시작한 첫 일은 시작한 지 1년 만에 그만두게 되었다.

그 후로 1년간은 아이들은 유치원에 보내지 않고 집에서 아이들과 함께했다. KAGE 학술원에 다니는 아이들 과학을 집에서 가르치고, 부모 독서 모임을 진행하고, 주말이면 집에서 공동육아 형태로 진행하였다. 엔트리 코딩, 영어 단어, 과학, 독후 활동, 영어 공부를 진행하다 보니 '내가 잘하고 있나? 가르칠 자격이 있나?' 하는 생각이 문득 들었고, 자격증을 따면서 내용을 정리하고 싶어졌다. 학부모 전문가, 부모 상담 전문가, 아동 심리 상담사, 웩슬러 검사 유아(WIPPS), 아동(WISC), 영재 과학 지도사, 팩토 사이언스 가맹, 책 놀이 지도사, 동화구연 지도사, 색종이 접기, 부모 교육전문가, 3P 독서 리더 교육 과정, 3P 바인더 교육 등 온갖 자격증을 따기도 하고 수료도 했다. 교육비가 저렴한 곳도 있고 백만 원 단위가 넘어가는 과정도 있다. 한참 자격증을 취득하고 있을 때, 같이 수업을 듣는 선생님이 부모전문가 과정을 중단하겠다고 연락이 왔다.

"보경 선생님, 내가 어리석었어. 나는 우리 아이들을 위해 진로나 입시를 배우고 싶었거든. 그런데 내가 배워도, 써먹을 정도의 전문가가 될 수 없잖아. 차라리 내가 낸 수업료로 우리 아이들 진로나 입시에 직접 조언해 줄 수 있는 전문가에게 상담하는 게 더 나았어."

섬뜩했다. 한 번도 그렇게 생각해 보지 않았다. 그 말도 맞다. 아이들 시간도 한정되어 있다. 내가 배워서 연마하는 시간 동안 우리 아이는 크고 있다. 때에 따라선 꼭 전문가 수준으로 배울 필요가 없는 것도 있다. 특히 입시는 바뀐다. 초등 1학년 우리 아이에게 적용될 대학입시만 알아도 될 것을 세 번이 바뀌는 입시의 역사를 배우고 있는 셈이다. 물론 나는 정확히 알고 있어야 한다. 그러나 교육과 상담이 직업이 아니면 시간과 효율성에 가성비를 따져 보았을 때 오히려 100만 원의 교육비로 아이 맞춤으로 진행되는 100만 원 컨설팅을 받는 게 더 나을 수 있다.

나를 포함한 학습 상담을 요청하는 엄마들을 보면서 참 현명하다는 생각이 든 적이 많다. 자신들이 잘하는 것에 에너지를 쓰고 도움이 필요한 부분에서 상담을 요청한다. 나의 그간의 경험과 지식의 집약체를 적기에 효율적으로 이용한다. 지금의 자리에 있기까지 많은 시행착오와 돈과 시간을 썼다. 시간도 잘 써야 하지만 돈도 잘 쓰는 것이 중요하다.

여러 자격증을 취득하는 과정에서 전문가의 강의를 들을 때마다 실제 아이에게 적용해 보려고 했다. 이론의 내용을 현실에 적용하려고 하면 막상 막히는 부분이 있는 것도 있고, 쉽게 적용이 가능한 것도 있다. 어찌 되었든 배운 내용을 가능한 현실에 접목해 보려고 시도를 했다. 답답하게 느끼는 육아 문제를 의외로 쉽게 해결할 때가 있다. 넛지 이론(Nudge theory)은 경제 용어이다. '팔꿈치로 슬쩍 쿡쿡 찌른다'는 뜻으로 소비자가 선택하면서 좀 더 유연하고 부드럽게 접근하는 마케팅이라는 뜻이다. 넛지 이론(Nudge theory)을 교육에 적용하는 책을 읽어 보니, 아이에게 강요하지 않고, 지시 없이 행동을 유도해서 목표에 달성한 것이다. 육아하다 보면 좋은 말로 시작하다가, 점점 지쳐 가면서 아이에게 윽박지르며 억지로 하게 되는 날이 있다. 아이와 노는 것도 쉽지 않지만, 학습까지 하기는 더더욱 쉽지 않다. 빨리 지친다. 어떤 날에는 아이가 웃고 즐기는 사이에 오늘의 교육 목표를 달성할 수 있는 날도 있다. 4세(만 2세, 만 3세) 아이들에게 한글을 알려 주고 싶었다. 한글 카드와 한글에 관련 놀이는 다양하게 많은데 그 중에서 특히 좋은 방법이 있다. 책을 정면으로 보이게 벽에 세워 두었다. 특히 동물책은 "고양이 안녕. 호랑이 안녕." 인사를 했다. "고양이에게 네가 그린 그림 보여줄까?" 하면서 정면에 세운 책을 계속 활용했다. 자연스레 동물 이름이 익숙해졌고 같은 방법으로 한글을 수월하게 읽을 수 있었다. 수 세기는 일상을 통해 수감을 키워 주고 싶었다. 간식을 먹거나 항상 "몇 개 줄까?", "얼마큼 남았어?", "얼마나 더 있으면 좋겠어?" 하고 질문을 자연스레 던진다. 5세부터는 주사위 1개 또는 주사위 2개를 돌리면서 보드게임을 하면 받아올림도 연습이 된다. 할리갈리 보드게임을 통해 셈이 빨라졌다. 생활에서 습관을 만들어 주기 위해 옷을 벗어서 빨래통에 넣으라고 하면 잘하지 않지만, 빨래통에 옷을 던져서 '골인'이라고 외치게 하면 놀이가 되어 계속하게 되었다. 넛지 이론을 통해 유연한 교육을 할 수 있다.

과학책 중 한 권의 책을 읽었다면, 실험으로 연결해서 주제를 좀 더 다양하게 접해 보게 했다. 전래동화면 역할놀이를 이어서 했다. 책에 나오는 캐릭터를 복사해서 오리기도 하고, 그림을 그려서 캐릭터를 만들기도 했다. 주제가 끊어지지 않고 계속 확장할 수 있으니 읽은 내용을 오래 기억할 수 있다. 5세(만 3세) 이상인 아이에게 책을 읽어 주는 행위에 만족하지 않고, 읽으면서 아이의 반응도 살폈다. '사자는 기분이 어땠을 것 같아?', '너라면 어떻게 했을 것 같아?' 아이의 마음을 들여다보게 되니 아이의 생각을 알게 되고 가까워지는 기분이 들었다. 육아 책이나 자격증을 따는 과정을 공부하다 보면 많은 사례와 방법을 알려 준다. 처음부터 내가 해 온 방식을 싹 바꾸려고 하니 힘들었다. '한 가지만 해 보자'는 마음을 먹고, 가장 만만한 것을 골라서 해 보았다. 아이들이 즐거워하고 계속하고 싶어 하는 모습을 보면 또 다른 활동 하나를 추가해 볼 자신감이 자연스레 생긴다. 조금씩 경험이 쌓이니 나만의 커리큘럼이 생겼다. 책만 바뀔 뿐 독후활동은 비슷하지만, 새로운 내용으로 진행하게 되니, 아이들이 즐겁게 했다.

나에게 자격증은 자신 없었던 부분들에 대해 자격을 부여해 주었다. '지금처럼 해도 괜찮다.', '잘하고 있다.'라는 확인증 같은 것이다. 운전면허

증이 있어도 운전을 오래 해 보지 않았다면 운전 감각을 잃을 수 있다. 자격증은 자격증일 뿐. 교육학을 전공한 사람보다 때로는 육아하는 엄마들이 더 잘 안다고 느낀다. 현장에 있는 선생님이야말로 전문가 중 전문가이다. 몬테소리 선생님, 오르다 선생님의 방문 수업 동안 참관이 가능하다면 우리 아이가 어떤 포인트에 웃는지, 어떤 말을 했을 때 아이가 적극성을 보이는지를 관찰했다. 알게 된 정보가 있으면 선생님의 말투를 따라 해 보기도 했다. 수업 후, 다음 수업까지 남은 6일 동안 어떤 걸 해 주면 좋을지 조언을 구했다. 선생님들의 조언 속에 아이와 함께 하는 시간에 에너지를 효율적으로 쓰게 하는 노하우가 있다. 넛지 교육으로 교육 목적에 빨리 도달할 수 있다. 유아 때 엄마표로 해 와서 성취감을 맛본 분들은 엄마표를 잘 놓지 못하는 분도 계신다. 엄마표를 통해 우리 아이에게 맞춤 넛지 교육을 구축할 수 있다. 이것으로 대회나 테스트, 시험 기간을 덜 싸우고 덜 힘들게 넘길 수 있다.

2.
중요한 것을 먼저 하지 않으면
곧 급한 일밖에 남지 않는다

시간 관리 전문으로 유명한 하버드 교수님의 일화이다.

조금 각색해서 말하면 인생이나 매일 하루를 하나의 빈 유리병 같다고 생각해 볼 때 큰 돌, 자갈과 모래가 우리 삶의 크고 작은 일들이다. 큰 돌은 아주 중요한 일을 의미한다. 사람마다 중요하게 생각하는 게 시기별로 다를 수 있고 사람마다 다를 수 있다. 지금 나에게 가장 큰 돌은 책 쓰는 일, 강의 준비, 아이들의 목표를 돕는 일이다. 자갈은 2순위로 중요한 일들이다. 나에게는 독서 모임, 공부, 아이들 건강관리, 식단 관리, 월간 계획표, 주간 계획표, 가계부 정리 등이 속한다. 마지막으로 모래는 우리가 생각하기에 중요하지 않은 사소한 일들이다. 예를 들어 주간, 청소, 요리, 보험금 정리, 장보기, 드라마 보기 등이 나에게는 모래라고 생각하는 일들이다. 큰 돌, 자갈과 모래를 내가 원하는 순서로 빈 병을 꽉 채워야 한다고 가정하면, 가장 이상적인 순서는 큰 돌을 먼저 넣고 자갈이나 모래를 채우는 것이다. 모래로만 먼저 병을 채우게 되면, 큰 돌과 자갈이 들어갈 자리가 없다. 큰 돌과 자갈은 앞으로 나에게 좋은 기회와 변화를 줄 수 있지만, 모래로 가득 찬 나의 하루는 더 나은 미래를 기대하기가 어렵다. '매일 매일 한 병씩 주어지는 유리병을 무엇으로 채우고 싶은가?' 특히 우리 아이들의 병 속에 말이다.

집에서 내가 할 일 하는 동안에 아이들이 해야 할 일을 정해 주었다. 2시간이 흘렀다. 아이들을 불러 모았다.

"어디까지 마무리가 되었니?"

"집중이 안 됐어요."

"집중이 안 되었으면 그동안 무엇을 했니?"

"멍하게 있었어요."

"집중력은 기다린다고 오는 것이 아니야. 약속된 시간 동안 정해진 양을 하는 거야. 해야 할 것에만 마음을 다하는 과정이 집중력이야." 나는 말했다.

"숙제라는 것은 선생님과의 약속이지만, 내가 하는 일에 책임을 진다는 의미가 포함되어 있어. 엄마에게도 아빠에게도 오늘의 숙제가 있어. 그것을 해낸다는 것은 내가 내 삶을 결정하는 선택권이 나에게 있다는 것을 의미하지. 그리고 그 책임을 못 해내는 순간, 너의 삶을 결정하는 선택권은 남이 쥐게 되는 거지. 지금 내가 너에게 왜 안 했니? 지금 빨리해~ 이렇게 말이야."

첫째 아이가 눈물을 흘렸다. 잘하고 싶은데 완벽히 해내고 싶은데 그게 잘 안 된다고 했다. 천천히 해도 되는 일도 미루기가 반복되면 어느 순간 급한 일만 남게 되어 쫓기듯 처리하게 된다. 급하게 한 일은 완성도가 떨어진다. 숙제가 제대로 되지 않은 날이 계속되면 선생님께 꾸중을 듣거나 눈치를 봐야 하는 일이 생긴다. 여러 차례 경고를 받게 되면 결국에는 학원을 그만두게 된다.

첫째 아이는 완벽주의 성향이라 특히 글쓰기 숙제를 하기가 쉽지 않다. 인물 조사하기 숙제가 주어지면, 책, 인터넷 자료를 찾아서 짧게 요약해야 하는데 어떤 이야기를 쓸지 많이 고민하고 어떤 말이 핵심인지를 찾느라 속도가 나지 않는다. 너무 과하게 시간을 보낸다는 생각이 들면, '이렇게까지 고민하고 정성을 들여야 할까?' 싶다. 하지만 쓴 글을 보면 꽤 잘 썼다. 내가 보기에는 하루에 두세 가지는 해야 하는데 아이는 한 가지에 힘을 다 쏟고, 나머지 두 가지는 급하게 대충 얼버무려 해결하고 있다. 해야 할 일들을 모두 잘할 수 있으면 얼마나 좋을까? 해야 할 일들에 대한 우선순위와 시간 배분은 정말 중요하다. 우선순위를 보면 아이들이든 엄마든 할 것 없이 쉬운 일을 먼저 하는 것으로 세팅한다. 그러나 대부분은 하기 싫은 일이 중요한 경우가 많다. **아이들에게 우선순위를 정해 줄 때, 한두 가지 정도는 내가 정해 주고 나머지는 아이가 원하는 순서대로 할 수 있게 자율권**

을 주는 것이 그나마 균형에 맞게 갈 수 있다.

처음에는 수학 숙제를 2시간 이내에 끝내는 데드라인 시간표를 짜 주었다. 그랬더니 한 시간을 놀고 나머지 한 시간을 끙끙거리며 숙제했다. 이번에는 전체를 여러 토막으로 끊어 주었다. 30개의 단어를 외우는 게 숙제면 10개를 10분에 외우고 와서 엄마와 모의시험을 보자고 했다. 물론 10분에 외워서 올 때도 있지만 "5분만 더!"를 외칠 때도 있다. **협상한다는 건 아직 엄마가 아이를 조절할 수 있다는 범위에 있다는 뜻이라고 받아들였다.** 그냥 통으로 30개 외웠을 때보다 시간이 훨씬 덜 걸렸다. 수학의 경우에는 중학교 수학은 한 문제당 시간을 배분했다. 쉬운 단계는 한 문제당 3분, 응용 단계는 4분으로 단계별로 다르게 배분했다. 어려운 문제는 시간 내에 될 때도 있었지만 안 될 때도 있었다. 처음이 힘들 뿐 조금씩 맞춰졌다. 어쩔 때는 수학은 한 페이지에 평균 7문제라 30분 시간 제한을 두었는데, 잘 풀리는 날이면 2페이지를 30분 만에 풀고 쉴 때도 있다. **아이도 쉬운 단계의 문제는 얼마나 걸리고, 중간 단계는 한 문제당 평균 걸리는 시간을 알게 되어서 계획표를 짤 때 현실적인 분량을 계산하게 되었다. 물론 매번 잘되는 것은 아니다.**

아이의 계획표를 작성하는 것에 많은 힘을 쏟는다. 매주 스케줄표를 출력해서 벽에 붙이고 아이들이 해야 할 리스트를 작성해서 집게 파일에 꽂는다. '어떻게 하면 더 자동 시스템화할 수 있을까?' 고민하면서 말이다. 매일 할 리스트는 아이가 수정하고 계획 세운다. '3학년이면 스스로 알아서 할 수 있을까? 4학년이면 자기 주도 학습이 될까?' 곧 중학생이 되는데도 '아직'이라는 생각이 든다. 그렇다고 3학년 때와 5학년은 똑같은 상태는 아니다. 분명 아이는 많이 성장했다. 과제나 수행평가를 잘하기 위해서 교과서를 챙겨 보거나 문제를 찾아서 풀어 보고, 음악이나 체육 수행평가를 위한 연습을 그만했으면 싶을 정도로 한다. 그러나 모든 숙제를 미리 준비하는 건 아니다. 그래도 숙제는 해야 하는 것으로 인지하고, 타이머도 스스로 돌려가며 공부 시간과 쉬는 시간을 조절한다. 그러나 학기 중에 대회, 영재원 논문, 시간이 오래 걸리는 수행평가 등이 일상에 들어와서 일상의 지각변동을 일으키면, 또다시 일상으로 돌아가기까지 많은 시간이 걸린다. 설령 여행을 가게 되면 일상 복귀를 위해서 여행 기간만큼의 회복 시간이 필요하다. 아이가 자기 주도로 가기 위한 시스템을 구축할 때까지 분명 누군가의 수고는 필요하다. 언제 완성될지는 아무도 예측할 수 없다.

어떤 대표님이 이런 말씀을 하셨다.

"보경아 넓은 모래사장에 진주들이 확 뿌려져 있다고 생각해 봐. 모두가 진주를 잡기를 원하지. 어떤 사람은 진주를 잡기 위해 양손으로 미친 듯이 퍼 올리는 사람도 있고, 어떤 사람은 진주를 하나씩 꼭 집어서 담는 사람도 있겠지. 어떤 사람이 결국 많은 진주를 갖게 될까? 바로 진주만 잡으려고 한 사람이야. 양손으로 급하게 퍼 올린 모래 속 진주는 모래와 함께 손가락 사이로 다 빠져나가 버리지. 그런데 진주 하나에 집중하며 집어서 올린 사람은 늦어 보여도 결국 진주를 많이 담게 된단다."

무작정 선행을 빼는 것보다 진도가 나가더라도 차근차근 다지는 작업이 중요하고, 아이 키우는 것이 힘들다고 말하는 것보다 무엇이 힘든지를 알아채는 것이 중요하다. 또한 아이에게 열심히 하라는 말보다 계획표를 활용해서 체크할 수 있도록 하는 것이 현명하다. '열심히 해', '집중해.'는 아이들에게는 두루뭉술하다. 아이들은 한 시간 앉아 있는 것도 열심히 최선을 다했다고 생각하기도 하고 고작 10분을 했어도 최선을 다했다고 생각할 수 있다. 집중을 늘리는 것이 필요하다면 통째로 주는 분량보다는 적은 분량으로 쪼개서 주는 것부터 시작이다. 집중하는 짧은 조각이 합쳐지면 예전보다 오랜 시간 앉아 있을 수 있다. 성과도 훨씬 좋고 완성도는 이전보다 높아졌다.

3.

결정권을 아이가 쥐어야 허들이 낮아진다

'왜 나만 성장하지 않을까?', '왜 나만 잘 안 되는 것 같지?' 답답할 때가 있다. 남들은 잘나가 보이는데 나만 멈춰 있는 것 같이 느껴질 때가 있다. 반짝거리는 화려한 모습으로 피드를 올린 지인의 인스타그램을 볼 때면 자극이 되어서 더 부지런히 움직여질 때도 있지만, 오히려 힘이 빠져서 의기소침해질 때가 더 많다. 내 길이 아닌 것 같아 돌아서고 싶은 마음도 있지만 다른 걸 하기엔 딱히 재능이 없다. 이런저런 생각을 해 봤자 아무런 소용없이 결국 제자리다. 무언가를 시도하거나 배우고 익히는 초반에는 변화한다고 느껴지다가도, 어느새 익숙해지고 안정기가 찾아오면 정체하고 있다는 생각이 든다.

똑같은 하루는 산 적이 있었나? 자신에게 물어본다. '정보경 님의 내일은 오늘과 똑같은 하루를 살아갈 예정입니다.' 하고 누가 말해 주면 좋겠다. 예측한 오늘을 살 수 있으니깐. 그러나 현실은 앞으로 닥칠 10분 후도 모른다. 매 순간 선택해야 할 게 많다. '아이에게 어려워하는 과목을 먼저 하라는 게 좋을지' 아니면 '쉬운 것부터 해서 예열시키는 것이 좋을지', '보상을 하는 게 좋을지' 아니면 '해야 할 일은 당연하게 하는 거라고 말하는 것이 좋을지', '몸이 안 좋아 보이는 아이에게 오늘은 쉬라고 말하는 것이 좋을지', '아파도 할 것은 해야 한다는 인식을 주는 것이 나을지' 언제나 고민과 선택의 연속이다.

여름방학이다. 방학 계획을 세울 때 나만의 기준이 있다. 여행을 다니며 추억을 쌓고 다양한 경험을 하는 것이 좋은지. 평소 못 해 본 예체능을 오전을 꽉 메우는 것이 좋을지, 부족한 과목이나 선행을 목적을 두고 특강을 넣어 필승의 띠를 두르는 것이 좋을지 방학 때마다 고민이다. 방학이 짧을 때가 있고 길 때가 있다. 학교의 공사로 한 달 반이나 두 달 정도의 긴 시간이 주어진다면 더욱이 분명한 목표가 있는 것이 좋다. 대부분 방학이 길면 필요한 공부에 힘을 싣는다. **방학이 한 달이더라도 학원 방학 일주일을 빼고 나면 3주이다. 초등 저학년 경우에는 경시나 학원 레벨테스트 준비를 하거나 체력 단련을 위해 예체능이나 체험, 여행 등으로 방학을 계획한다. 한 달 동안 마무리할 수 있는 공부가 있다면 하나만 목표를 잡고 할 때도 있다. 경시대회나 영재원 등의 2학기 목표가 있다면, 방학 한 달 전부터 어떤 특강을 들을지 정해야 한다. 원하는 시간과 요일을 선택해야 한다면 방학특강 접수일을 제대로 알아 두**

어야 한다.

방학 목표가 없거나 아주 많아도 만족한 방학이 되기 어렵다. 2시간 정도의 특강을 들으면 오전 시간은 생각보다 금방 지나간다. 숙제할 시간도 따로 확보해야 한다. 4학년 여름방학이 두 달이었다. 이번 방학에는 학습 습관을 유지하고 느슨해졌던 수학 선행을 한 학기에 마무리하는 것을 목표로 했다. 집에 있으면 9시 넘어서 일어날 것 같은 불안한 예감이 든다. 9시부터 11시까지는 집 근처에 도서관 2층에 사람이 거의 없다. 나의 의지로 실행하기 힘들면 할 수밖에 없도록 만들어야 했다. 도서관에 가면 음료도 먹을 수 있으니 아이의 아침 기상에 힘이 실렸다. 방학 때 무엇을 할지, 일어나기 힘들 때 어떤 방법으로 극복할지에 대해서도 아이와 함께 정한다. 되도록 가장 중요한 메인은 엄마가 정해도 나머지는 아이가 정한다. 그래야 그나마 지켜질 확률이 높다.

첫째의 4학년 1학기에는 학교 수업과 행사, 친구들 간에 이벤트에 집중했다.

학교 숙제나 수행평가를 잘 챙기고, 준비물은 혹시나 빠뜨린 친구들이 있을까 봐 넉넉하게 챙긴다. 스승의날이나 각종 행사에 필요한 준비를 되도록 원하는 대로 할 수 있도록 도왔다. 스승의날은 2주를 준비하고, 각종 행사에 필요한 작은 소품들이나 아이디어에 관한 이야기가 일상 대화의 대부분을 차지했다. 마스크도 학교 갈 때는 캐릭터가 없는 한 톤으로 깔

끔하게 되어 있는 것을 선택해서 쓰고, 여름철 신발 안이 열기로 가득해도 발가락이 보이지 않는 학교 전용 신발을 신는다. 주말에는 아무리 깨워도 '1분만 더!'를 외치는 아들이 평일에는 학교 갈 시간이야. 일어나.'라는 한마디에 벌떡 일어나서 학교 갈 준비를 한다. 다행히 담임 선생님의 극찬과 학교 친구들이 인정해 주는 말로 한 학기 반장을 잘 마무리할 수 있었다. 얻는 게 있으면 잃은 것도 있다. 아이가 학교생활에 빠져 있는 동안. 선행하고 있던 수학도, 영어도 제자리걸음이다.

워런 버핏은 "나에게 넘지도 못할 7피트 장대를 넘으려고 애쓰지 않는다. 나는 내가 쉽게 넘을 수 있는 1피트 장대를 주위에서 찾아본다."라고 말했다. 막상 아이를 보니 예전보다 집중해서 살펴보는 맷집이 적어졌다는 게 느껴졌다. 아이에게 물어보았다.

"다른 과목은 스스로 준비해서 완벽하게 하려고 노력하는데 수학은 요즘 하지 않으려고 하는 너의 마음이 궁금해." 아이는 나의 질문에 한참을 고민하다가 말했다.

"동기부여가 되는 분위기였으면 좋겠어요. 다른 사람들이 얼마큼 하고 있는지, 무엇을 하고 있는지도 모르겠고, 내가 선생님께 잘 보이고 싶은 마음도 안 생기는 것 같아요." 생각도 못한 아이의 솔직한 마음에 조금은 놀랬다.

"그럼 수학은 너와 같은 나이 친구들과 함께 공부해 보는 것은 어때?"

"좋아요. 그런데 지금 하는 수학학원은 내가 스스로 풀고 선생님도 좋아서 병행할 수 있으면 좋겠어요.", "그렇게 하면 일주일에 수학학원을 5일을 가야 하고 힘들 텐데, 괜찮겠어? 일단 네가 원하는 대로 시작을 해보는 것도 좋을 것 같아." 아이의 말에 찬성하면서도 힘들 수도 있는 부분도 말해 준다. 그래도 선택하겠다면, 아이가 결정한 것에 대해서는 되도록 실행해 보게 한다. 설령 잘 안 되어도 귀한 경험이다.

초등학교 3학년부터는 아이와 상의하면서 학원과 공부 방법을 정했다. 학원 선택에 있어서 아이가 최종으로 결정을 하게 되면 책임감을 더 느끼며 수업을 받아들이는 것을 느꼈다. 아이가 가고 싶은 학원이나 대회 준비에 마음먹었을 때는 목표가 실현될 가능성이 크다. 엄마가 이끄는 것이 아닌 아이의 목표를 돕는 엄마의 입장이 된 것이다. 하기 싫은 아이를 책상 앞에 앉히는 일도 힘들고, 앉은 아이가 집중해서 과제를 하게 하는 것도 힘들다. 유리 조각이 뜨거울 때는 아름답게 여러 가지 모양으로 만들어 낼 수 있다. 작품이 된다. 그러나 유리 조각이 차가워져 있을 때 압박하면 깨져 버려서 다시는 쓸 수 없게 된다. 아이가 뜨거운 유리가 되기 위해서는 정해진 범위 안에서의 선택은 아이에게 결정권을 주는 것도 방법이다.

4.

꿈을 벽에 붙이면 기적이 일어난다

2019년부터 지금까지, 12월 30일 새해를 맞이하기 전 처음으로 가족이 둘러앉아 이루고 싶은 목표를 적거나 그림으로 그렸다. 아홉 살, 일곱 살 아이들이 적은 꿈 그림을 보니, 60평대 사는 친구 집과 같은 아파트에서 사는 것이다. 수학경시대회에서 대상을 받는 그림과 지금 다니는 학원에서 높은 반에 들어가고 싶은 마음도 보였다. 갖고 싶은 피카츄 카드도 적혀 있다. 2020년 12월 31일, 일 년 동안 이루었던 것들에 동그라미 치고 간단한 시상식도 했다. 이루지 못한 꿈이 훨씬 많았다.

"60평대 사는 친구와 같은 집은 엄마 아빠가 노력해야 이뤄질 수 있는 거니까 네가 노력해서 할 수 있는 꿈을 적어 보자." 아이들의 2021년을 맞이하는 꿈 그림에는, 당장이라도 이룰 수 있을 것 같은 축구 골 20개 넣기, 작년 경시대회 목표였던 대상보다 한 단계 낮춘 색깔 있는 상을 타기로 2022년 꿈 노트가 벽에 붙여져 있다. 그리고 핸드폰 홈 화면에도 가족의 꿈 그림이 바로 보이도록 설정했다. 2023년, 2024년 꿈 그림은 예전보다 구체적이고 조금만 노력하면 이루어질 것 같은 것으로 적혀 있다.

왔다 갔다 하면서 보이는 곳에 꿈 그림이 붙여져 있다. 아이들의 꿈 노트를 보면서 내가 무엇을 도와주어야 할지가 고민하게 된다. 꿈을 이룰 수 있게 도와주고 싶은 마음이다. 가끔 섬뜩하다. 내 꿈 그림도 아이들이 지켜보고 있다. 얼마나 지켜지고 있는지 한 번씩 아이들이 물을 때가 있다. 그리고 하는 일이 얼마나 진행되었는지도 물어본다. 엄마로서 적어 놓은 목표를 이뤄 내는 것도 아이들에게 보여 주고 싶어진다. 꿈만 적어 두면 그림에 불과하지만, 실행에 옮기면 꿈을 이뤄 낸다.

팀 페리스의 책 『타이탄의 도구들』에서 '성공한 85%는 명상을 한다. 그리고 자신이 되고 싶은 미래를 시각화한다. 구체적으로 명상을 통해 각인시키고 반복 때문에 무의식에 넣는다.'라는 내용을 본 적이 있다. 어떤 책에서 '내가 되고 싶은 사람이나 혹은 이루고 싶은 것을 이미 이룬 사람처럼 행동하라.'라는 글귀를 본 적이 있다. 결국은 생각이 변하면 행동이 변한다는 공통점이 있다. 꿈 그림도 일종을 시각화하는 단계라고 생각한다. 경시대회 대상이 목표이면 인터넷에서 상장을 찾는다. 그리고 캡처한 후 이미지를 바꾼다. 아이 이름을 넣는다. 그리고 이미 그 상을 받은 것처럼 벽에 붙인다. 아직 대상을 받은 적은 없다. 그러나 대상은 받지 못해도 성대경시 장려상은 연속

5번째 받고 있다. 가고 싶은 곳이 있을 때, 사진을 붙여 놓기도 하고, 합격하고 싶은 교육기관이 있으면 내가 합격 문자를 쓴 후에 마치 미래의 합격 문자가 온 것처럼 출력해서 벽에 붙인다. 아이들은 '미래에서 온 합격 메시지'라고 한다. 싫지는 않은지 앞에 서서 한참을 보고 있을 때도 있다. 행동이 변화하려면 먼저 생각을 변화시키는 데 아이디어를 쓴다. 변하고 싶은 이유가 분명해야 절실한 마음이 되어 행동으로 나온다.

박진영 대표님께서 인생 책이라며 『시크릿』을 추천하셨다. 고등학교 때는 남는 것 없이 읽었던 거 같은데, 대표님은 완전 인생책이라며 삶이 달라졌다고 하셨다. 그래서 다시 읽었다. 책에서 '끌어당김의 법칙'이 인상적이다. 이렇게 적혀 있다. '믿음은 그 믿음이 이루어질 때까지 계속 반복적으로 되뇌어지는 생각에서 창조된다. 믿음은 당신이 발산하는 일정한 주파수이며, 끌어당김의 법칙을 통해 믿음은 삶을 만드는 아주 강력한 힘이다. 끌어당김의 법칙은 믿음에 응답한다. 그래서 어떤 것을 창조하고 싶다면 반드시 요청하고 믿어야 한다. 그러면 얻게 될 것이다.'

나의 머릿속에 닮고 싶어서 그려지는 사람이 있다.

『머니』라는 책에 피카소 일화가 나온다. 피카소가 프랑스 파리의 한 카페에 앉아서 쉬고 있었다. 어느 행인이 지나가다 피카소를 발견하고 냅킨을 주며 스케치를 부탁했다.

"혹시 여기에 그림을 그려 주실 수 있나요?"

피카소는 잠시 생각하더니 냅킨에 쓱 그림을 그려 주었다. 정말 짧은 시간이었다. 그리고 조금 비싼 가격을 받았다.

"아니 그림을 그리는 데 1분도 걸리지 않았는데 너무 비싼 거 아닌가요?"

피카소는 이렇게 대답했다. "아니요, 저는 그 그림을 그리는 데 40년이 걸렸습니다."

명강사, 베스트셀러 작가, 나에게 영향을 주는 지인들의 조언은 한순간에 만들어지지 않았다. 그 가치를 만들기 위해 들인 노력과 시간과 과정에 대한 궁금증이 생겼다. 경험에서 나오는 한마디가 귀하다는 것을 알게 되니 지인분이 나에게 주는 진심 어린 조언이 값지다. 나 또한 그들처럼 한마디에 정성과 경험을 녹여 내어 상대방의 좋은 영향과 변화를 일으키는 강사가 되고 싶다. 그리고 아이들에게도 말한다. "오늘 너희 반에 들어오는 선생님은 한 시간 수업하기 위해 너희들을 만나기 훨씬 전부터 고민하고 준비하셨을 거야. 우리 감사하게 생각하자."

2022년 나의 목표 중 인스타 팔로워 1,000명이 적혀 있었다. 매일 팔로워를 확인하면서 언제 1,000명이 될까 하는 와중에 큰아이가 나에게 묻는다.

"엄마, 지금은 팔로워가 몇 명이야?"

"지금? 960명."

"우와, 40명만 더 신청하면 엄마 목표 드디어 달성하네!"

놀라웠다. 나의 꿈 그림에도 관심이 있다니. 그리고는 한마디 더 붙였다.

"2022년에는 이룰 수 없었는데 목표를 세우니깐 결국, 2023년에 이루어지는구나!"

나의 꿈을 지켜봐 주는 가족이 있다. 스승이 될 수도, 친구가 될 수도 있다. 꿈을 공유하면 시간은 늦어져도 결국 이룰 수 있는 방향으로 흘러간다. 그리고 아이들도 몇 년을 거쳐서 나의 성장을 지켜본다. 당장 목표를 이루지 않아서 좌절할 필요가 없다. 잘하는 사람이 잘되는 것이 아니라 포기하지 않는 사람이 결국 해낼 수 있다는 것을 보여 주었다. 서로의 꿈을 응원하고 축하하며 한 발짝 움직여 보는 에너지를 얻는다. 아이들이 나를 '정 작가'라고 부른다. 글을 쓰고 책을 내고 싶다는 막연한 꿈 끝에 '정 작가'가 기다리고 있는 것 같다. 나의 꿈을 의심하지 않고, 믿어 주기만 하는 아이의 모습. 신경 써 주고 응원하는 아이를 보면 나도 이뤄 내고 싶어진다. 엄마의 꿈이 작든 크든 중요하지 않았다. 꿈을 향해 마음을 쓰고 있는 모습을 아이가 지켜보고 있다. 보이는 교육보다 더 중요한 게 있을까.

5.
자기효능감을 높여주면 도전을 멈추지 않는다

'천재는 노력하는 자를 이길 수 없고, 노력하는 자는 즐기는 자를 이길 수 없다.' 공자 『논어』에 실려 있는 말이다. 아무리 천재적인 재능이 있어도 노력하는 사람을 이길 수 없고, 아무리 노력을 많이 하는 사람이라도 일을 즐기는 사람을 이길 수 없다는 뜻이다. 즐거움으로 일하는 사람은 지치지 않는다. 일할수록 에너지가 채워진다. 아이를 돌보는 것이 힐링이 된다는 사람이 있고, 차라리 돈을 벌러 나가는 게 낫다고 말하는 사람이 있다. '즐긴다.'라는 말을 곰곰이 생각해 보면 '감당해 낸다.'라는 말이 포함되어 있다고 생각한다. 좋아하는 일도 매번 하다 보면 재미가 없을 수도 있고, 잘 안 될 때도 있다. 그런데도 '나는 할 수 있는 사람이야.'라는 나에 대한 믿음이 있으니 계속할 수 있다. '학이시습지, 불역열호.' 공자의 말씀이다. 몰랐던 것을 배우고서 때에 따라 익히면 기쁘지 않겠는가?

우리 아이들도 천재적인 능력을 갖추고 노력하며 일 자체를 즐길 수 있으면 얼마나 좋을까. 우리 아이는 무엇을 할 때 몰입을 하고, 무엇을 잘하는 아이일까. 지금 아이의 관심사는 무엇일까. 먼저 우리 아이들을 객관적으로 볼 필요가 있다.

"나의 장점은 남에게 더 잘 보인다."라는 말을 해 주신 분이 있다. 이상하게 그분의 말을 듣고 나서는 남들이 해 주는 칭찬을 귀담아듣게 된다. 아이들이 학교에서 받아 오는 생활통지표를 진지하게 읽고 되새겨 보게 된다. '토론하는 것을 좋아하고 설득력 있게 말을 한다.', '학습에 있어 전체적으로 성적이 좋으면 성실하고 완성도가 높다.', '생각이 깊다.' 선생님이 적어 주시는 내용이 학기마다 혹은 학년마다 반복되는 것을 찾아보았다. 아이의 어떤 부분이 강점인지도 보였다. 생각이 깊다는 것은 행동으로 빠르지 않다는 것이고, 신중하고 차분하다는 것을 의미한다. 완성도가 높고 성실하다는 것은 완벽주의 성향일 가능성이 크고 잘하고 싶은 욕구가 있는 아이다. 무엇이 잘 안 되면 스스로 짜증이 날 수 있다. 우리 아이를 객관적으로 알게 해 주는 힌트가 곳곳에 있었다.

나는 중, 고등, 대학을 거쳐 직장을 다닐 때 늘 가르쳐 주는 역할을 했다. 대학생 때는 시험 2주 전에 시험 범위에 해당하는 내용을 동기와 선배들을 위해 빈 강의실에서 약속 시각을 정해서 시험 범위 내용을 정리해서 설명해 주곤 했다. '쉽게 설명한다.', '네가 알려 주면 이해가 너무 잘

돼.' 고등학교 때는 '과학 선생님 설명보다 네가 더 잘하는 것 같아.' 그러나 그때는 그저 기분 좋은 인사 정도라고 생각했다. 직장에 있어도 신입 교육할 때, 컨퍼런스에서 발표하는 것이 흥미로웠다. 직장인 병원에서 고객 만족을 위한 '친절 강사' 역할도 겸하는 것이 한때는 꿈이기도 했다. 직장을 그만두고 제2의 직업을 고민하게 될 때 '너는 가르치는 직업이 딱 맞는 것 같아.'라는 주변 분들의 말로 학부모 강의와 유아 초등 강의를 어렵지 않게 시작할 수 있었다.

은이 엄마의 아이들은 영어를 잘한다. 초등 3학년 때 미국 영어 읽기 지수가 고등학생 수준으로 나왔다. 해리포터 책을 술술 읽는다. 어떻게 영어를 그렇게 잘하냐고 물어보면, 책 읽는 시간을 많이 노출해 주었다고 한다. 그러나 좀 더 자세히 물어보니 아이의 영어 책을 고를 때에도 다르다. 호기심 많은 탐정 이야기를 좋아하는지, 과학 탐정을 좋아하는지 판타지를 좋아하는지, 학교에서 일어나는 일상생활에서의 재미를 좋아하는지 등 선호도를 파악한다. 비슷한 장르의 책으로 흥미를 준다. 책을 하루에 몇 권 읽으라고 하지 않아도 아이들은 자신이 좋아하고 궁금하니 계속 찾아서 읽게 된다. 전집을 사더라도 전체를 보여 주지 않고 몇 권씩 꺼내서 준다. 결핍은 때론 귀함을 느끼게 해 준다. 다 읽은 영어 책은 바닥부터 쌓아 올리게 한다. 시각적으로도 얼마큼 읽었는지 성취감을 주고, 때에 따라서 보상도 있다고 했다.

첫째 아이가 다니는 학교에서 아이들 서로를 칭찬하는 글이 적힌 쪽지를 본 적이 있는데, 첫째 아이에게 '발표를 잘한다. 착하다. 잘 도와준다.' 이런 말들이 쓰여 있었다. '잘 도와준다.'라는 말이 눈에 들어왔다. 과학 발명이나 창의적인 탐구 주제를 고민할 때도 첫째 아이는 시각장애인을 돕는 방법, 어린아이들이 다치지 않는 안전에 관한 생각을 많이 했다. 정신과 의사가 되어서 사람의 마음을 알아주고 그들에게 힘이 되어 주고 싶다고 한다. 가끔은 주변 사람들이 해 주는 칭찬을 주의 깊이 생각해 볼 필요는 있다. 아이를 관찰할 때도 힌트가 된다. 강점을 알아가는 데 도움이 될 수 있다. 아이의 진로나 직업을 정할 때도 충분히 고려할 가치가 있다는 생각이 든다. 예전에는 상대방이 나에게 어떤 칭찬이라도 하면 오글거리고 내 모습이 항상 그렇지 않은데 싶어서 양심에 찔리기도 했다. 이제는 아니다. '감사합니다. 잘 발전 시켜 보겠습니다.', '좋게 봐 주셔서 감사합니다.' 하면서 감사하게 받아들인다.

아이들이 나가고 싶은 대회가 있다면 경험해 보게 했다. 바둑, 주산, 수학 경시대회, 스피치 대회, 한국창의력대회, 영재원, 발명대회, 전람회 등 배운 내용으로 새로운 경험을 줄 수 있다고 생각을 했다. 상장을 받게 되면 바로 파일에 꽂지 않았다. 벽에 '상장 갤러리'를 만들었다. 대회나 자격증을 동기부여 도구로 이용했다. 벽에 붙이는 행위 자체가 아이들에게는 부모가 자랑스러워한다는 것으로 느껴진다. 또 엄마 아빠가 일로 바쁜 와

중에도 자신의 건강을 잘 챙기고 생활한 것에 대한 고마움을 상장으로 만들어서 수여하기도 했다. 아이는 온전히 축하를 받으니 스스로 뿌듯해하며 해 보길 잘했다고 말했다. 다음번 도전할 급수나 목표를 순조롭게 정할 수 있었다.

가끔 치킨이나 피자를 시켜 먹는다. 우리 집 아이들은 치킨을 좋아해서 일주일에 한 번은 치킨을 먹는 편이다. 상장을 받거나 합격을 하는 날 또는 몸이 회복되거나 가족 구성원이 다 감기에 걸려도 용감하게 혼자 걸리지 않아서 건강 상을 받는 등의 좋은 날에는 무조건 '축하 파티'라는 이름을 붙여서 치킨을 시킨다. 아이를 온전히 칭찬할 수 있는 시간으로 준비해 준다. 치킨을 2주에 한 번 시켜 먹더라도 특별한 날로 포장한다. 특별히 축하할 일이 없더라도 시험 기간에 고생하는 아이들을 위해, 아이의 좋은 점을 칭찬해서 격려하고 응원하는 날 의미를 붙여서 시킨다.

가끔 아이들이 물어본다.

"엄마, 치킨 먹은 지 오래된 것 같아."

"그러게. 우리 축하할 일이 없나? 생각해 보자."

처음부터 잘하는 사람은 없다. 하다 보면 잘해지고 잘하니깐 재밌다. 잘해지면 자신감이 생기고 계속하고 싶어진다. 유아나 초등 저학년 친구들은 공부에 대한 감정이 중요하다. 잘하고 싶은 마음이 큰 아이 중에는 조금 어려워도 하기 싫어하고. 남보다 뒤처진다는 생각이 들면 못할 것 같은 마음의 부담이 생기는 아이가 있다. 초등 2학년까지는 억지로 끌고 가도 성과가 좋을 수 있다. 엄마 마음에 조금 더 하면 아이가 더 좋은 반, 좋은 학원에서 잘 배울 수 있을 것 같은 생각이 든다. 그런데 아이 입장에서 보면 엄마가 원하니까, 아이의 전부는 엄마니까 고무줄을 당기면 어느 정도 탄성을 참아 낼 수 있다. 아이도 참고 있는 거다. 열심히 잘하고 있다고 때로는 인정해 주고 격려해 주는 것이 필요하다. 그리고 자신감이 떨어져 보일 때는 과거에서 성취감 있는 경험을 상기시켜 준다.

"그때 기억나? 우리 황소에서 나와서 다시 중등 성취도 평가 칠 거라고 한 달을 준비했잖아. 진짜 힘든 순간도 많았는데 결국 네가 원하는 반에 들어가고 했었잖아."

"맞아. 엄마, 나 그때 진짜 들어가고 싶었는데. 안 될까 봐 걱정도 하고 그래도 진짜 열심히 한 것 같아."

"그래, 시작할 때는 너무 몰라서 헤매는 구간도 있는데, 하다 보니 잘하게 되고, 결국 좋은 결과가 있었던 거 같아."

아이의 작은 반응도 잘 관찰하는 엄마도 있지만 나는 아니다. 많은 데이터가 있어야 분석할 수 있다. 영재원이든 레벨 테스트, 여행, 체험 등의 경험을 많이 제공해 주어 아이의 강점이나 특징을 발견하려고 애썼다. 아이의 성향이 보여야 엄마와 다른 점을 이해하고 받아들일 수 있다. 공부에서도 오답을 세 번 돌려야 확실하게 아는 아이인지, 개념을 물어보는 단순 문제는 잘 푸는데 응용만 들어가면 생판 다른 문제라고 생각해서 틀리는지 등을 알 수 있다. 아이의 성향을 파악하는 과정에서 아이도 자신을 알아 간다. 자신이 들고 있는 도구를 알아야 전략도 세울 수 있다. 아이의 노력과 성과를 그냥 지나치지 않고 인정해 주고 격려해 주고 축하해 주면 성취감이 쌓이고 그것이 곧 즐거움이 된다. 아이들의 그림, 상장, 합격증, 글, 단어 시험 등 아이의 정성이 들어간 그 무엇이라도 우리 집 벽에 붙인다. 아이가 자신감이 없을수록, 처음 시작하는 단계일수록 신경을 쓴다. 아이의 작은 시도와 도전을 엄마가 자랑스럽게 여긴다는 생각이 들 수 있게 한다. 상담이나 강의를 할 때 '아이는 언제 자기 주도로 하나요?'라는 질문을 많이 받는다. 불안할 필요가 없다. 자신이 겪은 경험들이 쌓이면 혼자 해도 될 믿음이 생겼을 때 하나씩 하게 될 것이다. 지금은 혼자 해도 잘할 수 있다는 자기효능감을 쌓고 있다. 물컵에 물도 가득 차야 넘친다.

6.
해외에서 한 달 살기 프로젝트

초등 6학년, 첫째 아이의 졸업 전 가족여행을 계획했다. 사실 작년에 여행을 계획했었다가 생각지 못한 안 좋은 일이 생겨서 도저히 갈 엄두가 나지 않았다. 아이만 갈 수 있는 해외캠프라도 보낼까 고민하다 취소했다. 그때 당시는 앞으로도 해외여행을 갈 수 없겠구나 했다. 시간이 약일까, 가족끼리 해외여행 한번을 제대로 못 한 미안함일까. 아이들이 부쩍 여행 가고 싶다며 2024년 꿈 그림에 해외여행을 적어 두고는 가고 싶은 곳을 꽤 세세하게 말한다. 그동안 비행기를 타고 오랜 시간 여행해 본 적이 없어서 비행기 마일리지가 많이 쌓여 있다고 남편이 아이들의 말을 돕는다. 13년 동안 사용한 카드 포인트가 항공 마일리지로 쌓이고 있었다. 4인 가족으로 유럽, 미국 등을 왕복하고도 충분히 남는다고 한다.

아이들에게 가고 싶은 나라와 이유를 물었다.

"영국 토트넘 훗스퍼 스타디움에 가서 직접 경기를 보고 싶어요."

"미국 유니버셜 스튜디오에 마리오 닌텐도 월드에 가고 싶어요."

"2024 파리 월드컵이 어떻게 하고 있는지 보고 싶고 파리 생제르맹 구단도 구경하고 싶어요."

"그랜드 캐년이 얼마나 크고 웅장한지 보고 싶어요."

"하버드대학교 가고 싶어요."

8월 여름방학까지는 7개월이 남았다. 이왕 가게 될 여행이라면 좀 더 의미 있게 가고 싶었다. 7개월 간의 가족 목표가 이루어지는 기념으로 떠나기로 했다. 가족회의를 했다. 항공편을 제외하고 숙박비는 남편의 월급으로 한 달 생활비로 어느 정도 충당하고 나는 순수 여행 경비를 위해 일정 금액을 모으는 것이 목표, 첫째는 중등심화 마무리, 둘째는 중등 2-1 끝내기와 황소 성취도 평가에 합격하는 것이다. 남편은 경영지도사 2차 시험 마무리가 목표다. 둘째 아이와 남편이 먼저 목표를 이뤘고 여행 가는 날에 가깝게 첫째와 내가 마무리되었다. 7개월 동안 서로서로 목표를 점검하며 진도 과정을 물어봐 주고 챙겨 주고 때론 공동 목표를 위해 잔소리해 주는 상황이 벌어졌다. 어려운 상황 속에서 쉽지 않은 목표를 달성했다. 2주는 유럽, 2주는 미국이고 시작은 태국이다. 드디어 태국으로 가는 비행기에 짐을 부치며 우리 가족의 해외에서 한 달 살기가 시작되었다.

한 달이라는 긴 여행의 시작이 가깝게 다가올수록 준비할 게 생각보다 많았다. 유럽은 호텔비가 하루에 백만 원대로 훌쩍 올라서 에어비앤비를 선택했다. 현지에서 저녁은 대부분 장을 보기도 했지만, 햇반이나 김, 라면, 레토르트 등의 보조 식품들도 챙겨 갔다. 혹시나 몰라서 호텔에서도 간단하게 끓여 먹을 수 있는 일인용 전기 포트, 일회용품을 챙겼다. 비상약도 증상별로 병원에서 처방을 받고, 수영복, 나라별 기온차에 대비해 옷과 신발도 여러 종류로 준비하고, 다녀와서 시험을 치러야 할 아이들의 학원 책도 챙겼더니 26인치 여행용 가방 4개와 기내용 1개가 빵빵하다.

1월에 계획한 여행이라서 7월 초부터 여행 가방을 싸야지 했다. 그런데 7월 아이들의 친구 엄마들과의 모임과 특강, 강의, 개인 책 출간 미팅, 아이들의 대회 준비가 있었다. 일상의 갑작스러운 일들로 정신없이 시간이 흘렀다. 항공 마일리지로 한국에서 유럽으로 바로 가는 비행기는 없어서 태국으로 가는 비행기를 탔다. 가는 날 아침까지 여행 준비물을 사고 아이들 수액을 맞혔다. 비행기를 타는 순간 이상하다. 갑작스러운 여유가 느껴지면서 이렇게 가만히 있어도 되나 싶다. 주는 기내식을 먹고 5시간 동안 내가 하고 싶은 것을 하면 되다니. 남이 차려 주는 밥상은 빵만 주어도 감사하다. 자는 시간도 아깝다. 밀리의서재 앱으로 읽고 싶은 책을 읽었다. 중간에 간식도 주고 커피도 준다. 천국이다. 더 놀라운 것은 5시간 동안 나를 찾지 않는 아들 눌이 내 옆에 나란히 앉아 있다. 어쩜 이렇게도 사이가 좋은 것인가. 4년 만에 보는 그림이었다. 무엇이 이들의 화를 사랑으로 변화시킨 것일까.

　기내식도 잘 먹는다. 태국행 비행기에서는 아이들의 편식이 없어졌다. 5시간 비행은 처음이다. 영화도 볼 수 있고 게임도 있어서 아이들이 꽤 즐기면서 시간을 보내고 있었다. 나는 막연한 것에 대한 두려움이 있다. 가까운 거리에 놀러 가도 가족이 움직이면 계획을 세워서 철저하게 하는 것을 좋아하는데 이번 여행은 두려움이 덜했다. 남편이 일정을 맡아서 짠 이유도 있지만, 유적지를 한 군데 더 가려고 하고 박물관을 많이 보려고 애쓰지 않기로 했다. 편안하고 여유 있는 여행이었으면 했다. 이번 여행은 이전에 엄마와 함께 갔던 곳이 대부분 포함되어 있다. 당시에는 패키지 상품으로 여행을 해서 많은 곳을 부지런하게 쫓아다녔다. 다양하게 많이 보는 여행도 좋지만 적게 보더라도 멈춰서 생각하고 내가 보고 싶은 곳이 여행 중에 생겨도 일정에 쫓기지 않고 머무를 수 있었으면 했다. 또 이번에는 아이들이 정한 곳을 위주로 나라의 생활을 느끼는 여행이 되고 싶었다.

　인생은 긴 것 같으면서도 짧다. 현실에서 부여잡고 사는 것이 전부인 것 같으면서도 비행기 타는 순간 모든 것이 아무것도 아니다. 일상에서 벗어나면 큰일 날 것 같은데, 아무 일도 일어나지 않는다. 과거와 오늘을 비교하며 마음이 편하지 않았고, 미래를 걱정하며 여행을 미뤄 왔던 것도 후회가 되었다. '과거에 사는 사람은 우울하고, 미래에 사는 사람은 불안하고, 현재에 사는 사람은 평화롭다.'라는 『노자』의 말씀이 생각난다. 내가 있는 곳에 마음을 두고 내가 있는 지금을 최대한 느껴야겠다고 한 번 더 다짐했다. 앞서 걱정하지 않고, 돌아가서 할 일들 생각하지 않고. 매일 매 시간 가족들 속에서 좀 더 집중하고 마음을 알아가는 시간이었다. 여행을 통해서 남편이 길을 정말 잘 찾는다는 것을 칭찬하게 되고, 아이들이 나보다 훨씬 더 용감하고 적극적인 면을 닮고 싶었다. 아는 사람이 가족밖에 없는 곳에서 똘똘 뭉치는 경험은 참 소중하고 귀했다.

우리의 여행에는 비밀이 하나 더 있다. 매일 여행 일기를 썼다. 한 달을 하루도 빠지지 않고 네 명이 썼다. 책으로 만들려고 한다. 여행 중 틈틈이 남편과 아이의 여행 일기를 하나로 모으는 작업을 했는데 똑같이 주어진 하루 일정에 느끼는 감정이 각양각색이다. 아이의 시선으로 하루를 다시 볼 수 있다는 게 기분 좋은 신선함이었다. 그중 큰 사건은 네 가족 모두의 일기 속 중심이자 화젯거리였다. 모두에게 잊히지 않는 중요한 일을 다른 시각에서 읽으니 재미있다. 여행은 모든 신경 쓰이는 요소를 차단하고 가족들의 소중함을 보게 하는 기회가 되었다. 한 달간의 여행으로 이후 하나하나 꺼내 먹는 알사탕처럼 소중한 추억을 함께 공유하면서 또 하나의 이야깃거리가 된다.

The secret of mom's education

<제7장>

엄마 인생의 눈물 버튼

-네버엔딩 주말부부: 경력단절, 독박육아, 부산-서울로 이사

1.
네버엔딩 주말부부

　세 번의 프러포즈를 받고 결혼을 결심했다. 결혼을 미룬 가장 큰 이유는 결혼 후 5년간은 주말부부를 해야 했다. '서울에 있는 남편이 부산에 내려온다고 하니 5년만 버텨 보자'고 마음먹었다. 시작은 생각보다 괜찮았다. 오히려 신혼일 때는 결혼을 했는지 실감이 나지 않았다. 퇴근 후 병원 직원들과 어울려 놀고, 평일엔 친구들을 만나며 주말에 남편과 시간을 보냈다. 그러나 아이가 태어나고 이어진 주말부부의 삶은 생각보다 더 힘들었다. 매주 내려오는 남편도 금요일 퇴근 후 기차 시간에 맞춘다고 힘들었겠지만 아이 둘에 워킹맘이었던 나는 남편의 상황까지 고려할 만한 마음의 여유가 없었다. 금요일 퇴근 후 늦은 밤에 도착한 남편은 주말에 잠시 머물다가 다시 가는 손님 같았다.

　남편을 대신해서 희생한 한 사람이 있었다. 친정엄마는 전쟁터의 중심을 맡게 되었다. 집 안 청소를 해 주는 이모님 역할, 내가 없는 동안 아이들을 돌봐 주는 보모 역할, 그리고 퇴근하고 들어오는 딸을 한없이 챙겨 주는 엄마 역할, 주말이면 집에 오는 사위를 위한 음식까지 해 놓은 장모님 역할까지 정말 완벽하다 못해 지쳐 쓰러질 것 같은 모습으로 말이다. 남편이 오는 주말에 엄마는 지친 모습으로 퇴근했다. 주말이 지나고 월요일에 보는 엄마의 모습은 생기 있고 예뻤다. 금요일 밤에 집으로 가는 엄마의 모습은 머리는 폭탄이고 얼굴은 창백하고 눈의 초점은 금방이라도 쓰러져 자고 싶을 정도로 흐릿했다. 엄마가 걸어가는 뒷모습을 4층 넘어서 지켜보는데 축 늘어진 어깨와 힘없는 발걸음에 마음이 무거웠다.

하나의 해결 방법은 엄마를 출퇴근하게 하는 것이었다. 그게 무슨 큰 해결책이겠냐마는 아이들이 새벽에 깨어나니 예민한 친정엄마가 잠이라도 편안하게 잤으면 하는 마음이었다.

둘째를 조리원에서 집으로 데리고 오면서 친정엄마 없이 혼자 밤을 지켰다. 22개월 아이와 신생아 사이가 내가 누울 자리다. 그렇게 넓지도 않았던 방에 5년을 하루도 빠짐없이 아이 둘과 나, 이렇게 세 명이 꼭 붙어 누워 밤을 보냈다. 겁도 많고 조심성도 많은 내가 엄마라는 이유로 어린 아이 둘을 보살피는 역할을 했다. 육아 전문가가 아닌 나약한 엄마가 책임감으로 버텼다. 한 살 아이의 젖을 먹이면서 아이 너머로 보이는 세 살 아이의 뒷모습이 보였다. 작고 네모난 등이 유난히 커 보였다. 하루하루가 긴장인 나에게 첫째 아이의 뒷모습은 꽤 큰 안정감을 주었다.

 첫째 아이가 열이 났다. 2시간마다 열을 점검하고 해열제를 먹이고 나서 열이 1시간 안에 37.5℃ 아래로 떨어지지 않으면 열이 잘 안 잡히겠다는 불길한 예감이 든다. 밤을 새우며 간호해야 할 수도 있겠다고 마음을 먹는다. 4시간마다 같은 종류의 해열제를 먹일 수 있고, 타이레놀과 부루펜은 2시간 교차 복용이 가능하다. 그래도 열이 잡히지 않고 38.5~39℃가 계속 왔다 갔다 하면 다섯 번까지 해열제를 먹여 보고는 짐을 싸기 시작한다. 응급실로 가서 해열제 주사를 맞는 게 아이가 덜 힘들 수 있기 때문이다. 둘째는 아기띠로 앞으로 안고, 첫째는 포대기로 뒤로 업어서 택시를 불렀다. 병원으로 가는 내내 팔을 앞좌석에 고정한 채 뒤로 기댈 수도 없고, 앞으로 기댈 수도 없다. 브레이크를 밟을 때, 출발할 때마다 힘을 고정하는 팔이 달달 떨린다. 아이의 편도가 큰 편이라 열이 나면 쉽게 떨어지지 않아서 밤중 응급실에 가는 일이 한 번씩 있다. 응급실에 도착해서 첫째는 해열제 주사를 맞고, 수액이 안정적으로 들어가는 것을 보고 나서야 아기띠를 한 채로 새근새근 소리를 내며, 땀을 뻘뻘 흘리며 자는 둘째가 눈에 들어왔다. 그렇게 잠깐 멍하니 떨어지는 수액 방울을 바라보며 쉰다. 수액 너머로 시계가 보인다. 새벽 6시 30분까지 출근해야 한다. 다행히 열이 떨어져서 출근 전에 집에 오게 되면 다행인데. 경우에 따라선 입원해야 한다고 할 때가 있다. 친정엄마가 입원 절차부터 보호자 역할까지 해야 한다. 안아 달라, 놀아 달라 보채는 첫째 아이와 아직 걷지 못하는 둘째를 안고 보조 침대를 꺼내 잠시 쉬는 엄마의 모습을 상상하는 것도 마음이 힘들다.

휴가자가 없는 날은 급히 반나절 휴가라도 쓸 텐데 이미 휴가자가 있는 날은 어떻게든 출근을 해야 했다. 특히 월요일은 새벽 병동 채혈 환자 수가 한 사람당 70~80명 정도 채혈을 해야 한다. 한 사람이 휴가이면 오전 입원 환자분만 100명을 채혈해야 했다. 병동에서 시간이 지체되어 늦게 채혈실로 복귀하면, 진료 전에 피검사를 해야 하는 외래채혈실도 밀린다. 어쩔 수 없이 출근해야 했다. 5시에 친정엄마에게 전화해서 병원 응급실로 와 달라고 한다. 서둘러 옷만 입고 온 친정엄마와 인수인계를 짧게 하고 둘째까지 품에 안겨 드리고 뒤돌아서서 출근 준비로 집에 오는데 하염없이 눈물이 났다. 어김없이. 매일 아침 6시면 남편에게 카톡이 왔다. "오늘도 즐겁고 좋은 하루 보내세요." 사실 남편에게 죄를 물을 수 없다. 그냥 그 문자가 밉상으로 보일 뿐. 카톡은 정말 눈치도 없이 꼭 이러한 상황에서 기가 막히는 타이밍에 왔다.

결혼 생활 13년 차인 지금도 주말부부를 하고 있다. 지금은 한 달에 2~3주 주말부부를 하고 있다. 남편은 군산, 창원으로 지방 출장 두 달에 한 번 정도는 미국, 태국, 베트남 등의 해외 출장을 간다. 육아를 도와주는 남편들 이야기가 처음에는 신기하고 부러웠다. 어느 순간부터는 판타지 소설 같다. 나에게는 일어나지 않을 것 같다. 서울에 와서 몇 개월간은 평범한 가족같이 퇴근하는 남편을 매일 보았다. 그런데 상상과 현실은 너무나 달랐다. 남편은 거의 매일 업무나 개인 약속으로 늦게 왔다. 가족이 모이는 시간으로 따지자면 주말부부와 다를 게 없다. 술을 많이 먹고 늦게 오는 날엔 어디에 부딪쳐 다쳐서 오기도 하고, 휴대전화를 회사나 택시에 놓고 오거나, 회사에 다시 올라가서 책상에 엎드린 채 잠이 들어 겨우 깨어나 집으로 온 적도 있다. 남편 옆에 있다 보니 심장이 쫄깃해지는 순간들이 많아졌다. 낮에는 아이들에게 에너지를 쓰고 밤 늦게부터는 필름이 끊어질 수도 있는 남편 걱정으로 에너지를 쓰니 지쳤다. 주말부부일 때는 집안일도 육아도 모두 나의 일이라고 생각했는데 주말부부가 아닌데도 혼자 감당한다고 생각하니 억울하고 화가 났다.

결혼 생활 13년 동안 주말부부를 해 보니 집에 일찍 와서 아이들과 놀아 준다는 생각 자체가 없다. 아이들은 알아서 놀아야 하는데 놀아 준다는 말을 이해하지 못하는 얼굴이다. 얼마 전 아빠의 역할이 없는 것 같다고 서운하다는 듯이 말을 건넸다. 그러고 보니 나도 일찍 오라는 말도 해 본 적이 없었고, 술자리가 왜 잦냐는 불만을 말해 본 적도 없었다. 아이와 시간을 보냈으면 좋겠다는 말도 해 본 적이 없었다. 주말부부를 오래 하다 보니 주말 지나면 또 떨어져 지내는데 만나는 시간에 부정적으로 말하는 게 쉽지 않았다. 차라리 참는 쪽으로 택했던 것 같다. 그렇다고 이해심이 커서 내 마음이 편한 건 아니었다. 어느새 억울함으로 가득 찼다. 참는 것도 가득 차면 어디로든 터져 나온다. 결국, 부딪쳐 보기로 했다.

  병도 밖으로 드러나야 고칠 수 있다. 결혼 13년 만에 남편을 객관적으로 보게 되었다. 계산을 해 보니 13년 결혼생활 중 남편과 함께 있었던 날은 4년도 채 되지 않았다. 남편에게 부탁할 때는 최대한 구체적으로 말해 주어야 했다. 하나하나 부탁하는 일은 잘 들어 주는데, 알아서 하는 일은 없다. 얼마나 더 부딪쳐야 편안해질까. 당연히 맞춰지는 것이 하나 없다. 서로 바라는 행동 방향을 주저 없이 말하기로 했다. 해 보지 않아서 불만을 말하기가 어색하다. 서로 맞아서 톱니바퀴가 돌아가지 않으면, 마모되고 부러지더라고 결국에는 톱니바퀴가 맞물려야 돌아가겠지.

2.

결혼 자격증

결혼 자격증이 있다면 결혼생활에 힘든 순간들의 장벽을 조금은 낮출 수 있었을까?

서른 살에 결혼했다. 결혼하기 전에 결혼한 인생 선배들에게 많은 질문을 했다. 50명 넘게 물어본 것 같다. "어떤 마음이 들어서 결혼을 결심하셨나요? 동생이 있다면 결혼에 대한 어떤 조언을 해 주고 싶나요?" 명확하게 대답해 주는 사람은 없었다. 결혼하고 답을 알았다. 앞으로 살면서 얽혀있는 상황들이 얼마나 자주, 어느 정도의 크기로, 어떤 문제가 발생할지는 아무도 장담할 수 없기 때문이다. 나에게 대답한 분들도 결혼을 한 사람과 처음 해 봤으니 비교 대상도 없었을 것이다.

통계청 자료에 따르면 2019년 혼인·이혼 통계기 결혼은 7.2% 줄었고, 이혼은 2.0%가 늘었다. 이혼 사유를 보면 성격 차이, 배우자의 외도나 부정, 경제적인 이유가 대부분을 차지한다. 합의 이혼은 비교적 처리가 빠르다고 한다. 법적 소송까지 가면 이혼이 결정될 때까지 몇 년이 걸리기도 한다. 이혼을 결심하게 되는 상황도 힘들었을 텐데, 과정도 몇 년이 걸리니 정신적으로 얼마나 힘들까 생각이 든다. 진행이 어떻게 되고 있는지 궁금해도 스트레스일까 싶어서 물어보기도 조심스럽다. 결혼을 막막하게 생각할 때 이혼 사유들을 찬찬히 보는 것도 기준이 될 수 있을 것 같다.

이혼 사유 중에 성격 차이가 가장 큰 비율을 차지한다. 성격적으로는 누구나 단점이 있다. 누구에게는 나의 단점 5%가 95%처럼 크게 확대되어 보일 때도 있고, 나의 장점이 95%가 5%처럼 작게 느껴지게 하는 사람이 있다. 남녀가 싸울 때. 작은 일로 다투기 시작해서 상황이 점점 심각해져서 '헤어지자'까지 부풀려지는 사람이 있다. 단점 5%가 95%처럼 크게 부풀려지는 예이다. 나의 단점 5%를 5%로 봐 주고 나의 장점 95%를 95%로 봐 주는 사람을 만나는 것이 남녀관계에서도 친구 관계에서도 오래 갔다. 나의 5%에 해당하는 단점은 어떤 일에 빠져 있을 때 그 일에만 신경을 쓴다. 다중작업이라는 말은 나와 전혀 상관이 없는 말이다. 시험을 준비하거나, 병원에서 발표를 준비할 게 있으면 몇 날 며칠 연락이 없다. 심지어 약속이 있는 날에는 누군가를 만나고 있는 동안에 연락이 잘 안 된다. 의심이 많은 사람, 걱정이 많은 사람은 정말 나 같은 사람이 답답하고 미치고 환장할 노릇이라고 했다. 나에게 아끼는 동생이 있다면 이런 조언을 해 주고 싶다. **내가 좋아하는 것을 해 주는 사람보다 내가 싫어하는 것에 대한 배려와 단점을 온전히 받아 줄 수 있는 사람이 일단 좋겠다고 말하고 싶다.**

 이혼 사유에서 두 번째로 많은 부분을 차지했던 요인은 경제적인 면이다. 나도 고려하지 않았다. 직장만 있으면 되는 줄 알았다. 상대가 경제적인 능력을 얼마나 갖추었는지를 알기는 어렵다. 지금 직장이 좋아서 많이 번다고 해도 새는 구멍이 크면 아무런 소용이 없다. 그러나 이거 하나는 확실하다. 일을 잘하는 사람은 그 일이 작든 크든 잘 해낸다. '지금 하는 일이 나와 너무 안 맞다.'라고 말하는 사람은 다른 일을 할 때도 안 맞을 확률이 높을 수 있다. 물론 성향에 너무 맞지 않는 일은 안 하는 게 맞을 때도 있다. 주어진 일에 최선을 다해 보는 사람은 어떤 일을 하더라도 해내는 것 같다. 일시적으로 일하더라도 나로 인해 매상이 올랐으면 좋겠다, 내가 있는 곳이 전국 1등인 곳이 되었으면 좋겠다는 사장님의 마음가짐을 가진 사람이 있다. 맡은 업무는 일시적인 직원이지만 일을 하는 태도는 회사의 임원급인 직원이 있다.

 지금 하는 일에 책임감을 느끼고 열심히 하다 보니 더 잘하게 되고, 인정을 받으니 보람이 된다. 그렇게 10년을 하면 전문가가 되어 있다. 보석 같은 직원은 사장님이 놓치기 싫어하고, 1인 기업이 되더라도 고객을 위하는 마음이 심상치 않다. 같이 일을 하면서도 내가 대표가 된다면 '저 사람이랑 꼭 일하고 싶다.'라고 욕심나는 사람이 있다. 무엇을 해도 잘할 것 같은 사람이다. 결혼에 있어서 경제력을 갖춘 부부의 가능성을 확인하는 것만이 끝이 아니다. 아이에게 흘러가는 돈도 생각해야 한다. 물론 어떻게 키우고, 얼마만큼 투자할지는 상황에 맞게 선택해야 하지만 적어도 내 책을 보고 있는 엄마라면 아이도 잘 키워 보고 싶고 어느 정도의 교육비를 써야 하는지 고민이 될 것이다. 아이 한 명을 키우는 데 필요한 돈을 소득 구간별로 나누어 조사한 자료를 보았다. 자료에 따르면, 아이가 태어나서 대학 보낼 때까지 1억~10억이 들었다. 월 500~600만 원이면 5억이 넘었고, 월 600만 이상은 10억이라는 데이터를 보니 남자아이 두 명을 키우는 나의 몸에 한기가 느껴지듯 마디마디가 쪼여 왔다. 교육 특구 지역에서 초등 저학년 국어, 영어, 수학, 체육, 악기 하나씩만 보내도 월 평균 100~150만 원은 된다. 아이가 둘이면 200~300만 원이 넘는다. 방학 때 특강이나 영재교육원, 경시, 과학대회 학원을 부분적으로 준비하게 되면 아이 둘 300만 원이 훌쩍 넘는다. 물론 학원 대신 집에서 하기도 하고, 과외로만 하는 분도 있다.

결혼을 해 보고 나니 결혼 자격증이 있으면 좋겠다는 생각이 들었다. 결혼이라는 것이 단순히 파이팅만 외치며 시작할 게 아니다. 미리 알았으며 결혼 이전과 이후의 선택을 할 때, 조금이라도 더 멀리 보고 고려해 보았을 것 같다. 신체적 변화와 호르몬 변화로 인한 산후우울증, 여러 이유로의 이혼, 있어서는 안 될 아동학대 등 결혼 이후에 일어나는 사회적 문제의 빈도를 줄일 수 있지 않을까. 건강검진처럼 미리 알 수 있다면, 결혼을 고민하는 사람들에게는 최소한 막연한 걱정과 두려움을 줄일 수 있을 것이다. 도움을 청할 수 있는 교육이 있다면 미리 들어 보고 아이를 계획한다면 어떤 마음으로 어떻게 기를 것인지, 상황에 따라 돈은 얼마나 드는지, 어떠한 어려움이 있을 수 있는지까지도 말이다. 교육도 어느 정도 가볍게라도 접해 보는 것이 좋을 것 같다. 결혼과 동시에 곧 겪게 될 일이니까.

3.

엄마 자격증

"선생님, 저는 아이를 3명을 더 낳고 싶어요. 부모님이 50세에 저를 낳아서 혼자 너무 외로웠어요. 엄마 아빠는 나이가 너무 많으셔서 다른 친구들의 부모님과 외모적으로도 비교가 되었고, 외동딸이라 저만 바라보는 부모님의 기대가 가끔은 부담으로 느껴졌어요. 그래서 저는 아이를 많이 낳아서 장녀의 부담을 덜어 주고 싶어요."

4년째 개인 코칭으로 만난 딸 두 명의 워킹맘이다. 아이 한 명일 때 만나서 지금은 두 명의 딸을 가진 엄마가 되었다. 교육적인 이야기는 거침없이 술술 나오는데 아이를 많이 낳고 싶다고 말하는 엄마에게 해 주고 싶은 말에는 조심스럽다. '한 번 더 생각해 보세요.'라고 말하고 싶다. 나도 그랬다. 두 명은 있어야 한다고 생각했다. 아들 둘인데 둘째를 임신하고 성별을 알게 될 때는 두 군데의 산부인과를 갔다. 아들 둘은 힘들다고,

어렸을 때부터 엄마 친구분들이 모이면 딸이 꼭 있어야 한다고 했다. 아들 둘인 엄마를 가엾게 여겼다. 대학병원 진단검사의학과 채혈실에서 근무할 때 인티그레이티드 피검사(Integrated test)를 받으러 오는 엄마들의 표정만 보아도 원하는 성별인지 아닌지가 채혈실 번호표를 뽑은 순간 눈빛에서부터 느낄 수가 있었다. 성별을 정확하게 말해 주는 것은 불법이기는 하지만 사실 초음파 상을 보면서 던지는 질문에 눈치껏 알아채는 경우가 많다.

결혼하기 전에는 하늘이 주신 아이의 성별인데 원하는 성별의 아이가 아니라고 엄마가 서운함을 가지는 것에 대해 이해가 되지 않았다. 어떤 아이라도 귀하고 감사한 선물이라고 생각했다. 채혈할 때 성별로 아쉬움을 눈물로 표현하는 임산부를 볼 때면 임신이 어려워서 아이를 기다리는 분들이 생각나서 복에 겨웠다고 생각했다. 막상 나의 일이 되니 이해가 되었다. 아들 둘을 아직 키워 보지도 않았는데 큰일 난 것 같다. 그동안 무시무시한 아들 이야기를 들었다. 아들 둘 엄마는 입도 거칠어지고 옷도 정신없이 입는다는 근거 없는 이야기가 나의 이야기가 되니 막연히 두려웠다. 병원을 두 군데를 찾아가 초음파로 확인했다. 아들이 확실하다. 사실 태어나고 키우니 아들 둘 엄마는 딸이 얼마나 편한지 모른다. 아들밖에 안 키우고 있으니 비교 대상이 없다.

아이를 낳고 나면, 아이를 사랑하는 건 당연한 건데 내 몸이 내 몸이 아니다. 나도 모르는 사이 산후우울증에 빠졌다. 어떤 책에서 보았는데 내가 우울증이라는 것을 아는 사람은 우울증은 회복할 수 있지만, 우울증을 인지하지 못하면 위험한 우울증이라고 했다. 인구복지협회 2015년 제4차 저출산 인식 설문 조사 결과보고서에 따르면 20~40대 기혼여성 1,106명으로 대상으로 설문 조사를 했는데 78% 정도가 산후우울증으로 인해 아이에 대한 태도에 변화가 있었다고 대답했고, 31% 정도가 자살 충동을 느꼈다고 한다. 아이를 갖는 것도 힘들고 아이를 낳고 마주하는 순간의 산후우울증도 감당해 내며 육아를 시작해야 한다. 기저귀 가는 방법과 수유하는 방법은 신생아실에서 2주 동안 트레이닝 받는다. 실습하는 학생처럼 따라 해 본다. 그러나 조리원에 나와 집으로 돌아온 날. 신입 직원이 혼자 당직을 서는 첫날 같다. 예방접종을 챙기고, 영유아 건강검진, 예상치 못한 아이의 열감기, 콧물, 두드러기, 아토피, 땀띠, 장염, 구토, 잠투정 등 쉽지 않다.

온전히 나를 믿고 태어난 아이에게 모든 게 서투른 하루하루를 살아가는 엄마라 내일이 두렵다. 말하지 못하고 온몸으로 표현하는 아이와 빨리 아이의 의도를 파악하지 못하는 초보 엄마. 필요 이상의 에너지를 사용한다. 지칠 때쯤 자고 일어나서 나를 보고 웃는 아이를 볼 때 한 팀이라는 생각이 든다. 아이도 세상에 태어난 지 얼마 되지 않아 적응이 필요하고, 나도 엄마가 되지 않아 육아에 신입생이다. 코칭 일을 하다 보면 엄마들이 힘들어할 때가 "저는 나쁜 엄마예요. 알아듣지도 못하는 아이한테 화가 나요. 나를 힘들게 하려고 태어난 아이 같아요. 아이가 미워질 때도 있어요." 이런 문자를 보면 너무 마음이 아프다. 육아의 모든 구간이 만만하지 않다. 아이도 엄마도 처음인 오늘을 살아가니깐.

아무리 천사 같은 아이라도 내 몸이 피곤하고 마음의 스트레스를 해결할 곳이 없다면 지친 몸은 정신까지도 여유 없게 만들어 버린다. 이럴 때 SNS를 보면 안 된다. 즐겁게 육아를 하고 깨끗하게 정리된 집에 한껏 멋 부린 아기 엄마를 보면 안 된다. 이름 모르는 여자와 나를 비교하는 순간 깊고 슬픈 늪에 서서히 빠질 수 있다. '나는 무엇을 하고 있나.', '나는 누구인가.', '아이 한 명만 보는데도 이렇게 힘든데 내가 잘못하고 있는 걸까.', '엄마 자격증이라도 있었으면 좋겠다. 도대체 어떻게 해야 할지 너무 막막해.'

7세(만 5세) 둘째와 TV를 보다가 베이비 박스에 두고 간 아이를 보호소에서 돌보고 입양을 보내는 장면을 보게 되었는데 둘째 아이가 "왜 아이를 버리고 갔어?"라는 질문에 나는 어떻게 아이 눈높이에 맞춰서 대답할지 머리를 팽팽 굴렸다. 아이를 베이비 박스에 두고 떠나는 엄마의 마음 아픈 심정을 대변해서 말했다.

"엄마가 당장에 분유도 사야 하는데 돈이 없어서 일하러 가야 한대. 아이를 잠시라도 맡아서 봐줄 사람이 없어서 아이를 안전한 곳에 맡기는 거야."

내가 한 말을 끝까지 듣고 있던 7세(만 5세) 아이가 "책임도 못 질 거면서 왜 낳아!" 7세짜리 아이의 눈에는 내가 전달한 엄마의 입장이 아니다. 엄마와 함께 살지 못하는 아이의 마음을 대변해 주고 있는 듯했다. 어리다고만 생각했던 아이가 예상치 못했던 대답에 몇 초간 말을 잇지 못했다.

한 생명을 위해 마음을 다하고 있다. 아이의 건강, 학습, 인성에 있어서 모든 책임이 나에게 있는 것 같다. 책임이라는 말이 육아를 자신 있게 할 수 없는 부담감으로 느껴질 때가 있다. 누구나 엄마라면 내 자식에게 내가 해 줄 수 있는 최고의 것을 해 주고 싶다. 몸도 마음도 너덜너덜해질 때가 많다. 나를 위한 밥을 차려서 먹어 보지 못한 하루를 보내기도 했다. 엄마들끼리 만나서 이야기한다. 두돌 세돌 때 밥솥 앞에서 서서 밥이랑 참치통조림으로 먹었다. 밥이랑 김이랑 먹었다고. 이제야 웃으며 말한다. 서로 말없이 끄덕이며 촉촉한 눈빛으로 위로를 건넨다. 지나고 나니 오늘도 별 탈 없는 일상을 살아 보낸 것도 잘한 거였다. 지금은 예전과 다른 차원의 초등학생을 키우고 있지만. 그때 육아에 대해 아무것도 모르는 여자가 엄마라는 이유로 전투적으로 하루를 보내는 나에게 스스로에게 칭찬한다. 더 잘하고 싶은 마음도 건강한 마음이고, 아이들을 좀 더 알아가려고 애쓰는 마음도 지금 생각 해 보니 기특하다. 아무도 알아주지 않은 육아의 힘듦을 남 탓으로 돌리지도 않았다. 엄마 자격증은 오늘 하루도 아이를 위해 몸이든 마음이든 다한 엄마에게 매일 주어지는 엄마 자격증이다.

4.

내리사랑보다 더 값진 치사랑

2016년 6월 5세(만 3세) 아이와 둘이 소파에 앉았는데 무슨 일인지 편하지가 않았다. 눈물이 마를 일이 없었던 두 달이 지나갔다. 병원을 그만두고 서울로 가라고 압박하는 시댁과 남편을 상대로 혼자 맞서 싸우는 전쟁터에서 살았더니 아이들은 어떻게 지내고 있었는지 이제야 궁금했다. 아침에 출근해서 모처럼 오후 휴가를 내고 어린이집에 들러서 5세(만 3세) 첫째를 데리고 나왔다. 집에 오자마자 아이가 소파를 찾아 앉아 자연스럽게 TV를 켰다. 나는 아이 옆에 앉아서 아이 얼굴 한 번, TV 한 번 보며 아이 손을 끌어 꼭 잡았다. 오랜만에 휴가 내서 시간을 만들었는데 무슨 말을 해야 할까.

문득, 결혼 전에 아이 셋 워킹맘인 친구가 울먹거리며 전화했던 대화가 떠올랐다.

"보경아, 모처럼 일이 빨리 끝나서 설레는 마음으로 친정엄마 대신에 희야를 데리러 어린이집에 갔거든. 그런데 집에 오는 동안 이상하게도 어색하더라. 손을 잡았는데 손이 더 커진 것 같고, 뭔가 성숙한 어린이 모습에 분명 내가 낳은 자식인데 무슨 말을 건네야 할지 모르겠더라. 아무 말이나 편안하게 나오는 게 당연한데 안 나오더라고. 유치원은 재미있었는지, 밥은 먹었는지 두 가지 질문하니 다음부터는 할 대화가 없더라. 일이 매일 늦게 끝나고. 마지막 남은 힘으로 집에 들어올 때 아이들이 자고 있을 때가 편안하고 가끔은 다행이라고 생각했거든. 그런데 그게 점점 나와 아이 사이를 멀게 한 것 같아. 나 벌 받았나 봐."

아이를 낳기 전이라 공감할 수 없었다. 가족이 어색하다니, 자식이 어색할 수 있다니.

그런데 지금 내가 느꼈다, 어색함을. 누구에게 말도 할 수 없다. 5세(만 3세) 아이가 무슨 생각을 하는지 내가 그전에 아이와 무엇을 하고 놀아 주었는지. 어떤 수준에 맞는 단어를 썼는지도 생각도 나지 않는다. 그러나 아이와 거리감을 느꼈다는 것에 죄책감이 들었다. 일단 아이와 마주 보고 무엇이라도 해야겠다는 생각이 들었다. 지금 이것을 해결하지 않으면 그 골이 더 깊어질 것만 같아서 마음이 급해졌다. 서둘러 육아에 관한 서적을 찾아보니 눈을 맞추며 엄마와 활동하라는 구절이 눈에 띄었다. 작은 상을 가운데 두고 선 긋기 활동지를 하는데 첫 마디도 제대로 나오지 않았다. 30분만 해 보자. 결국, 책에도 없는 이상한 노래를 지어 가며 온갖 다양한 표정을 만들어 보았다. 즐거운 척 소리도 질러 보며 아이의 손을 함께 잡고는 그야말로 생쇼를 했다. 누가 보면 민망할 정도였다. 아이와 나만 있으니 가능했다. 한참을 한 것 같은데 이제야 40분이 지났다. 아이가 "또 또 해 보자!" 웃음이 번져 있다. 오랜만에 아이가 비싼 웃음을 보여 주었다.

웃고 떠든 다음 날 퇴근하고 오니 작고 귀여운 아이가 나의 몸에 찍찍이처럼 쫙 붙어서 내가 두 팔을 벌려도 떨어지지 않고 바짝 붙어 있다. 기분이 좋았다. 안고 흔들기도 하고 뽀뽀 도장을 마구마구 찍어 댔다. 이런 소소한 행복을 얼마 만에 느껴 보는 걸까. 눈물로 보낸 지난 두 달이 떠올랐다. 퇴근 후, 엄마가 오기를 오매불망 기다린 아이가 달려와도 등을 토닥토닥 해 주는 게 다였다. "엄마 옷 갈아입고 올게." 돌아서서는 눈 한 번 마주치지 않았다. 옷을 갈아입는 곳까지 따라 들어와서 엄마를 보고 있다가 집 정리하는 나의 뒷모습만 졸졸 다녔던 거 같다. 언제 한번 눈길 줄까 싶어서 내가 앉아 있으면 등에 붙어 안기고, 다리 하나 잡고 나를 바라보았다. 한결같이 나에게 웃음을 주는 아이였는데 나의 웃음이 사라지니 어느 순간 아이도 웃음을 잃었다. 아이 얼굴에 웃음이 사라지니 아차 싶었다. 그 전보다 더 큰 노력을 해야 비싼 웃음을 볼 수 있었다. '예전엔 내가 웃어서 네가 웃었다면. 이제는 네가 웃으니 나도 웃음이 난다.'

아이와 함께 활동지를 40분을 또 했다. 두 번째다. 오랜만에 내가 아이와 함께 추억거리를 만든 것 같아서 뿌듯했다. 자려고 아이들 사이에 누웠다. 양쪽에 아이 둘을 눕히고 오늘 활짝 웃어 준 다섯 살 아이에게 당당하게 물었다.

"오늘 너 많이 웃더라. 엄마랑 같이 놀아서 재미있었어?"

아이가 대답했다.

"엄마가 행복해 보여서 내가 웃음이 나왔어." 아이의 입에서 나온 그 한 문장이 가슴에 박혔다. 눈물이 그냥 흘렀다. 내가 잘 놀아 주어서 아이가 다시 웃게 되었다고 생각했는데 엄마가 웃어서 아이가 행복을 느낀다는 말이 왜 그렇게도 가슴이 저린지. 전쟁터 속에서 항복을 외치며 전쟁의 마침표를 찍었다. '그래. 내가 그만둔다. 내가 서울로 갈게. 이제 도저히 못 버티겠다.'

그동안 친정엄마에게 남편의 역할까지 부탁해야 하는 마음이 죄송스러웠다. 그러나 5년만 버티면 남편이 부산으로 이직을 할 거라고 믿었기에 친정엄마는 5년만 같이 고생하자 하셨다. 결국 5년 만에 내가 포기해야 한다는 말을 어떻게 전해야 할까.

나의 어릴 때가 떠올랐다. 학교에 다녀오면 엄마가 있어서 너무 좋았고, 하교하는데 비가 오는 날이면 '분명 어디선가 우리 엄마는 나를 기다리고 있을 거야.'라는 믿음이 한 번도 빗나가지 않았다. 엄마의 모습에 나도 그래야 한다고 생각하면서 컸다. 엄마가 주는 따뜻함이 얼마나 안정감이 있는지. 그 덕에 나는 항상 자신감으로 넘치는 사람이었다고 자신 있게 말할 수 있다. 아빠가 경찰이라 전국으로 이사해도 가족이 서로 떨어져서 지내지 않았다. 내가 꼭 집에 있다고 해서 아이들이 잘 큰다는 보장은 없다. 엄마가 일해도 자신감을 키워 줄 수 있고 안정감을 줄 수 있다. 그러나 아무도 없는 서울에서 아이까지 다른 사람에게 맡겨 가며 일자리를 구하는 것도 쉽지 않은 결정이다. 나는 내 방식으로 아이를 키우며 앞으로 새로운 일을 찾겠다고 결심했다. 잠깐 동안 엄마라는 직업으로 바꾼다고 생각하기로 했다.

"엄마가 행복해 보여서 웃음이 나왔어."라는 다섯 살 아이의 말이 나는 엄마로 돌아가라는 초록 신호처럼 느껴졌다. 눈물을 많이 흘렸음에도 불구하고 그날 밤 푹 자고 일어난 사람처럼 머리가 맑아진다. 고민이 너무 많았는데. 한순간에 모든 고민이 결정과 동시에 눈 녹듯 없어졌다. 악으로 깡으로 버텨 왔던 5년의 주말부부. 나의 꿈. 내 가족. 나의 지인 모두가 있는 부산에 나의 모든 것을 그날 밤 내려놓았다. 아이 한마디에 내려놓을 수 있었다. 아이에게 엄마는 우주라고 했는가. 엄마에게 아이는 전부다.

5.

교육 특구에서의 첫발

"엄마, 우리는 왜 이렇게 오래된 집에 살아야 해?"

서울로 처음 이사 온 날 첫째 아이가 나에게 건넨 한마디였다. 곧 재개발될 아파트라 겉으로 많이 노후화하였다. 엘리베이터를 타기 위해 반 층 계단을 올라가야 하는 옛날 아파트 느낌이었다. 병원 근무 10년의 퇴직금을 받았다. 아이들의 책을 사고, 교구를 사며 강남의 교육 프로그램을 이용하며 1년을 살았다. 이후, 당산 집에서 살면서 목동으로 학원을 보냈다. 아이를 키우면서, 영재 교육과 학군지에 관심이 많아서 자연스레 목동으로 오게 되었다. 아이 키우는 엄마 중에서도 아이의 생활 환경이나 학원가 인접해서 좋은 점이 무엇인지 궁금해하는 사람이 많다. 교육 특구 지역으로 선택하게 된 이유를 물어보시는 분들이 있다. 지방에 있다면 지방에서 교육열이 높은 지역으로 이사를 할 수 있는 상황이라면 이사를 권하는 편이다. 서울 대치, 서초, 중계, 목동, 송파, 부산이면 사직동, 센텀, 광주는 봉선동, 경기는 분당, 수지 대전은 유성구, 대구는 수성구 등이 있다.

학부모 강의에서 많이 하는 질문 중에 이사는 빠지지 않는 질문이다. **아이가 몇 살 때 교육 특구 지역으로 이사해야 하는가에 대한 나의 답은 빠르면 빠를수록 좋다이다. 특히 교육 특구 지역에는 전학을 많이 온다. 1학년 때 6개 반에서 시작해서 6학년에 12개의 반으로 두 배 정도 늘어난다.** 전학생이 익숙한 아이들이라 텃세를 부리거나 어색해하지 않고 잘 어울리는 편이다. 3학년 3월 시작하자마자 전학 온 친구가 반장이 되는 아이도 있고, 4학년 때 전학 와서 6학년 때 전교 회장이 된 아이도 있다. 초등 5학년 때 전학 온 친구는 적응이 어려운 것인지 학교 활동에 잘 참여하지 않아 걱정하는 엄마도 계신다. 아이와 충분히 대화하고 이사를 결정하면 문제가 될 것이 없어 보인다. 참고할 사항은 1학년 때 남자아이는 반 축구가 형성되면 초등학교 기간 내내 쭉 간다. 걱정하지 않아도 된다. 2학년, 3학년 올라가면서 반 정도가 빠지면 다른 반 축구와 합쳐지기도 하는데, 중간에 영입하기 위해서는 반 축구 엄마들의 동의를 다 해야 한다. 대부분은 환영하는 분위기다. 초등학교 때 이사를 안 하고 있다가 중학교 입학을 두고 이사를 생각하시는 분들이 있다. 초등은 동네에서, 중등은 아이를 보고 움직이는 분들이 계시다.

이사를 하기 전에 고려해야 하는 것이 있다. 가고 싶어 하는 학원의 원하는 반에

가기 위해서는 어느 정도 수준인지 미리 알고 오는 것이 빠르게 아이에게 맞는 학원을 찾을 수 있다. 그러기 위해서는 레벨 테스트라도 몇 개월에 한 번씩은 받아서 준비하거나 이사 오기 전 라이딩이 된다면 미리 다녀보는 게 좋다. 학원마다 입학 테스트의 시기가 다르고, 승급하는 시험이 따로 있기도 하다. 대부분 7세는 어디를 가나 입시를 치르는 분위기인데, 시기를 놓치게 되면 더 많은 준비를 해야 할 수도 있다. 학원 선택의 폭은 다양하다. 1:1, 4명 이하 소그룹, 대형학원의 시스템을 신뢰하는 등 엄마가 원하고 아이의 성향에 맞는 교육을 선택할 수 있다.

교육 특구 지역이다 보니 아이가 커 가는 과정에 대해 신경을 쓰는 엄마들이 많다. 모두가 선행을 하는 분위기는 아니다. 아이의 의견을 존중해 주고, 각자 아이의 스케줄을 잘 이해해 주어서 아이들 키우기가 참 좋다. 아이들은 '나만 이렇게 많이 한다.'라는 말을 하지 않는다. 아이들 수업이 끝날 때쯤, 학원 복도 끝 소파에 앉아 있었다. 아이가 다른 친구와 도란도란 이야기하면서 나왔다.

"친구랑 무슨 이야기했어?"

아들이 말했다.

"너는 이거 끝나면 또 어디 학원 가?"라고 물었다고 한다.

그래서 "없어."라고 대답했다고 한다.

친구는 "나는 이제 하나밖에 남지 않았어." 이렇게 말하고 갔다고 한다.

그때 시간이 저녁 8시. 초등 1학년이었다. 피곤할 만한 시간인데도 즐겁게 말한 아이를 보면서 여기가 교육 특구라는 게 실감났다. 그 이후로 아이들끼리 서로의 학원 스케줄도 공유해서 같이 놀 수 있는 날을 맞췄다. 각자의 엄마에게 허락을 받자고 했다. 지금은 너무나 익숙하지만, 처음에는 신기했다.

교육 특구 지역에 살아서 가장 좋은 점은 '아이 중심 동네'라는 게 확실히 느껴진다는 것이다. 아파트 단지 안에 초등학교가 있으니 아파트 단지를 지나갈 때면 인사하는 사람들이 많아서 정겹다. 아침 일찍 아이들 등원시키고 9시부터 문을 여는 브런치 가게는 줄 서는 엄마들로 북적인다. 엄마들과 오가는 이야기는 아이들의 교육 방향 고민과 서로의 조언으로 가득하다. 반찬가게 정보, 요리 정보, 여행 정보 등 모두 아이와 관련된 이야기들이다. 모임에서 반짝거리는 엄마의 대표적인 분은 먼저 키운 선배 엄마이다. 가 보지 않은 미래를 살아 낸 분에 대한 존경이 마음에 기본으로 깔려있다. 또 어떤 아이가 초등 중학년 이하의 엄마들은 아이가 레벨 테스트에서 탑반으로 배정받거나 좋은 학원에 들어가는 엄마들의 고생담과 합격 비결은 늘 화젯거리이다.

하교 후에, 커피숍에서 엄마들이 아이의 숙제를 시키는 모습, 아이들 학교 보내고 오전에 엄마들끼리 삼삼오오 모여서 교육을 토론 수준으로 하다가도 하교 시간이 다가오면 썰물처럼 빠져나가는 모습이 매번 규칙적이니 안정감 있게 보인다. 교보문고에는 아이들의 동화책보다 학습문제집이 장 좋은 자리에 넓게 자리잡혀 있다. 학원가 1층 분식점에는 아이들 이름이 적힌 손때 묻은 수첩이 있기도 하고, 기계에서 포인트를 차감하는 시스템도 있다. 예전에 살던 곳은 교통의 요지로 주변이 각종 상점과 음식점들이 많은 것에 비해 교육 특구는 술집이 별로 없고 술에 취한 사람도 보기 드물다. 밤 9~10시가 되면 학원에서 나오는 중, 고등학생들의 인파로 아이들의 에너지가 꽉 채워지는 느낌이다. 골목마다 길가에는 픽업하는 승용차가 줄을 지어 있고, 아이들이 타는 자전거도 이 시간에 대이동을 한다. 낮에도 밤에도 학생들이 가득 있는 곳이 교육 특구 지역이다. 자전거가 주요 교통수단이고 안전하다.

교육 특구나 지역 내 교육의 중심지로 이사를 결심하는 엄마는 대부분 크게 2가지 이유이다. 아이들의 성향에 맞는 학원을 고를 수 있는 확률을 높일 수 있고, 학습 단계에 맞는 학원이나 반을 선택할 수 있는 선택지가 많다. 그리고 또 한 가지는 열심히 하려는 아이들의 분포도가 다른 지역에 비해 조금 더 많다. '공부는 너도 하고, 나도 하는 거구나.' 교육 특구로 이사를 결정했다면 빠를수록 좋은 건 맞다. 아이가 어릴수록 엄마들끼리 어울리기도 좋다. 초등 저학년까지는 엄마들의 모임이 많고 아이들끼리도 교류가 많은 편이다. 학원을 보고 오는 거라면 미리 다녀 보는 것도 좋다. 학원의 개강 시기도 있고, 학원 입학을 위해 필요한 시험도 있다. 아이를 위해 이사를 결정했다면 아이와 충분히 변화될 상황에 대해 말해 보는 것이 좋다. 두려울 필요는 없다. 어디든 사람 사는 곳은 다 똑같다. 단지, 분위기와 문화를 미리 알고 접해 보면 자연스레 물들어 갈 것이다.

The secret of mom's education

<제8장>

결국 자기 주도 독립하는 아이 키우기 lab

-어떠한 아이도 처음부터 잘하는 아이는 없다

1.
상황대처 능력 키우기

"말하지 않아도 알아요." 초코파이 광고 일부다. '말하지 않아도 해결이 잘된 적이 있었나?'라고 생각해 보면 오히려 표현하지 않아서 쌓이는 오해가 더 많았다.

'도대체 언제까지 알려 주어야 하는 거야.', '이 정도 알려 줬으면 이제 알아서 눈치껏 해야지.', '일부러 모르는 척하는 거 아니야?' 아이들에게 괘씸한 마음이 들 때가 있다. 남편도 아이도 직장 동료까지, 말하지 않으면 내 마음을 있는 그대로를 알아주기를 기대해서는 안 된다.

아버님 생신날. 만삭의 몸으로 한 손에는 아버님 생신 케이크 상자를, 다른 한 손에는 장바구니를 들고 차가 있는 쪽으로 걸어갔다. 남편이 차를 길 옆에 주차했다. 운전석에 앉아 있는 남편과 눈을 맞추며 차 쪽으로 걸어갔다. 아무리 다가가도 남편은 요지부동이다. '나를 보고 있지 않나?'

양손이 무거워 배에 힘을 주니 배가 뭉쳐 왔다. 뒤뚱뒤뚱하며 겨우 차 근처까지 왔다. 시동을 거는 소리가 들렸다. 그리고 기다렸다는 듯이 트렁크가 열린다. 던지다시피 대충 넣고 숨차게 걸어서 앞자리에 탔다.

"내가 걸어오는 거 못 봤어?" 정색하며 말했다.

"봤어."

"그런데 왜 안 나왔어? 만삭인 내가 양손 무겁게 오는데 안쓰럽지도 않아?"

"미안해. 힘들 거라는 생각을 못 했어."

"…."

그날 저녁 시댁에 갔다. 생신 주인공 아버님이 늦으셔서 어머님, 남편, 아가씨 모두 소파에 앉아 기다리며 TV를 보고 있었다. 현관문에 버튼 누르는 소리가 들렸다. '띠 띠디…. 철컥' 아버님이 한 손에는 노트북 크기의 서류 가방, 다른 한 손에는 몇 개의 종이가방을 들고 계셨다. 자연스레 앞장서서 나가 아버님 손에 든 짐을 받아 들고 뒤돌아서니 어머님, 남편 모두 소파에 앉은 자리 그대로 아버님께 인사를 하고 있었다. 그렇구나. 낮에 남편의 행동이 일부러 그런 게 아니라 전혀 몰랐구나. 남편이 상황을 인지하지 못해서 오해를 받는다는 것은 참 안타까운 일이다. 모른 척 그러려니 하고 넘기려고 해도 반복되는 상황에 마음이 편한지가 않았다. 그러나 좋은 이야기가 아니니 말 꺼내기가 쉽지 않다. 어렵게 꺼낸 말에 남편은 다행히 나쁘게 받아들이지 않고 변화되었고 그 이후로 많이 좋아졌다. 가끔은 무거운 짐을 들어 주려고 밖에서 기다리고 있을 때도 있을 정도이다. 이후에도 서로 의외로 솔직하게 대화할 때, 서로의 이해가 깊어지고 오해도 줄어드는 경우가 많았다. 작은 것이라도 생각과 감정을 표현하는 것이 중요하다고 생각한다.

유아 시기에 소마, 필즈, 씨매스, CMS 등의 입학 테스트를 치게 되는데 아무것도 준비하지 않은 채 시험을 덜컥 쳐서 원하는 결과가 나오지 않는 경우가 있다. 너무 실망스럽다며 상담을 요청했다. 수학의 언어는 다르다. 또 하나의 외국어다. 의미를 파악하고 이해할 시간이 필요하다. 초등 1학년 성대 경시대회 기출문제집을 풀어 보면서 나조차 이해가 잘 안 되는 문제가 있다. 해설지를 봐야만 문제가 어떤 의미인지 파악이 되기도 한다. 대치에서 유아와 초등 저학년 엄마에게 인기가 많은 수학학원인 다함영재원에서 근무했던 선생님과 대화할 기회가 있었다. 처음 들어가면 수학 문제 질문만 적혀 있는 프린트로 문제 이해를 할 수 있게 배부한다고 했다. 이야기 듣는 순간 '아! 정말 맞는 말이다!' 생각했다. 대칭, 가르기 모으기, 이웃하는 수, 대각선, 곧은 선, 띄어 세기 등 아이들이 용어의 의미를 모르는 단어가 있을 수도 있다. 그래서 레벨 테스트를 준비하거나 경시대회를 준비할 때는 문제 이해부터 제대로 하고 있는지 확인하는 게 중요하다. 맞고 틀리는 것은 다음 단계이다.

학습뿐만 아니라 생활적인 부분에서도 마찬가지다. 유아 상담을 할 때 예측 상황을 만들어서 미리 연습해 보라고 권한다. 하나부터 열까지 다 알려 주어야 하냐. 너무 피곤하다고 말하는 엄마도 있다. 이렇게 말씀하시는 분도 계신다.

"아이가 실수해서 누군가에게 혼나더라도 겪어 봐야 성장하지 않나요?"

틀린 말은 아니다. 그러나 굳이 피할 수도 있는 일들까지 다 겪게 놔둘 필요는 없다고 생각한다. 엄마의 조언 이상의 예측불허 한 상황에 아이들은 노출된다. 엄마의 조언과 상황 대처 연습이 아이들이 경험하지 않았던 황당한 상황에 닥치더라도 연습했던 경험을 떠올려 지금의 문제 상황을 해결하는 것에 도움이 된다. 유아, 초등 저학년 때 화재대피훈련도 평생에 직접 경험하지 않을 수 있지만 매년 시행한다. 특정 학과에서는 '실습'이라는 과정이 있는 이유를 생각해 보면 미리 연습해 보는 것은 의미 있다.

아이들과 초등학교 입학 전에 '만약에 시리즈'라는 이름을 붙여서 상황극 놀이를 했다.

'만약에 친구가 너를 때렸을 때 너는 어떻게 할 거야?', '만약에 엄마랑 학교 끝나고 교문에서 만나기로 했는데 엄마가 안 보이면 어떻게 할 거야?', '만약에 낯선 사람이 장난감 하나 골라 가라고 하면서 같이 가자고 하면 어떻게 할 거야?', '만약에 친구가 멋진 물건을 줬다가 다시 도로 달라고 하면 너는 어떻게 할 거야?' 등 아이가 겪을 법한 상황을 미리 역할극을 해 보면서 간접경험을 하게 해 보았다.

 얼마 후 3층까지 있는 홈플러스에서 아이들을 잃어버렸다. 숨이 탁 막혔다. 카트를 옆으로 밀어 넣고 여기까지 왔던 동선을 거꾸로 아이를 찾아 헤매기 시작했다. 얼마 안 가서 첫째가 둘째 손을 꼭 잡고 가만히 서 있었다. 두려움과 걱정 가득한 아이들의 눈망울과 눈을 맞추자 누가 먼저도 없이 셋이서 끌어안고 덜덜 떨면서 울었다.
 첫째 아이가 말했다.
 "엄마, 우리가 가만히 있어야 엄마가 찾기 쉽다고 생각했어. 동생이 다른 데로 가려고 하길래 못 가게 잡고 있어서 힘들었어."
 그 이후에도 학교 끝나고 교문에서 만나기로 한 엄마가 없을 때는 보안관 선생님 휴대폰을 빌려서 전화를 걸었다. 하루는 첫째 아이와 놀랐던 지난 일을 꺼내서 이야기하게 되었다.
 아이가 말했다. "홈플러스에서 엄마를 잃어버려서 처음에는 당황스러워서 엄마를 찾으려고 했는데, 갑자기 엄마와 해 본 상황극이 생각났어."

 모든 일을 예측할 수는 없다. 엄마와 모든 순간을 함께할 수 없고, 해결해 줄 수 없다. 그러나 한번 해 봤던 생각은 말하기가 편안하고, 비슷하게 경험한 것에 대해서는 대응 속도가 빨라진다. 해결 방법에도 도움이 된다.
책을 읽는 중간에 혹은 책이 끝나고 나서 아이와 책의 내용이 앞으로 어떻게 전개

될지도 말해 보고, 아이가 주인공이면 어떤 방법을 선택하고 해결했을지도 이야기 해 보는 시간을 갖기도 한다.** 초등 3학년 이상인 학생들은 9월이 되면 영재원 시즌이라고 말한다. 대부분 영재원은 1차 지필고사, 2차 면접으로 진행된다. 아이와 엄마의 대화 속 경험이 아이에게 다양한 선택지를 생각할 힘을 기르게 해 준다. 그리고 창의적 문제 해결력 유형의 시험이나 실제로 당황스러운 상황에서도 우리는 더 적절하고 나은 선택지를 고를 수 있다. 미래에 대한 자신감은 쌓아 온 경험에 대한 믿음에서 비롯된다고 생각한다. 이러한 믿음이 있기에, 어떤 도전에도 긍정적으로 임할 수 있다.

2.
초등 2학년 사춘기가 왔어요

　학부모를 만나고 상담하면 공통점이 있다. 한 번씩 아이를 '사춘기'나 'ADHD'로 의심할 때가 있다는 것이다. "우리 아이가 생각 없는 행동을 해요. 우리 아이 소아정신과 상담을 받아야 할 지경이에요. 통제가 안 돼요. ADHD 의심해야 할까요?" 물론 병원의 도움이 필요하면 당연히 치료를 받아야 한다. 학부모들이 모여, 한두 시간이 지나면 아이의 고민을 하나둘 꺼내게 된다. 아이들에 대한 고민은 도저히 이해할 수 없는 행동과 말을 할 경우나 필터 없이 생각나는 대로 쏟아져 나오는 질문이 많을 경우이다. 말만 잘할 뿐 행동은 느려터진 아이와 무슨 일만 생겼다 하면 눈물부터 보이는 아이, 대화로 해결하기보다 소리를 질러서 제압하려는 행동 형태를 보인 아이 등 끝도 없이 예시가 쏟아진다. 함께 모여 있는 엄마들이 서로 돌아가며 하나씩 꺼낼 때마다 "어머, 우리 아이도 그런데!", "우리도 그래요!"라며 한바탕 호탕하게 웃게 된다. "애들이 다 비슷하구나."

하며 별다른 해결책이 없이도 금세 편안해지는 얼굴이다.

'사춘기'의 사전적 의미는 육체적, 정신적으로 성인이 되어 가는 시기를 말한다. 연령별 뇌 발달 시기로 인해 분노가 조절이 어렵고, 호르몬으로 인해 몸도 변화된다고 되어 있다. 대부분 초등 5, 6학년 때 시작하여 중학교 때 절정이다. 미운 네 살, 미운 일곱 살, 일춘기와 이춘기를 걸쳐 삼춘기, 사춘기 어쩌면 육아 단계 중에 쉬운 구간은 없나 보다. 아이가 어릴 때는 시도 때도 없이 울며 떼쓰는 아이를 대할 때 힘들었지만 아이가 조금 더 성장해서 꼬박꼬박 논리적으로 나의 말을 따지고 들 때가 있다. 나름 들어 보면 맞는 말이지만 나를 무시하는 태도와 매서운 눈빛이 공격적으로 느껴져서 피가 한 번씩 머리끝까지 치솟을 때가 있다.

'사춘기가 없는 게 좋을 걸까? 엄마 말을 잘 듣는 아이가 다 좋을까? 고집이 세고 주장이 강하면 나쁜 걸까?' 그것도 아니다. 집에서 어른인 부모와 대화해 보고 협상하는 것도 연습해 봐야 사회에 나가서도 자신보다 나이가 많은 분과 자연스레 대화할 수 있을 것이다. 사업으로 만나는 일에서도 의견을 논리적으로 잘 말해서 설득력을 갖출 수 있을 것이다.

남편은 어렸을 때 부모님께 자신의 의견이나 생각을 말했을 때, 의견이 수용되거나 반영되지 않고 '어린 생각'이라고 단정 지어 버려서 결국 부모님이 일방적으로 내린 결정을 따랐다고 한다. 그래서 그런지 처음에 입사했을 때 자기보다 나이가 적거나 동갑인 분들은 대하기 편하지만, 나이가 더 많거나 직책이 높은 사람들은 어떻게 대해야 할지 몰라 어려웠다고 했다.

개인 코칭하는 아이 중에 초등학교 3학년 외동아들이 있다. 엄마는 학창 시절 공부를 잘했다고 한다. 그러나 아이는 운동을 너무 좋아하고 엉덩이 들썩거림이 심하며 노는 시간이 충분히 주어져야 공부를 할 수 있다고 한다. 이 정도로 아이를 파악했다는 것은 아이를 객관적으로 보려고 애썼다는 증거다. 엄마와 성향이 다른 아이를 키우면서 매우 힘든 시간을 보냈다고 한다. 지금까지는 엄마표로 진행이 잘되었는데 점점 많이 싸우게 되고 언성이 높아지고 아이가 엄마랑 공부하기 싫다고 말할 정도가 되었다. 나는 개별 진도로 나가는 학원에 다니기를 권했다. 이후, 최전방에는 학원 선생님이 계시고 엄마가 아이를 돕는 역할로 아이를 챙겨 주고 이끌어 주었다. 아이도 좋아하고 엄마도 수월해졌다. 아이를 이해하기에 앞서 먼저 나를 이해해야 한다. 나를 이해해야 남도 이해할 수 있다. 남이 다름도 알 수 있다. 서로를 인정하는 순간 방법이 생긴다.

어렸을 때 나는 어른스럽다는 말을 많이 들었다. '입이 무겁다', '어른스럽다', '속이 깊다', '예의 바르다', '어른 말을 잘 듣는다' 엄마는 어디 가도 나를 자랑삼아 이야기했다. "보경이는 쌍둥이라도 키우겠다." 엄마의 한

마디로 주변 어른들이 괜찮은 딸로 바라보았다. 지난 과거의 칭찬이 나의 발목을 잡을 때가 있다. '어른스럽다'와 '예의 바르다'는 잠재의식에 있다가 본능적으로 불쑥 올라와서 결정적인 순간에 나를 머뭇거리게 한다. 직장이었던 병원에서 나와서 혼자 일을 했다. 때론 다른 분과 프로젝트를 할 때도 있었는데, 나이가 나보다 열 살 정도 많으신 분이면 윗사람이라고 생각해서 나도 모르게 순종적인 태도가 된다. 일은 서로가 성과가 있어야 하는데 수입을 나누는 데에서도 주시는 대로 받았다. 함께 일하면서도 내가 희생하고 있다는 생각이 들어도 직접 말을 하지 못하고 밤을 꼬박 새워 일하기도 했다. 함께하는 파트너로 만났는데 점점 어려운 상사를 대하고 있었다. 마음이 즐겁지 않으니 결과도 마음에 흡족하지 않다. 어른의 말을 잘 들어야 한다는 잠재의식 때문에 상하 관계에서는 상관없지만, 파트너로 일했을 때는 나의 신념이 흔들리는 것이었다.

'초등 2학년부터 사춘기가 왔다.'라는 말을 할 때 한 번 더 생각해 보면, 아이의 주장이 강해지고, 몰랐던 성향이 드러난다. 예전과 다른 아이의 모습이 아니라, 어쩌면 잠재되어 있던 아이의 모습이다. 엄마가 생각해 왔던 아이의 모습이 아니니 놀라는 것은 당연 할 수 있다. 말 잘 듣던 아이가 갑자기 나에게 반항하는 것처럼 느껴질 수 있다. 아이는 그동안 엄마가 원하는 모습으로 살기 위해 자기도 모르게 본능적으로 노력을 해 왔을 수 있다. 맞지 않은 옷을 엄마가 입혀 주면서 '아들, 할 수 있어!'라고 해왔을 수 있다. 갑자기 변해 버린 아이의 모습에 엄마는 이전의 아이의 모습이 아니라서 마주하기가 힘들고, 받아들이기 어려울 때 '사춘기'라는 말로 대신해서 사용하는 건 아닐까.

아이의 변화된 모습을 자세히 살펴보면, 그 행동이 다른 사람에게 피해를 주지 않거나 아이의 인생에 큰 해가 되지 않는 경우가 많다. 이는 어쩌면 가장 편안한 상태에서 나타나는 순수한 모습일 수 있다. 하지만 가끔 아이에게 말 한마디 하기가 조심스러울 때가 있다. 예민하게 반응하기도 한다. 그러나 때로는 따뜻한 한마디가 아이의 마음에 깊이 스며들 수도 있다. 아이에게 가장 이상적이고 건강한 상태는 아이가 자신만의 색깔로 아이다움으로 살아가는 것이다. 그래서 변했다고 느껴지는 아이의 모습도 그대로 받아들이는 엄마가 되기로 결심했다. 이런 마음가짐이 아이와의 관계를 더욱 깊고 의미 있게 만들어 줄 것이라고 믿는다.

3.
원하는 것을 얻기 위해서는
일단, 시작해야 한다

『갈매기의 꿈』을 쓴 리처드 바크는 이런 말을 했다.

"사람은 누구나 삶을 시작할 때 대리석 한 덩어리와 연장 하나를 선물받는다. 우리는 평생 대리석을 손도 대지 않은 상태로 가지고 다닐 수도 있고 연장을 사용해 멋진 조각품으로 다듬어 낼 수도 있다."

시작이 제일 어렵다. 목동은 이중주차를 흔히 볼 수 있다. 지하 주차장이 없는 곳이 대부분이다. 차를 빼기 위해 이중주차되어 있는 차를 밀 때, 밀리기 시작할 때까지가 제일 힘들다. 과학적으로도 정지된 물체에는 질량×중력가속도×높이의 양이 포함되었다. 정지된 물체도 에너지가 있다. '정지마찰력'이라고 말하기도 하는데, 움직이기 시작할 때까지는 정지마찰력의 힘을 넘을 만큼은 계속 힘을 주어야 한다. 하지만 물체가 한 번 움직이기 시작하면, 관성 법칙에 따라 계속 움직이려고 한다. 조금의 힘으로도 차가 밀린다. 관성은 '습관'이라고 볼 수 있다. 힘을 크게 들이지 않아도 계속할 수 있다. 여기서 중요한 것은 힘이 크게 들지 않는 관성까지 가기 위해서는 관성이 되어서 저절로 될 때까지는 엄청난 힘이 든다는 것이다.

첫째 아이 1학년 때 나에게 주어진 새로운 일들이 많았다. 일에 신경을 많이 쓰면서 아이들의 숙제를 꼼꼼하게 챙기지 못했다. 못 해 가는 날이 점점 많아졌다. 꼼꼼하기로 소문난 원장님께서 전화가 왔다.

"어머님, 설거지를 하면서 밥을 지어야지요. 설거지가 쌓이면 밥도 안 해 먹게 돼요." 처음에 무슨 말인가 했다. 아이의 숙제가 밀리면 공부를 하기 싫어질 수도 있다는 뜻이다. 원장님 말씀에 주문에 걸린 마법처럼. 정말 숙제가 밀리기 시작해서 쌓이게 되니 끝내 학원을 그만두게 되었다. 할 수 있다고 생각할 정도로 밀리면 마음을 먹게 되지만 막막하게 쌓이게 되니 결국, 끝을 내야 새로운 시작을 해 볼 수 있었다. 시간도 돈도 손해 봤다.

초등 4학년 때 첫째가 학원 끝나고 집에 가는 길에 한 바퀴만 더 돌자고 했다. 집에 가면 해야 할 일들이 너무 많아서 가기 싫다고 했다. 이번이 처음이 아니다. 집에 가기 싫은 마음을 나도 이해하지만 나는 아이가 할 것을 먼저 하고 쉬었으면 좋겠다. '어차피 할 일인데 바로 시작해서 빨리 끝내면 얼마나 좋을까.' 그런데 현실은 자리에 앉는다고 해서 집중력이 바로 생기는 것도 아니다. 열심히 한다고 해도 자는 시간 전에 못 끝낼 수도 있다. 첫째 아이가 영어 숙제할 때 1시간, 수학 숙제는 한 문제당 3분을 내가 정해 놓았다. 그런데 곰곰이 생각해 보니 가장 빨리했을 때를 기준으로 정하는 것들이 많다. 구몬 학습지 하루치를 30분 만에 하는 날이 있으며, "거봐. 너는 마음만 먹으면 30분 안에도 하잖아." 그 이후로 구몬 학습지 하루 분량을 30분으로 정했다. 어쩌다 빨리 된 건데 말이다. 이후로 30분을 넘기게 되면 집중을 안 하고 있었냐며 잔소리하기도 했다. 아이는 억울해했고, 그 이후도 30분을 넘기는 날이 더 많아졌다. 매일 성취감을 느껴야 자신감이 생길 텐데 계속 실패를 경험시키는 것 같았다.

아이의 학습 시간을 알아야 계획을 세울 수 있다. 관찰할 때는 적어도 열 번은 지켜보고 평균을 내는 것이 필요했다. 시간도 방법에 따라 달랐다. 영어 단어를 외울 때, 첫째 아이는 한국어 뜻을 보고 발음만으로 내뱉어 보는 게 확실해지면 철자를 써 보는 방법이. 처음부터 철자를 쓰면서 외우는 것보다 영어단어 암기시간이 단축되었다. 아이에게도 알려 주었다.

"네가 이렇게 했을 때 더 잘 외우는 것 같아. 너는 어떻게 생각해? 자신만의 공부 방법을 하나씩 찾아가는 것이 중요하니깐 너도 공부해 가면서 너를 알아가 봐."

학교든 학원이든 시험이 있을 때, 시험 준비를 해 보는 것이 아이의 공부 방법을 찾는 데 도움이 되었다.

학원마다 운영 방침이 다르다. **학원을 선택할 때 시험이 있는 학원을 선호한다. 시험이 있다는 것은 일반적으로 가르침을 받은 후에 스스로 학습을 하는 시간을 가지면서 복습을 통해 완성도 있게 다져 갈 기회가 있다는 의미이다.** 생각대로 성적이 잘 나올 때도 있지만 그렇지 않을 경우도 있다. 원인을 찾아보고 다음 시험을 또 준비해 본다. 방법을 바꿔야 할 때도 있고, 준비 시간이 더 필요할 때도 있었다. 알고 있는 내용도 틀리는 경우라면 시간을 정해 놓고 시험 환경과 비슷하게 모의시험을 쳐 보니 어떤 부분에서 실수하는지 알아낼 때도 있었다. 초등까지는 많은 실패와 성공의 경험을 통해서 나만의 방법을 찾아가는 것을 중요하게 생각한다.

초등 고학년이 올라갈수록 주요 과목은 대부분 지면으로 단원평가를 본다. 사회는 용어가 중요해서 괄호 안에 적절한 단어를 써 넣기가 많았다. 아이가 학교 수업시간에 그은 줄을 보고 워드로 작업해서 괄호 넣기를 연습시켰다. 초등 시험은 고등 입시, 대학교 입시에 아무런 영향을 주지 않는다. 그래서 학교 시험이나 학원 시험을 소홀히 할 수도 있겠지만 아이가 시험을 준비하면서 복습을 하게 되고, 쌓이는 게 있어야 실력이 된다. 시스템을 이용해서 아이가 다질 수 있게 챙긴다. 시험이 동기부여가 될 수 있고, 시험을 준비하면서 다른 분야에 흥미를 느끼는 계기가 되었다. 시험은 단순히 아이의 능력을 평가한다고 생각하지 않으니, 점수보다는 과정에 더 많은 에너지를 쏟는다. 그리고 대부분 과정이 탄탄하면 결과도 좋았다. 성적은 거짓말을 하지 않는다. 그래서 시험 준비를 하지 않았을 때는 처참한 결과를 보기도 했다.

아이를 키우면서 가성비에 대해 고민할 때가 있다. 우리 아이도 학원에 다니는데 왜 성과가 없는 것 같지. '수학 머리가 없는 것일까?', '영어 감이 없나?' 생각이 들 때가 있다. 영어 원장님과 통화를 했다. 원장님의 두 자매도 유명한 영어 학원에서 높은 반에 있다. 나의 고민을 들어 보시더니 수학과 영어에 투자하는 시간을 물어본다. 수학이 영어보다 현저히 많은 시간을 투자하고 있다. 원장님 자녀분의 과목당 시간 분배를 물어보았다. 수학과 비교하면 영어가 현저하게 많았다. 원장님은 수학을 고민하신다. 시간을 쓰는 곳에 에너지가 몰린다. 살을 찌울 수 있다. 나는 개인 상담을 할 때 시간표를 먼저 확인한다. 엄마가 신경을 쓰는 과목에 대부분 시간을 많이 배치한다. 시간을 많이 투자하는 곳에서 아이의 성취도가 대부분 높다. 반면에 웩슬러 지능검사에 사고력 수학을 잘할 아이인데도 엄마는 영어를 집중으로 시간을 분배했다. 사고력 수학을 접할 시간은 일주일에 한 시간이다. 그러나 엄마의 목표는 소마 프리미어반, 필즈 주 2회 반에 들어가고 싶어 하신다. 원하는 것을 얻기 위해 투자할 시간은 꼭 필요하다.

시간을 투자한다는 것은 잘하고 싶다는 마음이다. 시간을 투자해서 아이가 잘하게 되어 어느 정도의 성과를 내고, 원하는 반이나 수준에 도달하면 아이 자신도 잘함을 유지하고 싶어진다. 아이에게 욕심 생기니 선순환 과정이 반복되면서 강해진다. 이렇게 되기까지 아이는 시작을 어떻게 했는지 기억 못할 수 있다. 쉽지 않았을 것이다. 어떤 행위든 반복이 되는 시간이 쌓여야 습관이 된다. 어떤 부분에서는 '알아서 하는 아이'가 되었다. 한 가지가 되었다고 동시다발적으로 다 되지는 않는다. 하나하나 그냥 되는 것은 없다. 대리석에 먼저 손을 대어야 조각을 시작할 수 있고, 해 본 사람이 잘할 수 있는 확률도 높아진다. 어느 정도 윤곽이 만들어질 때까지는 힘들 수도 있다. 원래 쉽지 않은 거라고 인정하니 버틸 수 있다. 시간을 투자해 보지 않고서는 지금을 걱정하지 않기로 했다.

4.
미래 인재는 표현을 잘하는 아이다

　2022 개정교육과정, 2025 고교학점제, 2028 대입, 교육과정에서 가장 큰 변화는 고교학점제, 수능에서 선택과목 변화, 고등학교 내신 체계가 9등급에서 5등급제로 바뀌는 것이다. 1등급의 비율이 4%에서 10%로 확대되었다. 1등급 내 학생들을 더욱 명확히 변별하기 위해 다양한 평가 방식이 도입될 것으로 교육전문가들은 예상한다. 서울 양천구 학교 알리미를 통해 고등학교 1학년 '교과별 평가계획에 관한 사항'을 보면 평균 지필평가가 30%, 수행평가가 40% 선으로 반영된다. 수행평가 내용을 보면 카드뉴스 제작, 독서감상문, 신문 기사 작성 등 교과 선생님에 따라 다양한 방법으로 평가된다. 수행평가 비율은 작년보다 증가했다. 또한 서울대학교는 2023학년도 정시 전형부터 생기부(학생생활기록부)를 반영했다. 연세대학교는 2026학년도부터 정시 전형에서 생기부를 반영하겠다고 발표했다. 우리 아이들이 수능시험을 칠 때는 수능+내신+생기부를 챙겨야 한다.

지금 초등학교 다니는 아이들에게 해당되는 중학교의 변화는 자유학년제가 없어지고 자유학기제로 1학년 1학기를 보낸다. 고교학점제로 인해 고등학교에서 전공과 관련된 어떤 과목들을 들었는지가 중요하다. 그래서 중학교 자유학기제, 중학교 3학년 2학기 자율시간을 활용하여 진로 관련 선택 과목을 운영할 때 좀 더 신중하게 자신의 진로를 탐색하고 고민할 필요가 있다. 과목별 세부능력 및 특기사항이 앞으로 더욱 중요해질 거라 예상한다는 뉴스를 쉽게 접할 수 있다. 고등학교 생활기록부에서 수상 경력과 논문 실적 등을 기재할 수 없다. 그래서 입학사정관들은 세부능력 및 특기사항(세특)에서 과목 성취 수준이나 수업 태도 등을 평가하는 것이 중요해 졌다고 한다. 고등학교부터 수행평가와 보고서 등이 진로와 맞아 떨어지게 준비하면 담당 과목선생님이 세특을 알차게 적어 주실 수 있다. 또 진로에 맞게 동아리와 진로활동을 했을 때 생기부를 잘 챙길 수 있다.

초등학교 수행평가는 입시에 반영이 되지는 않지만 중, 고등학교에서 하는 방식과 비슷한 것들이 많다. 5학년 과학 과목의 경우 온도와 열 단원의 단열제에 관한 수행평가가 '친환경 소개를 이용해서 선생님이 주신 따뜻한 물의 온도로 유지할 수 있는가'였다. 단열이 잘 되기 위한 조건, 친환경소재와 연결, 만들기를 과정을 통해 주어진 시간 내에 완성을 해야 한다. 그리고 마지막으로는 연구 과정을 발표한다. 이외에도 학교 폭력 예방 영상 만들기, 독서감상문 쓰기, 세계나라문화를 PPT로 발표하기 등 다양한 방법으로 수행평가 한다. 개인적인 수행평가도 있지만 조별평가로 진행되기도 한다. 친구들끼리 서로가 맡을 역할을 나누고 조합하는 과정을 통해 협업을 연습한다. **수행평가는 글로 표현하는 것뿐만 아니라 발표를 통해 자신의 생각과 열정을 잘 전달하는 학생이 좋은 평가를 받을 가능성이 높아질 것이다. 자신의 열정을 효과적으로 표현할 수 있는 능력을 키우는 것은 앞으로 더 중요해진다.**
초등학교 때 적극적인 수행평가 준비는 중, 고등학교를 미리 대비하는 데 좋은 경험이 된다.

유아 엄마의 경우는 무엇을 하면 좋을까. 감정 표현을 잘하는 아이로 키우는 것이 우선이다. 그러나 쉽지 않다. 엄마도 말이 없는 편이고, 아이도 말수가 적은 아이다.

첫째 아이는 눈치를 많이 보고 행동을 한다. 완벽주의 성향이 있고, 상대가 불편할 것 같은 행동을 거의 하지 않는다. 반면, 둘째는 "엄마, 내 옆에 앉아. 내 쪽으로 고개를 돌려. 나만 바라봐. 손 둘 다 줘 봐. 내 손을 꼭 잡고 있어." 둘째는 일단 행동파다. 원하는 대로 행동하고 요구한다. 둘째 아이가 장난으로 한 행동을 첫째가 도무지 이해가 안 될 때가 많다. 둘째 아이는 나쁜 의도가 아니다. 그저 자신이 하고 싶은 대로 한 것뿐이다. 첫째 아이가 보면 동생은 상대방의 감정을 고려하지 않는다고 오해할 때가 종종 있다.

첫째 아이에게 표현하는 것을 가르쳐 주려고 애를 많이 썼다.
"너의 마음을 솔직하게 말해 주어야 네가 도움이 필요할 때 도움을 받을 수 있어."
한 번, 두 번 반복하니 조금씩 달라졌다.

"엄마, 나도 안아 줘. 엄마, 나도 해 줘. 나도 뽀뽀해 줘." 너무 예쁘다. 표현을 잘한다고 칭찬해 주니 점점 표현에도 자신감이 생기는 게 느껴졌다. 둘째 아이가 상황에 대한 설명 없이 울고 있으면 첫째 아이가 말해 준다. "준아, 울지 말고 상황을 말해 봐. 네가 말해야 우리가 도와줄 수 있지."

기특하게도 엄마가 알려 준 것을 기억하고 상황에 써먹는다.

나와 첫째 아이가 비슷한 부분이 있다. 내 감정보다 상대방의 감정을 우선으로 여겼다. 상대방의 잘못은 쉽게 용서가 된다. 상대방이 나의 부탁을 거절해도 '무슨 사정이 있겠지' 생각한다. 이해하고 배려하는 것도 좋지만 내가 잘할 수 없는 상황에 부탁을 들어주는 것이 결과적으로는 서로에게 더 안 좋을 수 있다. 내 마음을 상하게 하면서까지 관계를 좋게 하려고 애쓸 필요까지는 없다는 게 기준 범위이다. 상대방이 나에게 긍정이든 부정이든 표현을 명확히 했을 때 상대가 서운하더라도 관계가 명확해진다. 오히려 모호한 대화나 신념 없어 보이는 행동이 오해나 문제가 생겼던 것 같다. 불편한 감정을 드러내도 괜찮다. 만약, 상대방의 부탁을 어쩔 수 없이 거절했는데, 화를 심하게 낸다거나 이상적이지 않다면, 내가 챙겨야 할 사람의 명단이 오히려 더 뚜렷해지는 기회가 될 수 있다.

감정을 표현하는 것도 연습이 필요하다. 자신감 있게 자신의 마음을 정확히 표현하기까지 걸리는 시간은 아이마다 다르지만 앞으로 아이가 접할 교육에 있어서는 필수로 도와주어야 하는 부분이다.

지금도 나에게 큰 숙제인 만큼 지키려고 노력하는 것이 있다. 아이의 생각을 '어린 생각'이라고 여기지 않으려고 한다. 의견이 맞지 않아서 말대꾸하듯이 아이가 공격적으로 말을 할 때가 있다. 아이 말의 논리가 맞고 납득이 되면 아이의 의견을 수긍하고 그렇게 해 보자고 한다. 아이가 푸는 문제나 의견에 있어서 받아들일 수 없는 논리라도 상황에 따라서는 '틀렸다'는 말보다 '그런 생각을 해 보지 않았는데 또는 생각 못 했던 부분인데.'라는 말을 하면서 나의 의견을 덧붙인다. 아이와 차분하게 대화할 시간이 생각보다 없다. 따로 시간을 낼 수 없다면 아이가 말을 걸 때가 아이의 표현력을 높이는 좋은 기회라고 생각한다.

5.
귀한 대접 받는 아이로 키우기

나에게 귀한 아이가 어디에서든 귀한 대우를 받으면 얼마나 기쁠까. 아이가 스스로 소중하다고 느낄 수 있게 도와줄 방법이 있을까?

학부모 클래스 강의할 때 엄마들에게 한번 해 보라고 하는 활동 중 감명 깊었다는 피드백이 많았던 것을 소개해 보려고 한다. 흰 종이가 있다. 손가락 모양의 그림 도안이 그려져 있다. 왼손 오른손 두 가지 모양이다. 왼손에는 내가 요즘에 아이들에게 많이 하는 말을 적어 본다. 손가락 하나당 한마디씩 적어 본다. 예를 들어, '빨리 좀 해', '아직 멀었어?', '시간이 몇 시인데', '숙제는 했어?', '다 너를 위한 거야', '정신 차려', '어디까지 했어?', '지금까지 뭐 했어?', '빨리빨리'. 오른쪽 손에는 엄마가 아이에게 듣고 싶은 말을 적어 본다. '엄마 잘한다.', '사랑해', '고마워', '예쁘다', '나에겐 엄마가 최고야' 하며 다양한 격려의 말이 적혀 있다. 왼손, 오른손을 번

갈아 확인해 보자. 내가 듣고 싶은 말은 우리 아이도 듣고 싶은 말이다.

마음속 깊은 곳에 있는 본질의 말은 항상 급한 말에 밀려서 밖으로 나오지 못한다. 급한 말을 하고 나면 아이가 생각해도 맞는 말이지만 듣기 싫은 말이다. 아이와 함께 보내는 낮과 저녁 동안의 대화를 떠올려 보면 서로가 불편한 말이 많이 오간다. 대부분 아이가 듣고 싶은 깊은 말은 이상하게도 자기 전에 잘 나온다. 자려고 누워서 깜깜한 방에 아무것도 할 게 없을 때 나온다. 공부에 집중 안 하는 아이, 장난만 치고 할 일 안 하는 아이, 투정 부리고 짜증 내는 아이는 어디로 가고 없다. 그 자체의 순수 어린아이로 보인다. '아이고~ 내 새끼 예쁘다.', '사랑해.', '엄마는 네가 너무 자랑스러워.', '넌 나의 기쁨이야.' 온갖 마음속 깊이 있던 말들이 기다렸다는 듯이 쏟아져 나온다. 그런데 아이는 당황스럽다고 한다. 아침과 밤에 엄마 모습은 왜 다를까? 어떤 쪽이 진짜 우리 엄마의 모습일까. 이미 낮에 엄마에게 들은 뼈를 깎는 고통스러운 말은 아직도 아이 마음에 남아 있다.

나를 소중하게 여기는 사람이 있으면 나도 그런 사람이 되고 싶다. 나를 귀엽게 봐 주는 사람 앞에서는 말도 짧아지고 귀여운 행동도 하게 된다. 회사에서도 나를 인정해 주는 상사 한 명만 있어도 일할 맛이 난다. 남들보다 성과를 더 내고 싶다. 급한 말이 먼저 나올 때도 있지만 계속 의식하려고 한다. 상황이 짜증 나고 아이의 행동이 내 마음에 백 퍼센트 채워지지 않아도. **'엄마는 너를 믿어.', '너는 잘할 수 있어.', '너는 잘될 수밖에 없어.'** 잘 나오지 않을 때는 연기하듯이 말할 때도 있다.

해와 바람 이야기는 누구나 다 아는 내용이다. 지나가는 나그네의 옷을 누가 벗기는지 내기를 한다. 바람은 옷을 날려 보내려고 했다. 힘껏 바람을 분다. 그러나 나그네는 더 옷을 움켜잡는다. 승리한 자는 해이다. 결국 따뜻함이 승리한다.

아이가 실패 속에서도 '긍정'을 발견할 수 있게 되길 바란다. '긍정'이라는 의미가 'YES'. 단순히 좋게 생각한다는 의미가 아니다. 사전적 의미는 '그렇다고 인정함'이다. 마음이 힘든 상황에서도 그 상황을 남 탓을 하지 않고, 죄책감도 느끼지 않으며, 상황을 있는 그대로 인정하고 받아들이는 것이다. 중요한 것은 현재. 무엇을 해야 할지를 찾는 데 에너지를 쏟는 것이다. 그래야 힘든 상황에서도 한 발짝 더 갈 수 있다고 생각한다. 3학년 때 첫째가 반장 선거에 준비도 단단히 해서 나갔다. 그러나 1학기 2학기 두 번의 기회가 있었는데, 반장이 되지 않았다. 친구들의 표도 많지 않았다. 4학년이 되어서 반장 선거에 나가는 것을 두려워했다. 3학년 때의 실패가 4학년 때도 이어질 것 같다고 걱정하듯 말했다. 아이를 앉혀 놓고 말했다. "네가 부족해서 안 된 게 아니라. 친구들이 투표해서 반장이 되는 거니깐 네가 어떻게 할 수 있는 부분이 아니잖아. 너는 계속 지켜보면 더 멋진 사람이니깐 친구들도 너와 함께하면서 알게 될 거야. 그리고 우리는 벌써 반 친구들 앞에서 두 번이나 반장 선거 경험이 있잖아. 그 경험은 돈을 주고 살 수도 없어. 너는 한 번도 나가 보지 않은 친구들보다 더 자신 있게 할 수 있는 능력이 생겼어."

"알겠어! 엄마, 한 번 더 해 볼게."

말했지만 내 마음도 편안하지 않았다. 반장 선거를 안 나가고 아이가 상처를 안 받는 게 더 나은 것인지 그래도 나가서 경험을 쌓는 게 더 나은 것인지 마음이 혼란스러웠다. 더욱이 아이 일이니 말 한마디가 조심스러웠다. 인생을 살면서 내 마음대로 흘러가지 않는 순간들도 많은데 벌써 아이에게 감당할 수 없는 실망감을 줄까 봐 두려웠다. 반장 선거 당일. 오전에 강의 갔다가 점심도 먹지 않고 집으로 왔다. 2시가 되자 현관문 소리가 "삐…. 삐…. 삐…." 어떤 표정으로 아이를 맞이할지 순간 호흡을 정리하기에 바쁘다. 아이가 들어오는데 눈치 보기 바빴다.

"엄마, 나 반장 됐어." 그때 웃음을 감추지 못하는 아이를 끌어안고 방 방 뛰며 한참을 좋아했다. 아이가 반장이 되어서 기쁜 것보다 힘들었던 상황에서도 한 걸음 나가는 것을 경험했다는 거에 기뻤다. "이게 긍정의 힘이야.", "우리 또 힘든 상황이 오더라도 누구의 탓을 하지 말고, 스스로 위로해 주고 나에게 힘을 주고 내가 할 수 있는 것을 찾자!"

아이들이 학교에 돌아오면 꼭 물어보는 질문이 있다.

"오늘은 어떤 친구를 도와주었어?"

"오늘은 선생님이 책상을 모둠으로 하라고 했는데 결석한 친구 책상을 내가 바로 가서 정리했어."

첫째 아이가 말했다.

"엄마, 나는 다리 다친 친구가 있었는데 내가 급식실에 같이 가서 식판 정리 도와줬어." 둘째가 말했다.

"엄마 오늘 체험학습 끝나고 쓰레기를 주워서 모았는데, 친구들이 버릴 곳이 없다고 해서 내가 모두 들고 왔어." 하며 양손 가득 쓰레기 봉지를 들고 오기도 했다. 어떤 날에는 선생님을 도와주기도 하고 어떤 날에는 아무도 도와주지 못했다고 할 때도 있다. 그래도 매일 같이 물어본다. 첫째 아이는 자신이 알고 있는 것을 다른 사람에게 가르쳐 주는 것을 좋아했다. 4학년 때 친구들이 '승민맨'이라는 별명도 붙여 주었다. 친구들 사이에서 잘 도와주는 친구로 통한다는 말을 들을 때마다 뿌듯하다.

첫째 아이는 체험학습이 있는 날이면 자신의 간식을 챙기면서 선생님 음료를 꼭 같이 챙겨서 간다. 선생님께 드리는 날도 있고 못 드리고 그냥 돌아올 때도 있다. 하루는 체험학습 있는 날인데 도착 예정 시간보다 1시간 훌쩍 넘어서 집에 왔다.

"엄마, 내가 오늘 선생님 음료수 드리려고 편의점 들렀다가 학교 갔거든. 체험학습 하는 곳에 도착했는데 우리 반 한이가 물을 안 챙겨 와서 목이 너무 마르다고 힘들어하더라고. 중간에 자판기도 이용하지 못해서 돌아올 때까지도 물을 못 먹을 상황이겠더라고. 선생님께 드리려고 했던 음료를 한이한테 줬어. 그런데 정말 고마워하는 거야. 그래서 학교 마치고 같이 가자고 하면서 콜팝을 사 주더라."

"너무 잘했네. 친구가 진짜 고마웠나 보다."

어디에서도 대접받는 아이들로 키우기 위해 내가 먼저 우리 아이를 잘 해낼 수 있는 아이로 바라보기로 했다. 미숙하고 부족한 아이로 보니 고쳐야 할 점만 눈에 보인다. 격려하기보다는 질책하게 된다. 아이가 하고 싶은 그것보다 내가 중요하다고 생각하는 것을 먼저 하게 했다. 아이는 변화무쌍하고 가진 능력이 많은 아이로 귀하게 대하는 기본 마음부터가 중요하다. 교육 특구에 살면서 느낀 것 중에 유명학원의 탑반 엄마들의 공통점은 아이를 대하는 태도가 다르다는 것이다. "우리 준이가 원래 좀 연산 잘한다고 칭찬 많이 받잖아요.", "우리 경이 잘하는데, 이번에 긴장해서 틀렸대.", "원장님이 엄청나게 잘한다고 칭찬했잖아." 아이에게도 주변 사람 눈치 보지 않고 아낌없이 칭찬과 격려를 늘 쏟아지게 해 준다. 무한하게 믿는다. 의심하지 않는다. 아이가 없는 곳에서 아이의 단점을 쉽게 말하지 않는다. 아이에 대해 말해도 아이를 도와줄 부분에 대한 방법적인 것에 조언을 구한다. 아이의 의견을 존중하고, 다른 아이들도 존중하며 귀하게 대한다.

6.
탑반 엄마들의 공통점

에디슨이 얼마나 많은 실패 끝에 성공했는지는 누구나 다 알 것이다. 필라멘트로 적합한 소재를 찾기 위해 수십 가지의 재료를 이용했다. 아무리 실패해도 포기하지 않는 에디슨이 신기해 보여서 이유를 물어보았다고 한다. 에디슨이 이렇게 대답했다. "나는 한 번도 실패한 적이 없다. 필라멘트로 적합하지 않은 재료를 발견했을 뿐이다." 이렇게 말할 수 있는 자녀로 키우려면 어떻게 해야 할까. 실패라고 말하지 않고 성공의 과정으로 여기는 명언에는 핵심이 있다. 성공했기 때문에 실험 과정이 가치 있다고 생각하지는 않았을까. 많은 실패를 하더라도 실패가 과정이 될 수 있게 성공으로 뒤집는 경험을 해야 할 것이다.

실제로 아이의 실패를 경험하면 전혀 아름답지 않다. 좋은 말도 나오지 않는다. 아이에게 화나는 것보다 아이를 떨어뜨린 학원에 더 열받는다.

둘째 아이의 영어유치원 입학 테스트가 5세 11월에 있었다. 5세가 치는 시험이 뭐가 그렇게 어렵겠나 싶었다. 아이와 틈틈이 알파벳 대소문자 매칭만 열심히 했다. 결과는 떨어졌다. 둘째 아이는 영어유치원에 보내야겠다고 결심했는데, 보내고 싶다고 갈 수 있는 게 아니라니 충격받았다. 첫째 아이는 영어유치원을 나오지 않았지만 6세(만 4세)부터 어학원을 다녔다. 초등 1학년 때 보내고 싶은 어학원에 시험을 쳤는데 떨어졌다. 지금까지 내가 무엇을 한 것인지 허탈했다. 나름 영어를 했는데 결과를 들으니 학습한 시간도 아깝고 학원에 배신감이 들었다. 그래서 둘째 아이는 영어유치원을 2년이라도 보내겠다고 마음을 먹었는데 시험에 떨어져서 갈 수가 없다. 입학 테스트에서 떨어지면 3개월을 기다렸다가 다시 쳐야 한다. 진짜 다시 치기 싫었다. 5세(만 3세)한테 이런 시험을 보게 하다니 기분이 나빴다. 여기 아니라도 갈 데가 없나? 이렇게 대단한 곳인가. 투덜대며 '여기만 영어유치원이냐! 다른 데 간다.' 마음으로 어학원을 나갔다.

"엄마! 나 왜 못 가? 나 오지 말래?" 어학원 엘리베이터를 누르는데 둘째 아이가 물었다.

"아, 아니 선생님이 그러시는데. 듣기는 아주 완벽히 잘했대. 그런데 처음 보는 단어를 자연스럽게 읽을 수 있게 연습을 해서 다시 시험 보러 오라고 하셨어." 거짓말 조금 보태서 좋게 말해 줬다.

"잘됐다. 연습하자. 나도 여기 다니고 싶어. 엄마."

"그래. 연습하자."

아이 손을 잡고 집에 오는데 아무 말도 하고 싶지 않았다. 속이 부글부글했다. 그런데 아이가 가고 싶어 하니 전보다 더 간절해졌다. '진짜 보내기 싫은데, 우리 아이가 가고 싶어 하니 내가 붙이고 만다.' 시험에 떨어지면 두 가지 마음이 든다. 첫 번째는 어느 정도 해야지 붙을 수 있는지 막막하다. 두 번째는 나와 공부해서 잘 안 되었는데 선생님을 찾아야 하나 고민된다. 그러나 앞으로 3개월 동안 선생님을 찾는 것도 시간 낭비. 첫째가 했던 스마트 파닉스 1, 2권으로 열심히 했다. 3개월 후에 시험을 치러 갔다. 합격이다. 눈물이 그냥 흐른다. 정말 간절했나 보다. 어학원에 나와서 아이와 사진을 찍었는데, 지금도 그 사진을 보면 눈물이 또 난다. 사진 속 나의 눈이 충혈되어 있다. 아! 그게 뭐라고.

유아부터 초등 저학년까지도 눈에 보이지 않는 등급제가 있다. 소마 다니는지 소마 프리미어를 다니는지, KAGE를 다니는지, 필즈 주 1회 반인지 2회 반인지, SR은 몇 점인지, 전국영어수학학력경시대회(구 성대경시) 상은 탔는지, 영어학원은 어디 다니는지, 와이키즈 특별반인지 등 눈에 보이지 않는 등급이 있다. 또 학원 자체의 문턱이 높아서 들어가기 어려운 곳이 있다. 서로 같은 목표로 두고 아이를 키우지만 모든 걸 공개하지는 않는다. 가끔 서로 어디 다니는지 공개하지 않다가 아이 학원 픽업할 때 복도에서 만나지기도 한다. 조금 껄끄럽기는 하지만 서로 같은 처지라 이해한다.

탑반에서 만난 엄마들, 상담으로 만난 엄마 중에 지방이지만 교육 특구 못지않은 분들, 대치동에서 강의에서 만난 엄마들의 공통점이 있다. 아이의 성향을 굉장히 섬세하게 말한다. 아이를 면밀하게 관찰한다는 느낌을 받았다. '저희 아이는 친구들의 영향을 많이 받아요. 친구들과 함께 공부하는 것을 좋아해요. 친구가 높은 반에 가면 어떻게든 열심히 해서 승급하려고 노력해요. 친구를 좋아하니 CMS처럼 무학년제보다는 소마처럼 같은 학년 아이들과 함께하는 것을 더 좋아하더라고요.', '저희 아이는 꼭 1시간 낮잠을 자야지 에너지가 생겨요. 학교 다녀와서 바로 낮잠을 자야 해요.', '저희 아이는 노는 시간이 무조건 확보가 되어야 해요. 노는 시간을 먼저 주고 나서 공부해야 해요.'

학습 시간이 적다고 걱정은 하지만 최대 효율을 내는 방법을 아니 결과적으로는 좋은 게 아닐까.

아이가 시험에서 원하는 점수가 잘 나오지 않았을 때 절대 아이의 능력 탓을 하지 않는다. '어떤 책을 꼼꼼하게 못 봐서 그랬어.', '우리 애는 잘하는데 엄마가 워킹맘이라 제대로 봐주지 못해서.', '우리 아이 원장님이 엄청 신경 쓰고 계시거든.' 아이는 무엇을 해도 해낼 수 있는 아이고 원장님도 우리 아이를 믿고 있다고 생각한다. 화살이 아이에게 향하지 않고 엄마한테 향해 있다. 아이에게도 선생님이나 원장님이 말씀하신 좋은 점을 아이에게 계속 상기되도록 말한다. 안 해서 모르는 거지 하면 누구보다 잘하는 아이로 믿는다. 공부 정서를 공격하지 않는다. 흔히 아이가 시험을 못 쳐서 오면, '네가 노력이 부족하잖아.', '네가 놀 때부터 알아봤어.', '그렇게 놀면서 하는데 뭣이 되겠어.', '시간이 없어서 결국 다 못 봤잖아.' 하는 말들이 가장 쉽게 입으로 나올 수 있다. 나도 불쑥 그런 말이 나올 때가 있었다. 대부분 이런 말로 아이 감정을 상하게 하지 않았다.

내가 만난 탑반 엄마들은 감정적으로 말하지 않고, 다음번 성공을 위한 방법을 찾기 위해 아이와 대화한다.

"이번에 시험에서 단위를 쓰지 않고, 문제는 두 수의 차를 적으라고 했는데, 너는 두 수를 적었대, 소수점을 다르게 찍었어. 글씨를 알아보지 못해서 오답 처리한 것도 있고 작은 실수들 때문에 10점이 깎였어. 엄마가 전화로 듣고 있으면서 너무 아깝더라. 앞으로 이런 실수를 줄이기 위해 어떤 방법이 좋을 것 같아?"

"꼼꼼하게 볼게."

"꼼꼼하게 본다는 게 어떻게 보는 건데?" 아이에게 다시 물었다.

"문제를 두 번 읽고 풀게."

"그것도 좋은 방법이야. 문제를 두 번 읽고, 문제를 풀고 나서 답을 쓴 후, 한 번 더 문제를 읽어 봐. 요구하는 답이 맞는지. 그리고 나는 교재에 있는 문제를 무작위로 10문제 뽑아서 시험처럼 내 볼게. 네가 긴장도가 높아지면 실수하는 건지 실험해 보자."

"좋아, 인생 파트너 잘해 보자." 아이가 대답한다. '인생 파트너'라는 말은 들을 때마다 좋다.

유튜브 영상 중에 좋은 직업을 가지게 된 한 여자분을 인터뷰한 내용이었다. 어떻게 이렇게 멋진 직업을 갖게 되었는지 부모님이 어떤 분이시냐고 물었다. 그때 그 여자분이 이렇게 대답했다.

"저는 수학능력시험을 잘 보지 못해서 가장 가고 싶었던 대학에서 떨어졌어요. 그때 저희 엄마가 이렇게 말해 주셨어요. 네가 꿈꾸는 직업을 향해 가는 길 중에 단 한 가지 길만 없어진 거야. 이 말 한마디에 마음이 달라졌어요. 수많은 다른 길을 도전하고 싶어졌어요."

상담하다 보면 입학 테스트나 레벨 테스트를 지금 현재의 역량을 점검한다고 생각하고, 따로 준비하지 않는 경우를 보았다. 내가 알고 있는 것도, 필요한 순간에 말로 표현이 잘 안 될 때가 있고, 연결이 어려울 때가 있다. 운동선수도 경기 전에는 스트레칭해서 몸의 근육을 다 깨운다. 준비 기간도 넉넉하게 잡는 게 좋다. 한 1주일은 익숙해지는 데 시간이 쓰인다. 스스로가 간절하면 시험을 준비하는 시간의 효율적인데 유아나 초등은 어렵다. 아이들은 급한 게 없다. 유아나 초등 저학년이면 한 팀이 되어야 한다. 내가 원하는 목표가 반드시 이루어질 것을 확실히 안다면, 지금 하는 모든 어려움은 성공의 과정일 것이다. 급하게 서두르지 않아도 되고, 마음처럼 진행이 어려워도 실망하지 않는다. 나는 목표하는 길을 계속 가고 있으니. 인도 속담 중 잘못 탄 기차가 오히려 목적지로 데려다준다는 말이 있다. 잘못 가도, 생각하는 대로 가도, 멈추지만 않는다면 결국 내가 원하는 곳에 도착해 있을 것이다. 그러나 제일 중요한 것이 있다. 실패는 성공을 위한 과정이라는 것을 인지하고 아이를 바라보려 한다.

대부분 학원에서 우리 아이를 위해 교육을 해 주실 거로 생각하지 않는다. 일부 원장님은 대놓고 말한다. 학부모가 신경을 써서 잘 챙겨 주는 사람이 좋다고 말한다. 입학 테스트에 합격하기 위해 아이를 준비시키는 것은 당연하다고 생각한다. 학원의 커리큘럼에 잘 따라갈 수 있게 도와준다. 숙제를 봐주고 잘 이해가 되지 않는 부분은 다른 부교재를 써서 추가로 풀기도 한다. 학원 진도보다 조금 앞선 선행을 하기 위해 집에서 가르치거나 보조할 수 있는 동영상 강의, 보습학원 심지어 과외 선생님의 도움을 받기도 한다. 결국, 지금 하는 것을 잘하기 위해 애쓴다는 것이다. 나는 아들 둘에 워킹맘이라 잘 챙기지 못한다는 말도 할 수 없다. 그렇게 챙기는 엄마 중에서 나와 같은 워킹맘이 많다.

마치는 글

　학교에서 수업할 때 아이들을 보면 뭉클해진 적이 많았어요. 오늘 수업하고 언제 볼지 모르는 강사한테도 이렇게 적극적으로 열심히 하는 아이들의 모습을 학부모님들에게 꼭 알려 드리고 싶었어요. 엄마가 없는 공간에서 생각보다 정말 많은 에너지를 쓰고 있다고요. 각자의 자리에서 최선을 다하고 있고, 잘하고 싶어 하고, 칭찬받고 싶어 하는 멋진 아이들이라고요. 집에 와서 가방과 옷을 팽개치고 바닥에 드러누워 한참을 뒹굴뒹굴하는 아이는 모든 에너지를 학교에서 쓰고 왔을 수 있어요. 이제야 긴장이 풀리는 거지요. 밖에서 잘하려고 애쓰고 힘쓴 우리 아이에게 '애썼다. 고생했지?' 하며 인정해 주고 감싸 주려고 해요.
　학부모님들 중에는 상담하시거나 단톡방에 질문을 많이 올리시는 분들이 계세요. 힘들고 답답해 하시지만 그 이면에는 아이에게 도움이 되고 싶고, 더 나은 성장을 위해 고민하는 마음이 숨어 있지요. 아이를 위한 고민은 마음이 지치고, 생각을 무겁게 하는 것이 아니라, 한 걸음 더 나아가는 즐거운 방법을 연구하는 과정이라고 생각하면 좋겠어요.

중국에 모소 대나무 이야기가 우리 아이들 이야기 같아요. 모소 대나무는 4년 동안 물을 주고 가꾸어도 3cm 겨우 자란다고 하지요. 성장이 멈춘 것일까요? 아니에요. 뿌리를 땅속 깊숙이 넓게 자리를 잡은 시기예요. 5년이 되는 해부터는 하루에 30cm가량 쑥쑥 자라난다고 해요. 쑥쑥 커지는 몸통을 견딜 만한 뿌리는 이미 4년 동안 만들어져 있다지요. 지금 우리 아이들이 더디게 자란다고 불안하지 말아요. 엄마가 힘든 시기가 있고 아이가 힘든 시기가 있지요. 이 시기에는 무엇을 해도 성과는 잘 나지 않아요. 버티기만 잘해도 성장한 거지요. 아이의 성장에는 마침표가 없지요. 쉼표만 있을 뿐이에요. 잠시 쉬는 것일 뿐, 성장이 멈추는 것은 아니에요.

엄마의 희생이 아이의 행복이 아니라 엄마의 즐거움이 아이의 행복임을 키우면서 더 느끼는 것 같아요. 엄마가 웃어야 아이가 웃더라고요. 아이가 웃음이 많았으면 한다면 엄마가 먼저 자신이 웃을 수 있는 요소를 찾아보고 인지해 보세요. 비싼 것이 아니더라도 자신을 위한 시간을 찾아보세요. 차려진 맛있는 점심, 나에게 주는 선물 등 내 마음이 채워질 때 괜시리 가족에게 미안한 마음이 들면서 마음에 여유가 좀 생기더라고요. 내가 영혼을 갈아 넣어 희생한다고 생각하고 아이에게 신경 쓰면 기대 보상을 아이한테 향하게 되고, 아이의 결과가 엄마를 충족시킬 정도는 아니면 실망스럽고, 누군가를 원망하거나 스스로 자책하게 되지요. 아이의 결과가 안 좋을 때는 격려해 주고 힘을 실어 주고, 아이가 원하는 결과가 나왔을 때는 모든 수고와 축하를 아이에게 돌려야 서로가 건강한 독립을 할 수 있다는 건 누구나 알지요.

엄마가 아이를 사랑하는 내리사랑보다 더 강한 건 아이가 엄마를 향하는 치사랑이지요. 엄마가 무너지면 아이는 더 마음 아파해요. 앞으로 저의 꿈 중 하나는 결혼 자격증 과정을 만드는 거예요. 엄마가 되기 위한 마음의 준비와 궁금한 점을 해소할 방법까지도 알 수 있어서 막막한 두려움에 도움이 되고 싶어요. 예측할 수 있고 준비할 수 있으니까요. 부모님과 함께 사는 시간보다 더 많은 시간을 남과 인연이 되어 아이를 낳아 살아가 보니 예상치 못하는 상황들로 애를 먹지요.

지혜로운 사람은 동전이 앞뒤가 붙어 있듯이 삶과 죽음도 붙어 있다고 생각하고 오늘의 귀한 시간을 잘 쓰기 위해 집중한다고 하더라고요. 하루하루가 모여 인생이 되지요. 오늘도 아이를 성장으로 채울 수 있는 하루가 주어졌어요. 갑작스레 직장도 그만두어야 했고, 한 번도 살아 보지 않은 곳에 이사 와서 살게 되었어요. 인생은 한 치 앞을 알 수 없다고 하는 말이 실감이 났어요. 아무도 모르는 곳에서 아이 둘을 키우는 것이 힘들다는 마음을 느끼지도 못할 정도로 살아가는 데 정신이 없었던 거 같아요. 그런데요.

"인생은 한쪽 문이 닫히면 또 다른 문이 열린다."는 말이 있지요. 힘든 순간이 찾아올 때, 그것이 끝이라고 생각하지 말았으면 해요. 새로운 기회와 가능성이 언제든지 우리를 기다리고 있다는 희망을 잃지 말아요. 우리 먼저 간다고 먼저 도달하는 것도 아니고, 늦게 간다고 마냥 늦는 것도 아니더라고요.

아이 교육에 있어서 지금 힘들고 막막하게 느껴지더라도 절망하지 말아요. 엄마와 아이의 노력이 결실을 맺을 날이 반드시 올 거라고 믿자고요. 항상 희망을 가지고, 서로 응원하며 우리 나아가요.

이 책을 선택해주신 학부모님! 아이와 같이 걷는 여정 동안에 행복과 행운이 함께하길 진심으로 바랍니다.

– 감사를 전합니다. –

세상에서 제일 귀하고 존경하는 우리 서점옥 엄마, 정대현 아빠 감사해요. 사랑해요. 아이들 함께 키워 주시고 출판을 앞두고 서울 와서 전적으로 도와주는 친정엄마 덕분에 약속된 기간에 책을 낼 수 있게 되었어요. 기도와 응원을 아끼지 않으시는 서말임 어머님, 성희경 아버님과 아가씨 식구들, 정순웅 오빠와 현지 식구들의 적극적인 믿음과 사랑, 멋쟁이 서명숙 이모 감사해요.

멀리서도 응원해 주고 믿어 주는 고신대 병원 최은하 선생님, 김민영 선생님, 고은하 선생님 감사해요. 정이 많은 김병남 계장님 건강하세요. 함께 동고동락했던 병원 선생님들 감사해요. 아이들 영양제 보내 주시는 약사 정유진, 교육 현장 권소연 정말 고마워요. 뉴질랜드 효진이, 부동산 큰손 박현선 언니, 회계사 지은이, 백병원 선배님들 특히 조윤정 선배님 감사해요.

서울에 와서 제2의 인생을 살게 되었어요. 아이들 덕분에 만나게 된 학부모님과 좋은 사람들이 있어요. 제 삶을 꽉 채워 준 최훈화, 허소영 선생님, 오로라 팀(조향순, 김정언, 하기쁨, 김은수), 예신맘, 하율맘, 승후맘, 보경맘, 대부도 팀(우진맘, 준희맘, 도윤윤재맘) 월촌초 학부모회 팀, 수학의 힘 정훈 원장님, 안쌤영재교육연구소 대표님 외 직원분들, 든든한 이영우 대표님, 박진영 대표님, 샤론 코치님과 전문가 과정으로 만난 정은주, 윤세진 외 선생님들, 어메이징 리틀조 원장님, 윤아트 원장님, 김효정 원장님, 황원장님 팀, 편스피치 원장님, 조윤미 선생님, 녹색어머니 연합회 김미영 회장님, 권순혜 총무님, 윤경순 감사님 감사해요. 이은미 원장님, 단톡방과 상담으로 인연이 된 학부모님들 외에도 많은 분이 생각이 나네요. 우리 아이들의 성장에 도움을 주신 아이들 친구와 학부모님, 학교 선생님, 학원 선생님들께 진심으로 감사드립니다. 상담과 코칭으로 인연이 된 우리 어머님들 항상 기억하고 응원합니다. 서울에 와서 만나 짧은 인연이 되기도 지금까지도 제 삶에 많은 영향을 주고 계시는 분들도 있지요. 인연이 짧았든 길었든 모두 8년간 저의 삶을 의미 있게 해 주었어요. 감사합니다. 미다스북스 출판사 팀 특히, 이예나 팀장님 시작부터 끝까지 함께해 주셔서 감사합니다.

책을 쓰는 데 시간을 내어 아이들을 봐주는 남편과 서울까지 한걸음에 달려와 주신 친정엄마, 성승민, 성예준 특별 감사해요.

"승민, 예준아! 너희들 덕분에 한 번도 살아 본 적 없는 의미 있는 인생을 살고 있어. 고마워. 덕분에 피하고 싶었던 나의 모습을 과감하게 마주하게 되었고, 내 인생을 거꾸로 여행하는 기분을 들 때가 많았어. 어렸을 때 해 보고 싶었던 것들을 경험하게 되었고, 내가 어렸을 때는 상상도 하지 못했던 일들을 도전하는 너희들을 보게 되었어. 엄마라는 이름은 나를 더욱 강하게 만들어 주기도 하고, 때로는 고개를 숙일 줄도 알게 해 줬어. 너희와 함께 다양한 경험을 할 수 있어서 정말 감사해. 때론 멈춰서 울기도 하고 힘들어서 주저앉은 시간도 있었지만, 내 옆에서 같이 버텨 주며 그 시간을 이겨낼 수 있게 해줘서 고마워. 너희들 덕분에 낯선 곳에서 최고의 엄마들을 만날 수 있었어. 귀하고 따뜻하고 배울 점도 많은 인연을 이어 줘서 고마워. 마지막으로 부탁이 있어.

너희가 항상 행복하기를 바라지만, 혹여나 너희가 살아가는 내일이 때론 힘들고 답답하게 느껴져서 눈물이 날 때가 있을 거야. 그런 순간에는 과거에 어려움을 이겨내고 잘해왔던 경험을 떠올리며 스스로를 위로하고 보듬어 주길 바라. 가장 중요한 건 내 자신이니까.

너희 안에는 그 어떤 시련도 이겨낼 수 있는 힘이 있다는 것을 믿어줘. 때론 잘못 탄 기차가 목적지에 데려가준다고는 말도 있는 것처럼 너를 사랑하고 믿으면 원하는 것을 해낼 수 있을 거야.

엄마는 너희들의 모든 걸 응원해. 사랑해.

부록

1. 초등 엄마가 알고 있으면 유리한 각종 대회 및 자격증 시험

시험일 1~2개월 전부터 접수하므로 참여하고 싶은 대회명으로 검색해서 꼭 확인해 볼 필요가 있어요. 예선과 본선으로 치러지는 대회의 경우 예선을 시험일(예상)로 기재했으니 참고해 주세요.

● 초등 수학 경시대회

대회명	주최/주관	해당 학년	시험일(예상)
전국영어/수학학력경시대회 (구 성균관대경시)	글로벌 영재학회 동아일보	초1~고2 (예비 초등은 초1로 응시 가능)	4월, 11월
한국수학인증시험 (KMC)	한국수학교육학회	초2~고2	5월, 11월
한국주니어 수학 올림피아드(KJMO)	대한수학회 한국 수학올림피아드 위원회	초1~중1	9월
한국 수학올림피아드 (KMO)	대한수학회	초1~고3	5월
전국초등수학창의사고력 대회	서울교육대학교 창의인재개발센터	초3~초6	4월, 10월
전국초중수학학력평가 (MBC)	MBC	초1~고3	8월
전국해법수학학력평가 (HME)	㈜천재교육 한국학력평가인증연구소	초1~중3	6월, 11월

해법수학경시대회 (HMC)	㈜천재교육	초3~중3 (예선 후 본선)	1월
한국수학학력평가(KMA)	㈜에듀왕 한국수학평가연구원	초1~중3	6월, 11월
왕수학 전국 경시대회 (KMAO)	㈜에듀왕	초3~중3 (예선 후 본선)	1월
KUT고려대 전국수학학력평가	고려대학교	초등1~중2	11월
교원 CQ 창의력대회 (국어, 수학, 과학)	교원	초3~초6	12월

● 초등 과학 대회

대회명	주최/주관	해당 학년	시험일(예상)
교원 CQ 창의력대회 (국어, 수학, 과학)	교원	초3~초6	12월
교내 발명품 대회	해당 학교	초4~초6	3월
과학창의력축제	한국과학교육단체총연합회	초4~초6	6월
과학동아리 활동 발표대회	한국과학교육단체 총연합회	초3~초6	10월
과학전람회	국립중앙과학관 과학기술정보통신부	초, 중, 고	7~8월
자연관찰탐구대회	한국과학교육총연합회	초5~초6(팀)	6월~9월
전국초등과학창의사고력 대회	서울교육대학교	초3~초6	9월

- **초등 영어 경시대회 및 자격시험**

대회명	주최/주관	해당 학년	시험일(예상)
전국영어수학학력경시대회 (구 성대경시)	글로벌 영재학회 성균관대, 동아일보	초1~고3	4월, 10월
전국 초등 영어 학력평가 (MBC 학력평가)	MBC아카데미	초1~중3	8월
청소년 영어토론대회(초등학생)	YTN	초1~초6	2월(예선, 본선)
청소년 영어토론대회(중학생)	YTN	중, 고등	8월(예선, 본선)
토플주니어	토플주니어	초등~중등	2월, 5월, 8월, 11월
KUT고려대 전국영어학력평가	고려대학교	초1~중2	8월
토셀(TOSEL)	국제토셀위원회	제한 없음	2월, 5월, 8월, 11월
토익 브리지	한국토익위원회	제한 없음	1월, 3월, 4월, 6월, 9월, 11월
텝스(TEPS)	TEPS관리 위원회	제한 없음	매달

- **초등 국어 대회**

대회명	주최/주관	해당 학년	시험일(예상)
KBS한국어능력시험	한국방송공사(KBS)	제한없음	2월, 4월, 6월, 8월, 10월, 12월
전국 문해력 경시대회	㈜국풀교육 기파랑 문해원	초4~중3	9월
HME 전국 해법 국어 학력평가	㈜천재교육 한국 학력평가 인증연구소	초1~초6	6월, 11월
국어능력인증시험(J-ToKL)	(재)한국 언어문화연구원	초3~중2	8월
한우리 독서 올림피아드	한우리 독서문화운동본부	초1~초6	8월

● 한국사 및 한자 급수시험

시험명	주최/주관	참여 가능한 학년	시험일(예상)
전국 한자능력 검정시험	한국어문회	제한없음	2월, 5월, 8월, 11월
한자급수자격검정시험	대한검정회	제한없음	2월, 5월, 8월, 11월
한국사능력검정시험	국사편찬위원회	제한없음	2월, 5월, 8월, 10월

● 초등 소프트웨어 대회

대회명	주최/주관	참여 가능한 학년	시험 일(예상)
한국 정보올림피아드(KOI)	한국지능정보사회 진흥원	초1~고3	1차 5월, 2차 7월
KT한국 경제신문 전국 학생 코딩 경진대회	㈜와이즈교육 KT.한국경제신문	초1~중3	10월
넥슨 청소년 프로그래밍 챌린지(NYPC)	㈜넥슨	초5~초6	8월
소프트웨어(SW)사고력 올림피아드	한국소프트웨어산업회 서울교육대학교	초3~중3	6월

● 기타 예체능 대회

대회명	주최/주관	참여 가능한 학년	시험일(예상)
전국창작어린이미술대회	정원예술문화	5세~초등	3월
국제학생미술대회	월간교육신문	5세~13세	4월
어린이 조선일보 글로벌 미술대회	어린이조선일보	유아~초등	12월

2. 시기별 학교 행사, 영재원 선발 및 대표적인 대회

시험일 1~2개월 전부터 접수하므로 참여하고 싶은 대회명으로 검색해서 꼭 확인할 필요가 있어요. 학교 행사는 학교마다 조금씩 다를 수 있어요. 추가되는 행사가 있고 진행하지 않는 것도 있으니 학교 홈페이지에서 작년도나 올해 학사 일정을 먼저 확인해 보세요.

	학교 행사 및 영재원	주요 학원 및 대회 예시
2월		황소 수학 정기평가
3월	1학기 임원선거 영재학급 대학 부설 영재원 브리지 과정	
4월	교내 과학의날 행사 교내 발명대회 학부모 총회	전국 영어 수학 학력경시대회(구 성균관대경시) 전국초등수학창의사고력대회
5월	스승의날 행사	한국수학인증시험(KMC) 소마 프리미어 전국 동시 선발(예비초1~초2)
6월	과학창의력축제 자연관찰탐구대회 공동 온라인 선교육과정(초5~중1)	SW 사고력 올림피아드
7월	과학전람회	
8월	여름방학	KUT 고려대 전국 영어 학력평가
9월	2학기 임원선거 대학 부설 영재원 접수	전국 문해력 경시대회(기파랑) 전국초등과학창의사고력대회 한국주니어수학올림피아드(KJMO)
10월	대학 부설 영재원 1차, 2차 시험	전국 영어 수학 학력경시대회(구 성균관대경시) 전국초등수학창의사고력대회

11월	대학 부설 영재원 최종합격발표 교육청 영재원 접수	황소 수학 정기평가 황소 수학 성취도 평가 한국수학인증시험(KMC) 소마 프리미어 전국 동시 선발(예비 초1~초2)
12월	교육청 영재원 시험	교원 CQ 창의력대회 (국어, 수학, 과학)

3. 영재원에 도움 되는 실험 교구와 교재

실험 교구 및 교재	교구, 교재 명	시작하는 연령	출판사
교과 융합 교재	안쌤의 최상위 줄기과학 안쌤의 창의융합과학	초3~중등 초3~초6	메스티안 안쌤영재교육연구소
실험 교구	키즈올 사이언스	6세(만4세)~초1	안쌤영재교육연구소
	팩토사이언스(1단계~5단계)	초1~초6	안쌤영재교육연구소
영재원 대비 교재	맛있는 영재 수학, 과학	초3~초6	시대교육
	맛있는 영재 모의고사	초3~초6	안쌤영재교육연구소
	STEAM+창의사고력100제	초1~중등	시대에듀

4. 유아, 초등생 학부모님이 알고 있으면 도움 되는 사이트 및 앱

특징 및 내용	이름	사이트 주소 및 앱
교육청 영재원/대학 부설 영재원/영재학급	영재교육 종합데이터베이스 GED	ged.kedi.re.kr
집에 있는 영어책 AR 지수 궁금할 때	AR	www.arbookfind.com
우리 아이 렉사일지수로 다른 책 찾기	렉사일	lexile.com
창의적 체험활동, 인성 전문자료, 수업자료, 동영상	창의인성교육넷	www.crezone.net
교사, 학생,학부모등 초, 중, 고교육정보	에듀넷티 클리어	www.edunet.net
EBS 초등, 방학 생활, 다양한 시청각 자료	EBS 초등	Primary.ebs.co.kr
중학교 졸업생 진로 현황	학교알리미	www.schoolinfo.go.kr
초,중,고 학교생활기록부	나이스	https://parents.neis.go.kr/csp-prnt/#/prn-main/intro
고등학교 입시 정보서비스, 전형방법, 일정	고입정보 포털	https://www.hischool.go.kr/
학부모지원센터	학부모 on 누리	https://www.parents.go.kr/index.do
진로, 적성에 도움이 되는 정보	꿈길	https://www.ggoomgil.go.kr
어린이들의 진로 관련 영상과 정보	주니어커리어넷	https://www.career.go.kr/jr/
네이버에서 만든 번역 전문어플(영어)	파파고	파파고 앱(무료)
문제를 사진 찍어 올리면 같은 문제나 유사한 문제 풀이 정보를 얻을 수 있음(수학)	콴다	콴다어플(무료, 유료)
처음 영어단어 암기에 재미를 붙여 줄 수 있는 앱	듀오링고	듀어링고 앱(무료, 유료)
초등, 중등 영어단어 암기 시 나만의 영어 단어장을 만들 수 있는 앱	원보카	원보카 앱(무료, 유료)